U0113683

赵剑英 主编
Zhao Jianying Editor

中国社会科学院创新工程学术出版资助项目

China's Path of Industrialization: Endeavors and Inclusiveness

中国工业化的道路：奋进与包容

金碚 著

By Jin Bei

中国社会科学出版社
CHINA SOCIAL SCIENCES PRESS

图书在版编目（CIP）数据

中国工业化的道路：奋进与包容/金碚著. —北京：中国社会科学
出版社，2017.2
（理解中国丛书）
ISBN 978 - 7 - 5161 - 9796 - 7

Ⅰ.①中… Ⅱ.①金… Ⅲ.①工业化—研究—中国 Ⅳ.①F424

中国版本图书馆 CIP 数据核字（2017）第 013034 号

出　版　人	赵剑英
责任编辑	王　茵
特约编辑	周枕戈
责任校对	冯英爽
责任印制	王　超

出　　　版	中国社会科学出版社
社　　　址	北京鼓楼西大街甲 158 号
邮　　　编	100720
网　　　址	http://www.csspw.cn
发　行　部	010 - 84083685
门　市　部	010 - 84029450
经　　　销	新华书店及其他书店

印　　　刷	北京明恒达印务有限公司
装　　　订	廊坊市广阳区广增装订厂
版　　　次	2017 年 2 月第 1 版
印　　　次	2017 年 2 月第 1 次印刷

开　　　本	710×1000　1/16
印　　　张	21.5
插　　　页	2
字　　　数	256 千字
定　　　价	76.00 元

出版前言

　　自鸦片战争之始的近代中国，遭受落后挨打欺凌的命运使大多数中国人形成了这样一种文化心理：技不如人，制度不如人，文化不如人。改变"西强我弱"和重振中华雄风需要从文化批判和文化革新开始。于是，中国人"睁眼看世界"，学习日本、学习欧美以至学习苏俄。我们一直处于迫切改变落后挨打、积贫积弱，急于赶超这些西方列强的紧张与焦虑之中。可以说，在一百多年来强国梦、复兴梦的追寻中，我们注重的是了解他人、学习他人，而很少甚至没有去让人家了解自身，理解自身。这种情形事实上到了1978年中国改革开放后的现代化历史进程中亦无明显变化。20世纪80、90年代大量西方著作的译介就是很好的例证。这就是近代以来中国人对"中国与世界"关系的认识历史。

　　但与此并行的一面，就是近代以来中国人在强国梦、中华复兴梦的追求中，通过"物质（技术）批判""制度批判""文化批判"一直苦苦寻求着挽救亡国灭种、实现富国强民之"道"，这个"道"当然首先是一种思想，是旗帜，是灵魂。关键是什么样的思想、什么样的旗帜、什么样的灵魂可以救国、富国、强民。一百多年来，中国人民在屈辱、失败、焦虑中不断探索、反复尝试，历经"中学为体，西学为用"、君主立宪实践的失败，西方资本主义政治道路的破产，以及20世纪90年代初世界社会主义的重大挫折，终于走出了中国革命胜利、民族独立解放之路，特别是将科学社会主义理论逻辑与中国社会发展历史逻辑结合在一起，走出了一条中国社会主义现代化之路——中国特色社会主义道路。经过最近三十多年的改革开放，我国社会主义市场经济快速发展，经济、政治、文化和社会建设取得伟大成就，综合国力、文化软实力和国际影响力大幅提升，中国特色社会主义取得了巨大成功，虽然还不完善，但可以说其体制制度基本成型。百年追梦的中国，正以更加坚定的道路自信、理论自信和制度自信的姿态，崛起于世界民族之林。

与此同时，我们应当看到，长期以来形成的认知、学习西方的文化心理习惯使我们在中国已然崛起、成为当今世界大国的现实状况下，还很少积极主动向世界各国人民展示自己——"历史的中国"和"当今现实的中国"。而西方人士和民族也深受中西文化交往中"西强中弱"的习惯性历史模式的影响，很少具备关于中国历史与当今发展的一般性认识，更谈不上对中国发展道路的了解，以及"中国理论""中国制度"对于中国的科学性、有效性及其对于人类文明的独特价值与贡献这样深层次问题的认知与理解。"自我认识展示"的缺位，也就使一些别有用心的不同政见人士抛出的"中国崩溃论""中国威胁论""中国国家资本主义"等甚嚣尘上。

可以说，在"摸着石头过河"的发展过程中，我们把更多的精力花在学习西方和认识世界上，并习惯用西方的经验和话语认识自己，而忽略了"自我认知"和"让别人认识自己"。我们以更加宽容、友好的心态融入世界时，自己却没有被客观真实地理解。因此，将中国特色社会主义的成功之"道"总结出来，讲好中国故事，讲述中国经验，用好国际表达，告诉世界一个真实的中国，让世界民众认识到，西方现代化模式并非人类历史进化的终点，中国特色社会主义亦是人类思想的宝贵财富，无疑是有正义感和责任心的学术文化研究者的一个十分重要的担当。

为此，中国社会科学院组织本院一流专家学者和部分院外专家编撰了《理解中国》丛书。这套丛书既有对中国道路、中国理论和中国制度总的梳理和介绍，又有从政治制度、人权、法治，经济体制、财经、金融，社会治理、社会保障、人口政策，价值观、宗教信仰、民族政策，农村问题、城镇化、工业化、生态，以及古代文明、文学、艺术等方面对当今中国发展的客观描述与阐释，使中国具象呈现。

期待这套丛书的出版，不仅可以使国内读者更加正确地理解一百多年中国现代化的发展历程，更加理性地看待当前面临的难题，增强全面深化改革的紧迫性和民族自信，凝聚改革发展的共识与力量，也可以增进国外读者对中国的了解与理解，为中国发展营造更好的国际环境。

赵剑英

2014 年 1 月 9 日

目　录

绪　言

　　工业化是人类发展史上一个非常独特的阶段，尽管这一历史阶段迄今只有短短二三百年，但人类所创造的物质财富却大大超过以往全部历史的总和。人类创造财富的前提当然是大自然所提供的条件，自然财富（即自然资源）是人类创造财富的物质源泉，生产过程首先就是人与自然的互动。工业化时期，人类以其迅速增长的生产能力，尤其是发掘和使用自然界所蕴藏的巨大能源的能力，将自然物质大规模地转化为（加工制造成）工业品，即可以估价的物质财富。人类发展的面貌从此彻底改观。

　　人类以工业技术手段创造物质财富的动力是对物质财富及其积累的欲望，而且，工业生产使得人们有可能长期保存物质财富，人们因而产生了强烈的几乎是无限度的"囤积倾向"。从历史事实看，工业化同资本主义具有内在一致性，工业化为资本主义提供技术手段，资本主义为工业化提供动力机制。资本主义制度将工业生产纳入无限追求利润和积累财富，即马克思称为"榨取剩余价值"的社会再生产体系，于是，财富欲望成为工业化的强大动因，生产力成为财富增殖的工具，资本主义市场经济机制成为将资源配置于能够最有效创造财富过程的"机器"。经济学家们以物理学的隐喻抽象化地想象并描述了市场运行过程，刻画了工业化在其中均衡或非均衡地推进的轨迹。这样，工业化时代就成为财富的时代，工业化轨迹就是财富增长的路径，工业化的历史就成为财富堆积的悲喜剧。工业化如同一架喷吐财富的巨型机器，它的高速运转，让人类兴奋不已。

人们欢呼工业革命和各国工业化的巨大成就，将工业化迅速推进的时期称为"黄金时代"。连对资本主义持最彻底批判态度的马克思都高度肯定资本主义曾经发挥过的非常革命的作用，肯定其创造财富的巨大历史贡献。但是，对于工业化的批评和诅咒也从来没有停止过，他们认为那不是"黄金时代"，而不过是"镀金年代"，表面亮丽辉煌，其实内藏苦难和龌龊。直到今天，许多人仍然在问：工业化是值得的吗？年轻的以色列学者尤瓦尔·赫拉利在《人类简史》一书中写道："工业革命找出新方法来进行能量转换和商品生产，于是人类对于周遭生态系统的依赖大减。结果就是人类开始砍伐森林、抽干沼泽、筑坝挡河、水漫平原，再铺上总长万公里的铁路，并兴建摩天大都会。世界越来越被塑造成适合智人需求的样子，但其他物种的栖息地就遭到破坏，这让它们迅速灭绝。地球曾经是一片蓝天绿地，但现在已经成了混凝土和塑料构成的商场。"① 那么，经历了工业化，并且将继续推进工业化，人类是否真的获益了？或者，更准确地说：工业化是否能使人类的大多数获益？这真是一个"人类之问"！人类发展中所完成的最伟大事业即工业革命或工业化，人类命运因此而彻底改变，而其价值究竟在哪里？

这一问题到21世纪显得更加重要和突出，因为经济发展是否能

---

① ［以色列］尤瓦尔·赫拉利：《人类简史——从动物到上帝》，林俊宏译，中信出版社2014年版，第343页。

够惠及大多数人、大多数国家、大多数地区，已经成为人类发展所面临的最重大和最尖锐问题。无论从经济、社会和政治上，还是各国国内抑或整个世界，都必须严肃而不可回避地做出回答。联合国在确定千年发展目标，亚洲开发银行在提出旨在解决世界人口贫困、增长持续性以及更为民众所认同的理念时，使用了"包容性增长"的概念，这是一个启发性的应答。这与正在工业化进程中因面临艰难抉择而苦苦思索的中国不谋而合。中国高度认同和积极主张：经济发展必须确立包容性方向。因此，从 2009 年开始，中国国家领导人在国际场合多次提倡和呼吁要实现经济发展的包容性。

中共十八大以来，中国新一届中央领导将经济发展的包容性作为更加突出的治国理政理念。习近平总书记指出：发展必须是遵循经济规律的科学发展，必须是遵循自然规律的可持续发展，必须是遵循社会规律的包容性发展。尤其是在制定"十三五"规划中特别强调了，"十三五"规划必须是一个遵循社会规律、践行包容性发展的规划。据此，中共十八届五中全会通过的《"十三五"规划建议》写入了经济和社会发展的"平衡性、包容性、可持续性"原则。

所谓包容性，实际上就是要秉承以人为本理念，坚持公平正义原则，以公平促进效率，实现经济增长、社会进步和人民生活改善的同步，实现经济发展与生态环境保护的协调，让工业化所创造的财富和福利惠及所有的人群，特别是弱势群体。而从全球化角度来看，就是要让世界经济发展的利益惠及所有的国家，尤其是欠发达国家和地区。党的十八大后，习近平总书记以及其他中央领导人在国内讲话和国外出访中，多次提倡和强调经济发展的包容性。中国所提出的"一带一路"战略和国际合作设想，充分体现了建立国际利益共同体以至人类利益共同体的包容性发展理念。

中国工业化历经 60 多年，尤其是改革开放以来的 30 多年，其成就举世公认，其业绩可谓辉煌，称为"奇迹"也不过分，但不可否认也存在各种难以令人满意的现象和问题，其中最突出的，就是工业化所创造的利益和财富能否惠及各方，让人民共享？工业化同生态环境如何协调？可以说，这是中国工业化面临的世纪课题。正因为如此，中央提出了"创新、协调、绿色、开放、共享"的发展新理念，其中"共享"就是工业化的价值所在。总之，中国必须继续探寻工业化的包容性道路，中国工业化的成败得失将最终取决于能否真正实现包容性，中国对人类发展的最大贡献将集中体现为：创造一个更具包容性的国家和参与建设一个更具包容性的世界。

关于中国工业化，学术界已出版了许多著作，笔者也发表过一些著述。本书不再赘述中国工业及经济发展的一般历史，而希望从中国工业化的包容性角度，亦述亦议，反思中国工业化历程，讨论工业化进程中所遭遇的问题以及中国人的思考与对策；并且将中国工业化置于世界经济大格局中，揭示其在经济全球化新时代，将如何进一步融入和贡献于世界工业化和人类发展的伟大进程，在中华民族伟大复兴中，成为负责任的全球性大国，展现其惠及世界的全球性价值。

第 一 章

工业革命:西风劲吹东风烈

2015 年，中国决定发起建立亚洲基础设施投资银行并设立丝路基金，为有关国家的基础设施建设、资源开发、产业合作等有关项目提供投融资支持。不约而同，在澳大利亚布里斯班召开的 G20 会议则将提振经济增长和促进基础设施投资以及建立全球基础设施中心作为当前世界经济发展的重要举措。2016 年 9 月，在中国杭州召开的 G20 峰会，根据习近平总书记建议，致力于创新发展方式，创新发展理念，通过结构改革，让创造财富的活力竞相迸发，让市场力量充分释放。中国特别提出要重视基础设施建设对经济的拉动效应，支持 G20 成立全球基础设施中心，支持世界银行成立全球基础设施基金，并将通过建设丝绸之路经济带、21 世纪海上丝绸之路、亚洲基础设施投资银行、丝路基金等途径，为全球基础设施投资做出贡献；建设开放型世界经济，构建互利共赢的全球价值链，培育全球大市场；完善全球经济治理，致力于建设公平公正、包容有序的国际经济和金融体系。

这一切都表明，自 18 世纪的西欧工业革命以来，世界工业化历经 200 多年，但当前世界仍然处于人类发展历史的工业化阶段。就世界范围而言，以基础设施建设、资源开发、大规模制造为重要标志的第二次工业革命任务尚未完成。世界上大多数国家尚处于工业化中期或初期，即使是发达国家也正在以推进第三次工业革命来实现经济社会发展。中国工业化是世界工业化的组成部分。

工业革命是人类发展历史上最辉煌的物质财富创造时期。在人类发展史和数千年文明史上，工业革命虽然只是其中十分短暂的一刻，从18世纪中叶以来的200多年只是人类漫长历史中的"一瞬间"，但是，迄今为止工业革命却是人类发展最具决定性的时期。工业革命从其发端到今天，彻底改变了人类发展的命运和轨迹，它从少数国家兴起而不可阻挡地将越来越多的国家和地区卷入其中，是世界上绝大多数主要国家都必然经历的历史过程。人类社会只有经历过工业革命，才能成长、成熟和发达起来。在人类发展的全部历史上没有任何一个事件或经济社会现象的重要性可以同工业革命的意义相比拟。总之，工业革命是迄今为止最伟大的人类发展现象，它决定了人类发展今天和未来的生存、生产和生活方式，并决定了整个人类社会的面貌和命运。

◇一　工业革命的强劲西风

世界近现代工业化的源头在西欧。从17世纪中期开始，尤其是1688年"光荣革命"后，英国的农业和商业得到很大发展，特别是农业革命和海外殖民为工业发展提供了原料来源和市场空间。一系列政治、社会和经济条件使英国成为工业革命的发源地。

一般认为，英国工业革命的技术标志是珍妮纺纱机的发明和蒸汽机的使用。这是体现人类生产方式进入了以机器和化石能源替代人力的时代，大大提高了生产能力和劳动生产率，开始了经济社会发展伟大的革命性突变过程。由工业革命开创的时代被称为工业化时代,完成了这一过程的国家被称为工业化国家,或工业国。英国就是率先完成工业化过程的世界第一个工业国。

英国工业革命首先出现于工场手工业最为发达的棉纺织业。18世纪中期,越来越多的英国商品销往海外,手工工场的生产技术难以适应日益扩大的市场需求。蒸汽机的发明和使用成为技术进步的必然。人们通常将詹姆斯·瓦特作为蒸汽机工业使用的主要代表人,而以其获得英国专利的1769年作为蒸汽机使用的标志性年份。由于蒸汽机的使用,从1766年到1789年,英国纺织品产量增长了5倍,不仅为市场提供了大量商品,而且加速了资金的积累,强有力地启动和加速了工业革命。

制造业的迅速增长对运输业的发展提出了迫切要求。1807年,美国人富尔顿制成了第一艘使用明轮推进的蒸汽机船"克莱蒙"号。此后,蒸汽机作为船舶的推进动力历时百余年之久。1829年,英国工程师史蒂芬森创造了"火箭"号蒸汽机车,该机车拖带一节载有30位乘客的车厢,时速达46公里,标志了铁路火车时代的开始。

以机器代替人工,以煤炭为主要燃料的蒸汽机代替人力、畜力等,不仅成为工业革命起源的标志,而且体现了工业革命的技术路线方向:人的体力因机器的工业使用而延伸增强,劳动生产效率大大提高。从此,工业生产成为人类创造物质财富的主要方式。

到19世纪三四十年代,英国工业革命基本完成,大机器生产基本取代了工场手工业,成为世界第一个工业国家。西欧各国及其移民国家步英国之后尘,也相继发生了工业革命。这些国家成为世界工业化的先行工业化国家,大都在19世纪发生和完成了工业革命。在整个19世纪,直到20世纪中叶,英国都是雄踞全球的第一大工业国,成为称霸世界的"日不落帝国"。到 19 世纪 60 年代后期，法国工业革命也基本完成，成为颇具经济实力的工业国。德国的工业革命滞后于英法两国，19 世纪 50—60 年代德国工业发展速度超过英、法；到 19 世纪 80 年代，德国工业革命基本完成。从此，德国成为世界最强的工业国之一。

美国作为英国的殖民地也在 19 世纪完成了工业革命，形成了强大的工业体系。美国地域辽阔，自然资源丰富，农业生产条件优越，市场广阔。作为移民国家，美国可以通过外来移民以及其他途径获得英国等工业国的先进技术。尤其是实现独立后，美国可以自主实行有利于促进工业革命的政策，例如，自 1816 年开始，美国实行了保护工业发展的关税政策。不过，美国工业革命实际上是英国工业革命的延伸。到 19 世纪 70 年代，美国完成了第一次工业革命，并开始了第二次工业革命。在第二次工业革命中，英国和美国最初都走在世界的前列，但美国很快超越英国，到 20 世纪二三十年代基本完成了第二次工业革命，成为世界最强大的工业国。

第二次工业革命的代表性工业技术是电力和内燃机的广泛应用。19 世纪 70 年代，电力的发明和广泛应用掀起了第二次工业化高潮。20 世纪，大规模电力系统的建成和使用是人类工程科学史上最重要的成就之一。第二次工业革命的这项伟大成就一直影响到今天以至未来的世界。

美国从南北战争结束到 20 世纪初的那一段历史被称为"镀金时代"，这是借用了马克·吐温于 1873 年出版的小说《镀金时代》。南北战争为美国工业发展扫清了道路，大量移民不断涌入，西部发现新的矿藏，使美国工业极速发展，国家财富迅速增长。到 20 世纪初，美国成为世界上最强大并且最富裕的工业国。历史学家将这一历史时期的美国描述为:商业投机风气猖獗,政治腐败严重,许多人以不正当手段发财致富,并以炫耀财富为荣。所以批评者都认为工业革命的这段"黄金时代"实际上是一个"镀金时代",亮丽外表下包含着种种丑恶。可见,工业革命和工业发展历来就是,既赢得广泛的赞誉和欢迎,也受到尖锐的批评和诅咒。19 世纪 70 年代,从英美发端的第二次工业革命在欧洲其他国家也迅速推进和扩散。

◇二 工业革命的全球浪潮

自 18 世纪西欧及其移民国家发生工业革命以来,人类工业化进程就如脱缰野马,奔跑不止。工业技术持续不断的发明、创造和创新,极大地展现了卡尔·马克思所说的生产力的革命本性和推动历史进步的强大动力。进入 20 世纪中叶,尤其是第二次世界大战以后,更大规模的世界性工业革命浪潮开始了。这一时代的工业革命大体分为两个方面。一方面是西欧及其移民国家之外的众多发展中国家,包括东欧、拉丁美洲、非洲,特别是亚洲国家或地区,开始了工业革命,完成了工业化进程,成为新兴工业国;另一方面是以美国为代表的先进工业国开始了以高科技革命为基础的又一次工业革命,一般称为"第三次工业革命"。

第二次世界大战后,世界地缘政治格局发生重大变化,原先的殖民地纷纷独立成为民族国家。各民族国家若争取政治独立、经济自主,必须建立自己的工业体系,实现工业化。加之世界经济全球化和产业国际分工格局的演变,发达工业国输出资本,转移生产能力,将各国融入经济全球化体系,加速了各民族国家的工业化进程。

20 世纪 50—70 年代，日本经济实现战后恢复，以韩国、新加坡、中国香港和台湾地区"亚洲四小龙"等为代表的东亚地区成为世界工业革命浪潮中最兴盛的地区。由加工制造业的国际转移而形成工业聚集区，产生了第一批"新兴经济体"。

由于工业化程度高的国家将其工业产品的部分生产过程在全球范围进行重新配置，即越来越多的工业生产环节从美国、欧洲等发达国家逐渐扩散到众多发展中国家，世界工业化的格局发生了重大变化。不仅中国台湾、中国香港、韩国、新加坡"亚洲四小龙"经济增长强劲，而且包括中国、马来西亚、印度尼西亚、泰国和越南等国家在内的新兴经济体也都吸引了大量外国直接投资，广泛参与国际产业分工。这些国家的工业化从需要资金较少的劳动密集型产业开始，逐渐向重工业、化学石油工业等资本密集型产业转移，进而到机械产品和电子元件等技术密集型产业的生产。据统计，从 20 世纪 50 年代到 20 世纪末，工业化国家的制造品产出占世界的份额从 95% 降低到 77%，而发展中国家的份额则从 5% 上升到 23%。

在 20 世纪下半叶，拉丁美洲各国也经历了工业革命，这些国家实行"进口替代"的工业化政策，涌现出巴西、阿根廷、墨西哥等一批"新兴工业化国家"。尽管这些国家后来的经济发展进程遭遇了一些挫折，陷入所谓"中等收入陷阱"，但是毕竟奠定了国家工业化的基础，形成了一些具有相当优势的工业部门，例如航空、汽车制造等现代工业。除了亚洲和拉丁美洲之外，非洲的一些国家也走上了民族国家独立和工业化的道路。总之，20 世纪下半叶以来，工业革命不再局限于少数西方国家，而已成为全世界的潮流。

与之同时，也是从 20 世纪下半叶开始，以美国为首的西方工业化国家酝酿并开始发生了又一次新工业革命，史称"第三次工业革命"。关于新工业革命或第三次工业革命的概念，人们有不尽相同的理解，但都认为这是继以蒸汽技术和电力技术应用为标志的第一和第二次工业革命之后，科技进步所推动的工业技术的又一次革命性变革。它以原子能、电子计算机、空间技术和生物工程的发明和应用为主要标志，涉及信息技术、新能源技术、新材料技术、生物技术、空间技术和海洋技术等诸多领域。尤其是在 20 世纪最后 20 年直至进入 21 世纪以来，在新能源、新材料和互联网运用等领域，发生了革命性的技术创新，正在并将继续颠覆性地改变人类的生存环境、生活方式、生产方式以及整个社会的面貌。近年来，德国等欧洲国家又提出"第四次工业革命"的预言。关于"第四次工业革命"的性质，有人主张将是"绿色工业革命"，也有人主张将是"智能化工业革命"。

在西方国家进行第一次工业革命时，中国基本上是一个"缺席者"或"落后者"，被称为"东方睡狮"和"东亚病夫"。19 世纪的中国是一个被列强侵略和内外战争不断的屈辱国家，灾难深重。在第二次世界大战中，中国遭受侵略的时间最长，虽然最终成为战胜国，但主要不是依靠国家的工业实力，而是人民的血肉之躯以及国际联盟。也就是说，中国是以一个前工业化国家的实力同工业化的帝国主义侵略国家进行了长期的抗战，国民经济遭受极大损失。第二次工业革命之后，中国又陷入内战，直到 1949 年中华人民共和国成立，内战结束，中国才有可能走上大规模的国家工业化道路。此后的中国被称为"新中国"，未包括处于分治状态的台湾地区（以及当时的香港、澳门地区）。而且，直到 1971 年联合国才承认中华人民共和国政府的代表是中国在联合国组织的唯一合法代表，中华人民共和国是安全理事会五个常任理事国之一，即恢复了中国在联合国中的合法地位。可以说，新中国的工业化是在非常特殊的国际国内条件下开始的，其将经历的艰难曲折和迷途弯路注定是不可避免的。

◇◇三 新中国工业发展曲折而伟大的历程

1949 年新中国成立，就走上了工业化道路，执着地推进工业化是其不变的发展主题。迄今为止的 60 多年，可大致分为前 30 年左右试图以建立计划经济体制实现工业化的年代，和后 30 多年向市场经济转轨的工业化年代。从世界范围看，20 世纪下半叶以来最具全球性重要意义的人类发展事件之一就是中国工业化的加速推进。

新中国成立初期，"破除迷信，打破常规，向科学进军"成为激发人民热情的有力口号。短短 3 年的国民经济恢复时期基本医治好了多年战争所造成的巨大创伤，中国开始进入火热的经济建设时期。在制定中国国民经济建设第一个五年计划（1952—1957）时，苏联承诺向中国提供全面的经济援助，尤其是以工业项目为主的 156 个援建工程作为"助推器"，开启了中国现代工业发展的进程。同时，由于特殊的历史原因，中国在制定和实行国民经济建设第一个五年计划时确立了"优先发展重工业"的经济发展政策，这同当时确定要提前完成"从新民主主义向社会主义过渡"的政治决策直接相关。无论后来人们如何评价这一决策是否合理、是否过于"超前"，但从当时所激发起的工业建设高潮来看，其对后来中国工业发展进程确实起到了奠基性的作用，中国工业化从此"起飞"。

第一个五年计划期间，是中国工业发展历史上第一个取得了重要成就的时期。从工业发展的指导思想上看，尽管明显倾向于尽快走向计划经济和依赖国家行政力量直接参与经济建设活动的工业体制和工业化道路，也许并不十分适当，但是，这毕竟具有不可否认的历史合理性。一方面，中国当时处于工业化初步阶段，确实需要国家发挥启动和推进作用，而且也确实能够发挥中国特有政治经济制度所具有的"集中力量办大事"的特殊优势；另一方面，在当时国民经济规模较小、结构较简单的条件下，制定和完成指令性计划指标也大体上能够从实际出发，国家计划行政部门相对易于驾驭，一般均能完成和超额完成。历史地看，当年所取得的工业建设成绩是具有重大意义的，为此后的工业发展奠定了基础。

国民经济建设第一个五年计划时期所取得的成就，加之对资本主义工商业进行社会主义改造的顺利完成，也使人们失去了冷静，误以为只要"让思想冲破牢笼"，就能"人定胜天""人有多大胆，地有多高产"；西方工业化国家200多年历史所创造的工业成就，不仅不值得迷信和崇拜，而且相信，中国只要再通过几个五年计划的奋斗就可以"赶上美国，超过英国"。于是从第二个五年计划开始的1958年，中国实行了"鼓足干劲，力争上游，多、快、好、省地建设社会主义总路线"，进入了一个极度亢奋的"大跃进"时期。全民"大炼钢铁"，缺乏技术就"土法上马"。经济建设蜕变为一场"政治运动"和"人民战争"。严重违背客观经济规律和科学技术的严肃性必须付出极大的代价——经济结构极度失衡，国民经济陷入严重的困难，第二个五年计划不得不中断执行。这是新中国历史上第一次教训惨痛的时期。

迷途知返，随后的几年（1963—1965）为"国民经济调整时期"，从畸形的突进中大幅度后退。"退够"成为政策调整目标，不仅许多工厂、矿山关闭，而且数千万工人返乡。由于中国经济具有极大韧性，加之计划经济的行政性管理方式也有其特殊的动员力量，要求个人利益服从国家利益并执行计划经济原则和指令，所以，较快地实现了有秩序的后退，于1966年基本完成了调整目标。尽管从实际的历史事实看，中国其实从来没有真正实现过苏联式的计划经济体制，但以建立计划经济为目标的意识形态却不断强化和固化。而且，在"大跃进"所导致的巨大紊乱中，不仅没有弱化试图建立计划经济的理念，反而从惨痛挫折中不可思议地得出了中国必须彻底摒弃资本主义和所谓"资产阶级法权"，并拒绝一切市场交换行为和市场经济因素的意识形态结论。

20世纪60年代中后期，计划经济意识形态在政治路线的强烈维护下越来越成为不允许有丝毫怀疑的信条。其必然逻辑就是，必须完全隔绝与世界资本主义市场经济体系的联系，甚至企业利润、计件工资和个人奖金等都被认为是资本主义市场经济因素而禁止，并被批判为"经济主义"的罪恶。其不可避免的后果就是中国的几亿人口，陷入了思想禁锢的深渊，经济遭受极大损害。到20世纪70年代末，国民经济陷入了"濒临崩溃"的危险境地。那时，尽管从统计数据上看似乎可以显示"中国建立了相对完整的工业经济体系"，而且实行"优先发展重工业"的政策也确实形成了一定的工业基础（下节将进行讨论）。但是，中国工业同世界其他国家特别是发达工业国相比，差距越来越大。尤其是，绝大多数人根本没有享受到工业文明的利益，国家仍然处于极度贫穷和落后的境地。

渴望尽快实现工业化和现代化，成为那个时代人心所向的愿望和梦寐以求的目标。但是，从1949年到20世纪70年代，经过一次又一次朝向计划经济的事与愿违的"变革"尝试，计划经济不仅几乎成为一种宗教式的盲目信仰，而且更严重的是，还成为一种人人必须在行动上固守的法条。其实，在现实中，即使在实行计划经济规则最严格的工业领域中，计划经济也不可能完全实行。城市中存在各种"大集体"和"小集体"企业，农村中的社队工业（后来称为乡镇工业）在许多地区特别是沿海省份顽强地发展起来。这些工业企业实际上不可能被纳入国家计划经济体系。但是，实行单一国营和将工业经济全部纳入国家指令性计划体系，是那个时代不容置疑的意识形态原则。

20 世纪 70 年代下半叶，以继续革命和反对走资本主义道路为旗号的"文化大革命"结束，中国开始了具有划时代意义的思想解放过程。80 年代初中共十一届六中全会确认"我国的社会主义制度还是处于初级的阶段"为推进改革开放奠定了"大前提"。在这一历史阶段必须以经济建设为中心。这样，中国就从新中国成立后的"前 30 年"，转向了"后 30 年"。

从工业化的体制机制来看，前 30 年遵循计划经济逻辑，后 30 年转向市场经济逻辑。实践证明，计划经济的逻辑是没有现实可行性的，而市场经济的逻辑所焕发出来的个体积极性和追求财富的动力机制是极其强大的。市场经济的逻辑使工业社会的经济效率原则在中国得到实现，并焕发出巨大的生产潜力，取得了空前的成就，促进了国民经济特别是工业经济的高速发展，使社会物质财富极大涌流。

一旦挣脱计划经济桎梏走上市场经济发展道路，中国经济很快进入了亢奋和超高速增长的时期。企业家们对市场经济的机遇充满渴望和乐观，"只争朝夕"、"有水快流"、贪大求快、急于求成，成为整个时代最突出的社会心理倾向和行为特征。而且，各级政府也将促进市场经济发展理解为：要对经济活动直接进行顺向推动，即朝着与市场调节相同的着力方向加力，给"优惠政策"和"特殊待遇"，推动企业和地方经济大干快上，政府直接投资，"集中力量办大事"，进行地区间的 GDP 指标竞赛。这样，似乎是对市场经济的"顺水推舟"

"加大力度""锦上添花"，结果却往往是角色错位，用力过度，好事做过头，反而增大了经济的变动性，导致20世纪80年代以来中国经济增长的数次"大起大落"。而当宏观经济出现较大波动时，政府又往往出手大力度的调控政策，特别是当发生严重的非合意现象，如经济过热或下滑、房地产价格异常时，政府往往会对微观经济活动进行直接的行政干预，而且总是"一刀切"，有病没病都吃同样的药，目的无非都是希望通过政策干预获得立竿见影的效果，也是急于求成。

更为深刻的是，尽管中国经济走上了向市场经济转轨的道路，建立"社会主义市场经济"成为共识和方向，但计划经济观念和中国数千年形成的传统观念在市场经济条件下仍然顽强存在，并明显趋向强化，例如社会普遍的心理是：政府比百姓更聪明，凡大事均应由政府解决，政府官员可以而且应该是为民做主的"父母官"；而且，上级政府总是比下级政府更聪明，越重要的事情越应由上级的政府部门来决定。这些因素强烈地影响着中国所塑造的市场经济的"中国特色"，也深刻影响着改革的方向和进程。因此，在中国走向市场经济的30多年里，尽管计划经济体制已经不复存在，市场经济制度框架初步形成，但政府对经济活动的干预以及对资源的控制却更强更细密了。尤其是，政府干预采取直接的行政性方式，包括行政审批、政府替代企业决策、政府选择市场竞争赢家，以及以行政手段进行纠错，等等。简单地说，就是凡"大事"就得政府集中力量办；凡被认为是"重要"的事项，就得政府决定；尤其是一旦出了问题，政府总是倾向于自己直接插手解决或替代企业决策，也就是自己冲到第一线，把"活儿"揽到自己身上。总之，如何处理政府与市场的关系成为中国工业化进程中一个核心的体制机制问题。

当经历了30多年的改革开放，进入21世纪第二个十年时，人们发现，政府越位办了许多事情，但经济"不平衡、不协调、不可持续"的问题却越来越突出。一方面，由于政府干预和参与了过多的微观经济决策，使市场活力和市场配置资源的有效性受到很大损害；另一方面，自发的市场机制难以解决的"外部性""公共品供应""竞争和分配的公平性""社会安全网"和"信息不对称"等问题，却因为政府规管"缺位"或"失灵"而成为突出的问题。此时，人们终于认识到，政府首要的任务是塑造使市场更有效地发挥资源配置的决定性作用的体制机制。凡是市场和企业能决定的都让市场和企业自主决策；如果发生问题，也尽可能首先考虑由市场和企业自行纠错；或者政府调动其他行为主体，例如委托社会组织或采取政府采购等市场方式，来实现合意的管控目标。

政府经济管理和调控的理念与方式必须顺应市场经济不断走向成熟的客观现实，以更加符合客观经济规律、更加符合市场经济运行要求的有效手段实施经济调控。既要积极发挥保证经济平稳健康增长的积极作用，又要最大限度地避免不适当的政府干预对市场经济运行的不良影响和产生过大的副作用，甚至导致难以处置的后遗症。关键是政府切不要过高估计自己的信息处理能力和调控能力，以为自己可以精确地处理各种复杂的经济关系，时时保持经济体处于理想的均衡和合意状态，"摆平"一切。而必须充分尊重和敬畏市场经济规律，承认信息的高度分散性和自己有限的信息处理能力，懂得自己能够调控什么，无力决定什么，什么该顺其自然，什么是必须守住的底线。

当工业化不断推进，经济体的复杂性越来越强，规模越来越大，政府调控和规管的难度越来越高，人们才逐渐清晰认识到关于政府与市场关系的一条最基本的规则应是：微观经济主体（个人和企业）的行为规则是，凡是法律不禁止的皆可行；而政府的行为规则则是，凡是未经法律授权的皆不可为。前者叫"负面清单原则"；后者叫"正面清单原则"。但在现实经济的许多情况下，这样的市场经济原则却恰恰被颠倒了：对于微观经济主体尤其是企业，反而实行了"正面清单原则"，无数的微观决策必须由政府审批，市场进入处处设限，企业无权自决；而对于政府部门反而实行了"负面清单原则"，在没有法律授权的情况下就任意扩大自己的决策权、干预权和收费权，没有权力清单。

所以，2013年，《中共中央关于全面深化改革若干重大问题的决定》更明确地指出，要"紧紧围绕使市场在资源配置中起决定性作用，深化经济体制改革"；"经济体制改革是全面深化改革的重点，核心问题是处理好政府和市场的关系，使市场在资源配置中起决定性作用和更好发挥政府作用"。这标志着中国改革进入新阶段。"市场在资源配置中起决定性作用"是一个内涵极其深刻和内容不断丰富的命题，有效地实现市场决定性作用要具备各方面的条件，包括要更好发挥政府作用。而且，市场经济体制进一步向市场起决定性作用转变也必然将带动其他领域的体制机制变革，并与之相适应，所以，必须在各个领域全面深化改革。因此，中共十八大第一次做出了全面深化改革的重要决定。经济改革尽管是重点，但不是全部，还要包括政治体制、文化体制、社会体制、生态文明体制和党的建设制度改革等。

◇四 工业变革促进全面改革开放

历经半个多世纪艰难曲折的工业化，一个13亿多人口的超大规模国家在一代人的生命周期时间内所发生的巨大而迅速的变迁，在人类历史上实属罕见，而在这一巨变过程中，凡是具有积极进步意义的变革实践，工业往往都走在各领域的前列。直到今天，我们仍然可以说，工业是中国改革开放最先进、最彻底的领域；甚至可以说，在很大程度上，工业往往是在其他领域的改革开放相对滞后的条件下"一马当先"，甚至是"单兵突进"式地进行着变革创新。迄今为止，中国所发生过或者仍然存在着的许多问题和矛盾，都产生于工业领域的变革先行与其他部门的改革滞后之间的差距，就像是在同一条公路上高速行驶的"工业快车"与其他速度缓慢甚至停滞不前的"慢车"之间难免发生的碰撞。

半个多世纪以来，工业一直是生产力最活跃和变革最迅速的领域，工业生产力是推动生产关系和上层建筑变革最强劲的革命性驱动力，这不仅发生在城市，而且深入于农村；不仅体现在物质创造上，而且反映在制度演进上；不仅具有坚韧的突破性，而且具有普遍的扩散性。工业所创造的变革力量在新中国历史上发挥了决定性的作用。中国工业改革不仅率先解决了计划经济向市场经济转轨的体制问题，而且，在解决世界共性的体制和工业政策问题上，中国工业改革也在做出重要的贡献。

不仅如此，工业变革还发挥着推动和激发其他相关领域变革的重要作用。例如，工业改革要求建立与之相适应的劳动和社会保障休制、市场监管制度、环境保护制度等，而且，要求交通运输、内外贸易、财政税收、金融服务、科学技术、教育培训、医疗卫生、就业管理等制度都必须进行彻底改革。甚至在政府行政体制改革中，工业变革也发挥了突出的促进作用。总之，工业变革的历史推动力是极其强人的，工业变革的社会意义是极其深刻的。工业变革强制性地要求经济、社会的全方位变革与之相适应、相配套，相互促进；工业变革的启动，必然拉开所有领域变革的闸门，整个国家变革的洪流浩浩荡荡，势不可当。这就是马克思所说的生产力决定生产关系和经济基础决定上层建筑的现实表现。

工业发展和变革是实现中国梦的基石。新中国60多年的奋斗，为的是摆脱"一穷二白"，自立于世界民族之林，让中国再次成为世界强国，让中国人民享受小康社会的富足和福利，实现民族复兴的"中国梦"。这一国家和民族振兴的中心内容，就是实现工业化。

60多年前，发展工业生产的强烈愿望，是中国振兴之梦的最直接表现。尽管站在今天的立场看当时的想法难免稚嫩和过于朴素，但确实是号准了工业化路径的脉。向重工业的倾斜和实行一定时期内的进口替代，只要把握好一定的分寸，可以成为不发达国家追赶工业化国家的"抄近路"策略，因此，在许多发展中国家的工业发展历史上都曾不同程度地实行过这样的发展政策。

与这样的发展战略相一致的是，国家在发展工业方面发挥更强、更直接的作用，特别是国家依靠行政力量配置经济资源，直接参与工业投资和生产活动，成为一个时代工业发展的显著特征。因此，工业化的启动，与国家计划的强化和国有经济的不断壮大，成为并行的两条轨迹，一直从20世纪50年代延伸到80年代。国有企业不仅是计划经济的一般企业形式，即使是在市场经济中，作为一种特殊企业，国有企业也可以发挥初期发动和强力推进工业发展的功能，尤其是具有推动重工业发展的特殊功能和特殊优势。

从新中国成立之始到20世纪70年代后期的近30年间，中国工业化进程尽管多有波折，但也不可否认，在国家安全、工业、农业、科学技术、基础设施建设等方面都取得了巨大成就。据有关历史资料，新中国成立前的旧中国，工业生产十分薄弱，主要工业品的最高年产量为：钢92.3万吨，生铁1800万吨，煤6188万吨。而且由于多年战争，新中国成立时的1949年与旧中国最高年产量相比，工业总产值减少50%，其中重工业减少70%，轻工业减少30%，铁路只有近万公里线路通车①。1949年，具有前工业化时期显著特征的是：全国人口平均寿命不足40岁。工农业总产值466亿元，其中，农业总产值326亿元，工业总产值149亿元。国民收入358亿元；社会总产值518亿元。以美元计算，国民总产值123亿美元，人均国民总产值23美元，人均国民收入16美元。钢产量15万吨，生铁25万吨；煤产量3200万吨，石油12万吨；水泥66万吨；机床1300台。

而经过近30年的工业化进程，到20世纪70年代后期，中国形成了较完整的工业经济体系，具备了一定的工业实力，为此后的改革开放和进入工业化加速时期的经济发展奠定了基础。1978年，（按1970年价格计算）国内生产总值3565.1亿元。第一产业927.7亿元，第二产业1757.7亿元，其中工业1641.4亿元，第三产业879.7亿元。第一、第二、第三产业比重分别为：27.9%、47.6%和24.5%。从产业结构看，到20世纪70年代末，中国不仅已经不再是一个农业国，而且为此后的工业发展聚集了相当的潜力（见表1—1）。"后30年"的工业发展和经济成就在相当程度上得益于"前30年"所形成的潜力在新体制下的释放。

---

① 薛暮桥："国民经济恢复时期"，《中国大百科全书·经济学》第1卷，中国大百科全书出版社1988年版，第273页。

表1—1 中国主要工业品产量（1978年）

产品	产量	产品	产量
钢材	2208 万吨	发电设备	483.8 万千瓦
生铁	3479 万吨	机床	18.3 万台
钢	3178 万吨	汽车	14.91 万辆
原煤	6.18 亿吨	拖拉机	11.35 万台
原油	10405 万吨	手扶拖拉机	32.42 万台
发电量	2565.5 亿度	内燃机	2818 万马力
木材	5160 万立方米	机车	521 台
水泥	6524 万吨	货车	16950 辆
硫酸	661 万吨	钢质船舶	86.59 万吨，
纯碱	132.9 万吨	化学纤维	28.46 万吨，
烧碱	164 万吨	棉纱	1328 万件（折238 万吨）
化肥	869.3 万吨	棉布	110.29 亿米 （折102.86 亿平方米）
农药	53.3 万吨	机制纸及纸板	439 万吨，
乙烯	38.03 万吨	合成洗涤剂	32.41 万吨
塑料	67.9 万吨	自行车	854 万辆
化学药品	4.04 万吨	手表	1,351 万只

资料来源：中华人民共和国国家统计局：《关于一九七八年国民经济计划执行结果的公报》（1979年6月27日）。

从1978年开始实行经济改革以来，中国进入了加速工业化的辉煌时期。这一时期所取得的工业发展成就是空前的，而且，工业发展成为支撑国民经济高速增长和国家实力显著提升的关键力量。

工业发展机制的变革，使工业增长成为中国经济和社会发展的强大引擎。工业化迅速推进奠定了中国产业国际竞争力的基础。20 世纪 80—90 年代，中国工业以"奋不顾身"和"不惜代价"的精神，利用低价格要素的比较优势进行"血拼式"的竞争，迅速扩大了生产能力和市场份额。尽管这样的增长方式具有众所周知的高消耗和高代价局限性，但是，其历史贡献是不容否定的。在相当一段时期内，工业竞争力几乎是中国经济唯一强有力的"法宝"。在越来越多的工业部门中，中国工业品具有"势不可当"的市场渗透力和规模扩张力，许多工业品的"中国价格"（或者中国"性价比"）具有横扫国际市场的强大冲击力和消费者亲和力，极大地改变了世界工业竞争力的整体格局。而工业之外的中国其他产业的国际竞争力总体上还相当弱小，与中国工业竞争力的国际地位不可同日而语。当然，同发达国家相比，中国工业的国际竞争力仍然不够强大。迄今为止，中国工业竞争力仍然主要依赖基于低价格要素的比较优势，而以技术进步为基础的竞争优势仍然明显不足。但是，不容否认的是，改革开放 30 多年中国工业的长足发展历史性地改变了中国产业竞争力的状况，甚至使整个世界感到震撼并受到严重的竞争压力。这是一个需要世界"理解"的"中国问题"，有学者称之为"中国震撼"。

中国工业发展不仅自身成就斐然，而且为其他领域的改革和发展注入了活力和动力。多年来，几乎任何重大经济和民生发展规划在经济上的实际作为，都必然体现为需要加快工业发展，特别是扩大工业投资；或者必然体现为需要有发达工业的支撑，例如，发展高技术产业与现代服务业都必须以发达的工业为基础。更重要的是，工业精神（效率原则）、工业管理（企业化管理）、工业改革（自主责任）、工业竞争（反垄断性）的成效，为其他行业的改革、开放和发展提供了越来越强烈的激励和借鉴；其他领域的改革、开放和发展大多汲取了工业改革、开放和发展的重要经验。从一定意义上甚至可以说，工业振兴是中华民族全面复兴的"裂变核心"。

中国工业发展不仅显著地提升了中国的国际地位，而且成为世界接纳和欢迎中国的理由。工业发展成就，将中国从"落后国家"变为"经济大国"；从"贫穷国家"变为全世界拥有外汇储备最多的国家；从国际自由贸易的被动接受国，变为国际自由贸易的积极主张和捍卫国。现在，如果没有中国的参与，任何重大的世界性问题都难以解决。总之，强有力的工业实力，支撑了中国的经济基础和国家形象，增强了中国的国际谈判地位、话语权和影响力，使中国获得了近代以来从未受到过的国际尊重。同时，"中国制造"的工业品成为世界各国几乎每一个人的必需品，中国工业化成为许多国家尤其是主要贸易伙伴国经济增长的引擎或助力。中国工业增长成为其福音，中国工业衰退则构成他们的噩梦。

时至今日，中国工业化尚未完成，中国的改革开放也在路上。中国当前经济发展的基本状况是：在总体上循着世界工业化的路径持续推进。一方面，中国工业化不可能逾越世界工业化过程所须经历的各主要发展阶段，也难以另辟蹊径实行完全不同于西方发达国家的基本工业技术路线，中国经济发展总体上是对世界工业化的技术模仿、扩散、延伸和在此基础上的创新；另一方面，中国工业化又是一个非常独特的现象，是人类历史上从未经历过的世界工业化版图在几十年间就发生巨大变迁的过程。

现实的基本国情是，中国作为一个人口众多、幅员辽阔的巨大型发展中国家，正在面临和将要面临的几乎一切重大和长远的经济社会问题的解决，都高度依赖于工业的长足发展和现代工业体系的建立。只有发达的工业，才能解决中国的城市化、交通运输、国土整治、资源开发、水利工程、环境保护和国土治理，以至国家安全、民生福利等重大问题。所以，发展更为强大的工业，仍然是相当长的一个时期内中国经济发展的中心内容。

中国的现实国情根本不具备逾越工业化必经阶段的可能性。金融经济学家李扬在一份研究报告中指出："有一种说法认为，中国今后应当大力发展服务业，尤其是要发展金融、高新技术产业之类的新兴服务业。我认为，这种观点的依据以及实现路径等，也需要认真讨论。最近几十年来，国际上将服务业发展水平的高低引为评价一国经济发展水平高低的重要指标。但是，将这样一种发展规律运用到一个具体国家，必须与该国的具体发展阶段、发展路径、发展过程相一致，才能产生积极的正面效果，否则可能产生误导。在这里，最大的误导就是，我们可能只注意到发达国家如今服务业占主导的现象，忘记了他们那里确曾走过制造业为主的历史，忘记了发达的服务业必须以高度发达的制造业为基础的事实，忘记了类如中国这样的大国，不可能像如今某些发达国家那样着重发展服务业而将其对制造业的需求放在其他发展中国家的生产结构之上的冷酷现实。在我看来，在中国促进服务业发展，仍然必须时刻牢记中国人口众多、工业化和城镇化均在进行过程中的具体国情。"[①]

中国振兴之路刚刚走过 60 多年，再坚定不移地继续走过未来至少 30 年的工业化道路，中国才能真正成为民富国强的现代化国家。因此，中国制定和公布了《中国制造 2025》发展规划，提出了要用 30 年左右的时间，进入世界工业化国家即制造业强国第一方阵的前列，即赶上世界最发达的工业化国家的发展水平。

---

① 李扬：《宏观经济运行目标：从增长优先到就业优先》，中国社会科学院金融研究所《金融论坛》2009 年第 14 期。

◇◇五　中国工业化的启示

工业化是国家现代化和人民生活富足的基础和前提，尤其是对于中国这样的大国，发达的工业是其屹立不倒之筋骨。只有实现工业化，才能使全国人民享受小康社会的富足和福利，而这一国家和民族振兴过程的关键环节就是实现工业化。中国工业化进程深刻地影响了世界发展格局，正是在加快工业化进程中形成的经济实力，强有力地支撑起了中华民族生存发展的蓝天，夯实了自立于世界民族之林的根基。

世界近现代的全部历史表明，工业化是近二三百年以来世界经济和社会发展的主题。但是，从19世纪开始，资本主义工业化就表现出了普遍而深刻的矛盾，并产生了一系列严重的经济和社会问题。所以，从20世纪六七十年代起，在一些经济发达国家和发展中国家就存在两种试图摆脱工业化道路的呼吁。一种主张是放缓工业增长，提出到20世纪末之前实现所谓"零经济增长"；另一种主张是走"第三条道路"，就是既不停留于传统经济也不搞现代大工业，而是要采取有别于西方发达国家工业技术路线的另一条"中间技术"道路，他们认为大工业是恶劣的，主张"小的是美好的"。尽管这些去工业化的意见和主张不无合理因素，但历史事实却是：几乎没有哪个国家特别是大国可以不经历工业化而实现经济和社会现代化。

新中国成立后，由于特定的国际环境和工业基础的极端薄弱，中国选择了优先发展重工业的工业化路径，有成就也有代价。从"一五"计划开始，集全国之力，大规模地推进工业化，一些工业部门从无到有，一些产业从小到大，在很短的时间里形成了独立的、较为完整的工业体系，使工业成为国民经济的主导产业。在前 30 年的计划经济时期，工业化在带来社会经济快速发展的同时，也产生了一系列问题。主要是：在高度集中的计划经济体制框架内，发展工业是以其他产业特别是农业的滞后发展为代价的，依靠工农产品价格的"剪刀差"来支撑工业的高投入、高积累、高消耗，经济效益不高，产业结构不合理。改革开放以来的后 30 年，中国积极开拓适合国情的工业化发展道路，在战略上坚持总量增长和结构转变并重，在体制上重视发挥市场机制的作用，在扩大开放中注重利用国内外两种资源、两个市场，在改革开放中加速工业化进程，并取得了具有世界意义的经验。这些经验是：

一是实行改革开放，为工业增长注入动力和活力，使其成为经济发展和社会进步的强大引擎。中国工业化的实践证明，以改革开放为前提和标志的社会主义市场经济能够解放曾经被约束的社会生产力并有效地推进工业化进程。从 1978 年开始，中国工业体制机制逐步从计划经济向市场经济转变，为加快工业发展注入了竞争性动力，形成了工业企业进行技术改造和创新的持续压力，使工业企业更加重视提高经营效益，推动工业实现了持续增长，创造了高增长的"中国奇迹"。从各类工业品制造业到采掘工业、能源原材料工业、装备制造业，整个工业生产链全面成长并不断延伸壮大，有力地推动了中国经济现代化的进程。

二是依托比较优势打造核心竞争力，为工业化迅速推进奠定了坚实基础。20 世纪八九十年代，中国工业利用低价格要素的比较优势，以开放的姿态积极参与国内外市场竞争，迅速扩大了生产能力和市场份额。在这一时期，尽管中国工业增长具有高消耗和高代价的局限性和明显缺陷，但依此初步形成了一定的国际竞争力，占据了较大的国际市场份额，其历史贡献是不容抹杀的。中国工业的长足发展，历史性地改变了中国产业竞争力的状况。当然，同发达国家相比，中国工业的国际竞争力仍不够强大。迄今为止，中国工业竞争力仍然主要依赖低价格要素的比较优势，而以自主技术进步和创新为基础的竞争优势仍显不足，中国经济包括工业仍面临着转变发展方式的艰巨任务，提升工业核心竞争力任重道远。

三是坚持以工业带动多领域协调发展是持续推进工业化的活力之源。中国还远未走完工业化的路程，工业化任务仍然十分艰巨，这是当代中国最基本的国情之一。现阶段，中国制定的几乎所有重大经济社会发展规划都必然会体现为加快发展现代工业，这是赢得未来竞争优势的基础所在。更重要的是，工业发展所形成的有益经验，如工业效率原则、企业化管理、自主责任制度、行业竞争规则、扩大开放政策等，为其他行业的改革开放和发展提供了越来越强的激励和示范，许多其他领域实际上主要是在汲取工业发展经验的基础上推进其改革开放的。因此，从一定意义上可以说，工业发展是中国改革开放和中华民族全面复兴的"裂变核心"。当然，其他领域的改革开放和快速发展，也为工业发展提供了更加广阔的市场，而且进一步消除了深化工业改革的体制机制障碍，促进了工业的进一步发展和升级。

四是技术创新和机制优化是解决资源环境问题的关键。工业化是大规模开发和高效率利用自然资源和人力资源的过程，因此，工业化对生态环境造成的影响也比传统农业要大得多。如果处理不当，工业生产活动以及工业品的消费就可能导致突出的资源和环境问题。工业化在本质上是一个不断创造"资源"的过程，所以，只有用发展工业而不是停止工业发展的方式，才能解决资源约束和环境保护问题。工业化的本质是可以使得环境与人类更友好和更亲近，当然，实现工业化与资源环境之间的良性关系是有条件的，那就是工业技术的发展必须更倾向于高效利用资源和保护生态环境，在体制和机制上更倾向于激励节约资源和保护生态环境的工业技术进步。因此，加快形成激励节约资源和优化环境的工业技术创新的体制机制，是解决资源环境问题的关键。

五是要确立以人为本的工业化路径准则。21 世纪以来，鉴于以往数十年工业发展所产生的问题和矛盾，中共中央提出了以科学发展观统揽全局的思想。科学发展观的实质不是贬低工业生产重要性，而是赋予物质文明和创造物质财富的过程以更强的人的价值，即发展的价值不能仅仅用生产的物质成果和物质财富来衡量，而必须用是否有利于或促进全体人民的生活质量的提高和生活环境的改善来衡量。发展的价值不仅仅是物质财富的涌流，而且是创造和追求物质财富过程的文明有序，是经济发展成果的公平分享，是物质文明与精神文明的良性互动。因此，推进工业化必须坚持以人为本，在利用自然的过程中同自然友好相处，使人类世世代代都能获得大自然的恩惠，在物质富裕条件下实现人的自由、平等与尊严，在经济强盛基础上实现社会的文明、正义与和谐。从这个意义上说，工业生产是一种社会责任行为，创造财富的企业要有对利益相关者负责、对社会负责的意识，并要求财富的创造和积累过程不仅对企业而言是可以持续并代际相传的，而且应该和必须对社会乃至对全人类也是可持续和有价值的。总之，工业化是社会进步与现代文明的过程。新中国成立 60 多年来，工业化不仅是中国经济社会发展的主题，而且具有巨大的社会价值和全人类价值。工业发展的民生意义更高于强国意义，将成为中国工业化新阶段的显著特征之一。

◇◇六　中国工业化昭示工业革命的使命

迄今为止，历史上没有任何一个人类发展现象可以同工业革命的重大意义相提并论。人类经历了数百万年的进化历史，其基本生存方式一直是依靠直接获取自然界的有用之物。最初的"劳动"方式或生产活动是采集和狩猎，之后通过植物的选育和动物的驯化，产生了以种植和饲养为主要形式的农业生产，其性质仍然是获取自然界的直接可用之物。在漫长的人类发展历史上，自然界中可供人类直接使用之物是非常有限的，人类要进一步发展就必须学会将原本无用之物转变为有用之物，这就是"工业"生产，其实质是将"无用"的物质加工制造为"有用"之物。经加工制造后成为有用之物的产品就叫"工业品"或"工业制成品"。

如果仅仅用手工方式进行工业生产，生产力是非常有限的，因此数千年的历史，全球的人均年经济增长率不超过0.05%。可以说，直到工业革命之前，人类的生活水平同两三千年之前没有实质差别。

工业革命使人类生存和发展的状况彻底改变。工业革命的实质就是用机器代替人手，用煤、油、气、电等工业能源代替人力、畜力等原始动力，这样，人类的生产力得以极大提高。工业革命之后所创造的物质财富超过人类以往历史所创造的全部劳动成果。

工业既然能够将无用的物质转变为有用的物质，那么也就是可以让废物变为资源。其实，"废物"和"资源"完全是因技术而划分的相对概念。如果是对于人类无用的物质即为"废物"，那么可以为人类所使用的有用物质即为"资源"。"废物"与"资源"之间的界限，完成取决于人类使用物质的能力，即工业技术水平，工业越发达，就越能使更多的物质转变为资源。在高度发达的工业体系中，所有的物质都可以成为资源，因此，从最终意义上说，所谓"资源"都是由工业所创造的，是工业的技术水平决定了哪些物质可以成为"资源"。如果没有工业，地球上大多数物质都是无用的废物；而随着工业的进步，越来越多原先的无用之物变成了"资源"，只要工业足够发达，将不会再有"废物"，连原本丢弃无用的"废料""垃圾"也可以成为宝贵的"矿藏"，作为工业生产的原材料：不仅工业废料可以循环利用，而且城市中的生活垃圾也是可贵的"第二矿山"。应用科学技术变废为宝就是工业革命的使命。在这一意义上，工业革命就是创造资源的革命，工业创造资源的能力与消耗资源的需求在工业革命中相继产生，首先创造资源，然后消耗资源。

工业具有强大的创造力，工业革命可以使工业因素渗透到几乎一切领域，使人类生活的各个领域都"工业化"：农林牧渔、交通运输、信息传递、文化艺术、教育医疗、体育健身、休闲旅游，无不贯彻工业主义，依赖工业技术。当然，自从有了工业，战争形态也彻底改变了，出现了"战争的工业化"（Industrialization of War）现象。整个20世纪充斥着"工业化"的战争，钢铁、石油、火药、汽车、飞机以至核技术等所有工业品都可能成为战争工具。军力的强大依赖于工业的强大，工业的强大表现为军力的强大。人类在20世纪上半叶所爆发的两次世界大战实际上是工业革命的"异化"现象。

工业革命对于人类最伟大的贡献是，使工业成为科技创新实现的载体和必备工具。人类最伟大的科学发现、技术发明，以至人类任何杰出想象力的实现，都需要以工业为基础和手段。科技进步是工业的灵魂，工业是科技进步的躯体，绝大多数科技创新都表现为工业发展或者必须以工业发展为前提。所以，科技与工业实为一体，技术与工业几乎是同一概念，可以说工业就是人类生存和人类发展的技术，也可以说，人类区别于其他动物的最重要的技术"绝活"就是工业。工业革命就是科技与工业融为一体所创造的人类奇迹，只有工业国才可能成为创新型国家，拥有发达的工业特别是先进制造业才能成为技术创新的领导者国家。因此，科学技术革命同工业革命同命运，工业化就是科学化，即科学知识的成功运用，科学理性是工业精神的脊髓。迄今为止，以科学理性和科技进步为标志的工业革命时代是人类发展最辉煌的阶段。

在地球上，所有现存的物质财富包括自然物质财富和人类创造的财富两大类。人类直接取自自然的经济活动，例如狩猎、采集、捕捞、种植等称为第一产业，或广义农业。而第二产业即广义工业则是将不可使用的自然物质转变为可使用的物质的经济活动，其产业形态主要包括手工业、采掘业①、制造业和建筑业。现存的由人类创造的几乎所有可以长久保存的物质财富都是工业创造的，而且，除非采用工业技术手段，否则第一和第三产业（服务业）的产品是难以保存的，因而不可能成为物质财富的主要蓄存形态。所以，第一和第三产业所创造的物质财富和非物质财富都是程度不同"工业化"的，否则难以长久存在。严格地说，如果没有工业，人类既没有工具，也没有存物，虽然可以存活，但没有物质财富积蓄，也无法改善居住条件；如果没有工业，即使是自然财富也不属于人类，大多不可为人类所用。从这一意义上说，工业革命是人类物质财富加速创造和积累的起点，反过来说，工业发展负有为人类发展积蓄物质财富和为保存非物

---

① 因其"直接取自自然"的性质，有的国家将采掘业归为第一产业。

质财富提供物质条件的重大使命。

可以看到，在完成了工业革命的发达工业国家，绝大多数人都可以享受到工业革命所创造的物质文明成果，"工业化"可以让即使是社会中的穷人的生活条件也能达到过去的人类所难以企及的物质水平。所以，工业革命是人类最伟大的民生事业进步。工业革命之后的社会进入有史以来最安全、最清洁、最长寿的时代。工业革命使人类抵御自然损害及灾难的条件大大改善，抗御疾病的能力大大增强；工业革命才使得人类有可能生活在卫生清洁的环境中（1778 年，约瑟夫·勃拉姆发明了工业化生产的抽水马桶）。工业革命之前，人的平均寿命预期不到 30 岁，而工业革命完成之后，人的平均寿命预期超过 60 岁，发达工业国的人均寿命预期可以超过 70 岁，甚至达到 80 岁以上。

当然，在一些情况下，工业革命也具有毁灭性，不仅是熊彼特所说的技术创新的"创造性毁灭"，而且可能是战争的毁灭和环境生态的毁灭。工业革命使战争工业化了，也使环境生态人化了，而工业化时代的环境人化，实际上就是环境的工业化，即以工业活动改造了自然环境，工业成为环境生态中不可或缺而且也是无法摆脱的组成因素。

无论如何，自从发生工业革命，人类发展就如同插上了飞速翱翔的翅膀。人类创造性的伟大力量喷发出来，其中包括建设的创造性，也包括毁灭的"创造性"。因此，建设一些，毁灭一些，在建设中毁灭，在毁灭中建设，这就是工业革命的历史，也是技术创新的历史。例如，汽车是最伟大的工业产品之一，是工业革命最值得骄傲的杰作之一，汽车使人类生活极大改善，但同时也使人类不得不每年付出因车祸而死亡 120 万人的生命代价！工业革命使地球上越来越多的地方成为人类可以居住的场所，包括农村、城市甚至海岛、沙漠，但同时工业生产和工业品的消费所导致的环境污染也一直如影随形，堆积如山的废旧工业品和城乡垃圾越来越困扰人类。几乎所有的兵器都是工业品，战争的工业化使得工业所制造的武器足以毁灭整个人类，但军事工业也成为推动最先进技术创新的源泉，军力竞赛和战争需要往往成为工业革命的催化剂。总之，工业革命使人类发展的一切领域都彻底改观了，工业革命是人类想象力和创造力所展现的最伟大的历史成就和影响最深远的发展飞跃。

法国经济学家托马斯·皮凯蒂在他那本引起世界广泛关注和颇具争议的著作《21世纪资本论》中，以令人信服的数据刻画了人类经济增长的千年历史。他告诉我们，自有人类以来直到公元1700年之前，全世界的人均产出增长率几乎为零，经济发展极为缓慢；而从西欧工业革命以来，全球经济发展产生了翻天覆地的变化，经济增长加速，收入和财富的分配差距日趋扩大。可以说，工业革命是人类最值得自豪的壮举，但也产生了各种矛盾和复杂现象。今天和未来，人类仍然将在工业革命的大道上继续前行，没有其他的道路可以选择。经济增长和人类发展仍然将依赖工业革命的不断深化，因此，人类也注定必须面对工业革命所导致的各种复杂现象和困难问题的挑战。

在人类数千年文明史的大部分时期，无论是以幅员、人口还是生产总量计算，中国都曾是世界第一大国。但是当18世纪一些西方国家率先发生工业革命，世界上出现了一批"工业国"之后，中国很快成为贫弱的巨人，尽管仍然"地大物博，人口众多"，但因工业薄弱而受人欺辱，徒有庞大身躯却无力挺腰站立。相反，"泱泱大国"眼中的偏域小国，例如英国等，一旦拥有了强大工业，就可以成为雄霸世界的"日不落帝国"。

数千年以来，中国一直走的是"勤业"之路，即主要以增加劳动力的方式发展农业和手工业；而欧美国家却率先走上以机器和非人力能源替代人力的"工业革命"道路。作为工业革命发源地的英国，"突然之间，一个原来主要靠动物和植物将阳光转化为点点滴滴的可再生炭能的世界，变为可以使用千百万年的能量储藏了——最初是煤炭储藏，然后是石油储藏。机器化、城市化、工业化、工厂化的时代在这个小小的岛屿上诞生了，50 年后又开始向其他地方蔓延"①。正是这领先 50 年的工业化奠定了大英帝国长达两三个世纪漫长寿命的物质基础和制度优势。凭借其强大的工业实力，英国殖民地遍及世界各洲，仅仅派 500 人就可以治理 3 亿人口的印度。20 世纪，美国成为最强大的工业国，称霸全球，直至今日。而中国近代百年屈辱的历史，实质上就是工业薄弱的"软骨病"史：没有筋骨，必为病夫！

历史和现实都表明，工业尤其制造业是大国之"筋骨"，只有建造起"钢筋铁骨"，大国方可屹立而不瘫软。新中国半个多世纪以来的历史，就是一部工业化的创业奋进史，尽管艰难曲折，代价沉重，但如今已如铮铮铁骨般支撑起东方巨龙并让其腾飞。众所周知，迄今为止，中国崛起最大的经济"法宝"就是规模巨大的工业体系！

半个多世纪以来，中国工业发展令世界震惊。人类历史上从来没有发生过如此大规模高速度的工业化现象：从西欧工业革命算起，经历了二三百年，才使得全球上大约 20% 的人口生活于工业社会中；而中国的工业化进程则在几十年内使全世界生活于工业社会的人口翻一番。中国的工业化让一个个企业和一座座城市拔地而起，辉煌的建设成就使中国一改贫穷落后的旧貌：大多数工业品产量位居世界前列；

① ［英］艾伦·麦克法兰：《现代世界的诞生》，管可秾译，上海人民出版社 2013 年版，第 47 页。

上海堪比纽约，北京直逼东京，深圳似乎可以同香港一争雌雄了！于是，一些人认为，中国，至少是中国东部地区的工业化已经快要完成了，很快就要进入发达工业国的行列；而一些工业品的"产能过剩"似乎已经标志着工业化的末路，应该去工业化了。其实，中国工业创造和积蓄物质财富的使命仍然重任在肩。

创造和积蓄物质财富是工业化的伟大历史使命。一个国家或经济体的物质财富拥有量主要包括自然物质以及工业生产物的蓄存量两大类。也就是说，除了大自然的赐予，各国所拥有的物质财富主要是工业品，尤其是工业所创造的生产设备、建筑物和交通体系及各种物质基础设施等。因此，一个国家的工业化是否完成，不能仅仅看当期生产流量（GDP）规模，更要看工业所生产和蓄积的物质财富存量达到了怎样的规模和水平，只有当大规模创造物质财富的任务基本完成，社会追求的目标已经主要不是创造物质财富而是享用"服务"（和积蓄文化财富）时，工业化时代才告结束。而且，即使到那时，工业也不会消失，任何时代的人类生产和生活都不能离开工业产品及其所积蓄的物质财富存量。

根据中国社会科学院工业经济研究所李钢和刘吉超对物质财富存量的估算，2008 年，美国财富总量是中国的 5.9 倍，日本是中国的2.8 倍；美国生产性财富（工业生产物蓄存量）是中国的 3.8 倍，日本是中国的 2.4 倍。而人均生产性财富美国是中国的 16 倍，日本是中国的 25 倍。如果美、日、中三国均保持当前的生产性财富增速，中国的生产性财富分别要到 2034 年和 2035 年才能赶上美、日两国，而人均财富总量赶上美、日则需要更长的时间。[①]

---

① 李钢、刘吉超：《中国省际包容性财富指数的估算：1990—2010》，《中国工业经济》2014 年第 1 期。

可见，从工业化创造和蓄积物质财富的历史使命来看，中国工业化还远未完成。就总体综合素质而言，中国工业化并没有真正到达中后期阶段。现阶段，中国最重要最迫切的战略任务之一仍然是继续强健工业筋骨，真正实现现代工业文明。

工业革命是物质生产方式的巨大变革，彻底改变了人类的物质世界和物质生活。但是，工业革命的贡献绝不仅仅是创造物质财富，其对人类发展的影响极为深远。人类与其他动物的一个根本区别是能够进行基于科技创新的创造性劳动，而工业革命正是这一人类本性最伟大的彰显。工业对于人类发展最伟大的贡献之一是充当着科技创新实现的载体和必备工具。人类最伟大的科学发现、技术发明，以至人类任何卓越想象力的实现，都要以工业为基础和手段。科技进步是工业的灵魂，工业发展是科技进步的实现，工业发展走向更高阶段的直接表现就是以持续创新和"革命"的方式实现科技进步的过程。所谓工业转型或产业升级，实质上就是工业所具有的革命精神彰显和创新能力的释放。从机械化、电气化、自动化，到信息化、智能化是工业发展的逻辑必然。科学、技术、机器、信息、智能、艺术、人文，在工业化进程中汇聚，推动人类发展的文明进程，并使越来越多的人可以享受工业文明的成果。

在发达工业国家，绝大多数人可以享受到工业化所创造的物质文明成果，其生活条件也都是"工业化"的。美国作者彼得·戴曼迪斯和史蒂芬·科特勒在《富足：改变人类未来的 4 大力量》一书中写道："今天，处于贫困线之下的美国人的生活水平不仅远远领先于大部分非洲人，也远远高于一个世纪之前的最富裕的美国人。如今，99％处于贫困线之下的美国人都能用上电灯、自来水、抽水马桶和至少一台电冰箱；95％处于贫困线之下的美国人至少拥有一台电视机；

88％处于贫困线之下的美国人拥有一部电话；71％处于贫困线之下的美国人拥有一辆汽车；70％处于贫困线之下的美国人甚至还用上了空调。初看起来，这些东西似乎是没什么了不起的，但是在 100 年前，就连亨利·福特和科尼利厄·范德比尔特这些跻身于全球最富行列当中的人，也只能享受到这些奢侈品当中极少的一部分。"①

中国工业化的历史从其萌芽阶段到新中国成立，是一个极为拖沓的过程，考古学家和历史学家们可以发现和论证中国在非常久远的年代就有了工业化的初始现象，但是，毕竟数百年未成气候。有学者将中国工业现代化的发展分为三个大的历史阶段。第一阶段是从清朝后期开始中国进入工业现代化起步阶段，主要表现是关于工业现代化的思想启蒙和知识传播，以及一些现代工业企业的开办，包括外资工业以及清政府和民间企业家开办的工厂企业。第二阶段是民国时期的局部工业现代化阶段，为 1912—1949 年。这一阶段又可分为三个时期，即北洋政府时期的民办工业发展（1912—1927）、国民政府时期的官办工业发展（1928—1936）和战争时期的统制工业发展（1937—1949）。第三个阶段就是新中国成立以来的全面工业现代化。②

新中国成立以来尤其是 20 世纪 70 年代末以来，中国工业化一改百年来的拖沓踟蹰，成为一个高度"压缩式"的激进过程，即西方国家历经 200 年才完成的工业化，中国只用了半个世纪的时间，如同是把 200 年的工业发展过程压缩到了半个世纪的时空中。工业的创新力、颠覆性和全方位渗透力，就是改变人类物质生活和精神世界的

---

① ［美］彼得·戴曼迪斯、史蒂芬·科特勒：《富足：改变人类未来的 4 大力量》，贾拥民译，浙江大学出版社 2014 年版，第 17 页。

② 何传启主编：《中国现代化报告 2014—2015——工业现代化研究》，北京大学出版社 2015 年版，第 218 页 。

能力。

当前，世界正在发生着学者们所说的"第三次工业革命"或"第四次工业革命"。"划时代的技术进步，如计算系统、网络与传感器、人工智能、机器人技术、生物技术、生物信息学、3D 打印技术、纳米技术、人机对接技术、生物医学工程，使生活于今天的绝大多数人能够体验和享受过去只有富人才有机会拥有的生活。"① 这一切都基于工业的高度发达。简言之，工业是一切科学发明和创新想象得以实现的工具，也是大多数人生活水平提高的物质技术基础。中国工业化正以令世界惊讶的速度，从居于各国工业化的末位国排序，奋起直追，向着工业化国家的前列迈进。

工业不仅创造和积蓄了大量的物质财富，而且也是解决人类发展所面临的各种重大问题的最重要手段之一。人类的生存健康、衣食住行，国家的强大和安全，资源环境问题的解决等，无不要以发达的工业为基础和手段。半个多世纪的中国工业化，使数以亿计的中国人开始能够并越来越多地享受工业文明的福利，这是人类发展史上的一个辉煌成就。但中国 13 亿人口中还有很大一部分人仍在期待着工业文明，盼望着也能够真正享受工业文明的福利。从这一意义上说，工业化不仅仍然是中国经济社会发展的主题，而且也是最大的民生事业。

中国的工业发展，不仅表现出生产力最活跃和最具革命性的本性，而且以其彻底的改革、开放精神和最具竞争性的进取行为，迅速地提升了中国的国际地位。中国所有其他领域的进步和发展都必须以更发达的工业经济体系和更强大的工业生产力为基础。

当然也要看到，工业的迅猛增长也产生了许多问题，目前中国所

---

① ［美］彼得·戴曼迪斯、史蒂芬·科特勒：《富足：改变人类未来的 4 大力量》，贾拥民译，浙江大学出版社 2014 年版，第 12 页。

面临的"不平衡、不协调、不可持续"矛盾大都同工业增长有关，因此，中国经济发展方式转变的关键是工业转型。但是，工业转型并不是"去工业化"，而是强工业化和深度工业化，即实现工业发展的绿色化、精致化、高端化、信息化和服务化。

伟大的实践孕育和滋养了伟大的理论，伟大的理论激发和指导着伟大的实践。中国工业所创造的物质财富和精神财富，都成为中国和人类的宝贵遗产。西欧工业革命推动和实现了人类科学、理性的思维观念，教化人民接受分工合作、精准高效、严纪守时的工业精神。工业化推进到哪个国家，就使哪个国家走上变革、开放和自由的道路，公平竞争、创新开拓、效率至上和福利社会的观念成为主流意识。

从 20 世纪 50 年代起，中国工业发展就将解放、自主、奋斗、强国的观念注入民族意志。而 20 世纪 70 年代末开始的改革开放，中国工业的改革开放不仅在物质财富的创造上获得了让世界为之震惊的成就，而且对探索中国特色社会主义道路和建立中国特色社会主义理论做出了极其重要的贡献。工业的本质是解放，是实践，是创新；工业改革开放是思想解放、观念革新和理论建树的实践基础。我们所看到的历史事实是：工业发展成就成为"实践是检验真理的唯一标准"最突出、最鲜活的体现；工业经济成为思想解放和观念革命率先付诸行动的最生动领域；工业部门成为实行改革开放最前沿、最活跃、最彻底的现代产业。巨大的工业成就是理论自信、道路自信、制度自信的底气所在，如果没有工业，何来民族自信？

第二章

穷则思变:民心所向工业化

讲到中国 20 世纪 70 年代开始的 30 多年改革历史,没有人不知道安徽有个"小岗村的故事"。1978 年冬,小岗村 18 位农民以"托孤"的方式,冒险在土地承包责任书上按下鲜红手印(见图 2—1),实施了"大包干"。这一"按"成了中国农村改革的第一份宣言,它改变了中国农村发展史,揭开了中国改革开放的序幕。

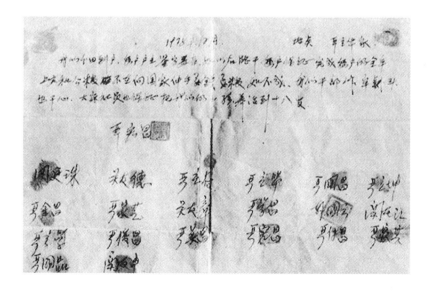

图 2—1 小岗村 18 位农民按下红手印的"包产到户"契约(资料照片,新华社发)

　　当事人后来回忆说，农民的想法其实很朴素，意见也很一致："分田"就能有饭吃，不分只好饿肚子。当事人回忆说：分田这个事当时风险是很大的，既然大家都同意干，那我们得立个字据。我们当时的想法很简单，就是"落字为证"，任何人都赖不掉。不会写字，就按个手印，最后那个"红手印"就产生了，也就是那份"我们分田到户，每户户主签字，如以后能干，每户保证每户的全年上交和公粮，不在（再）向国家要钱要粮，我们干部坐牢杀头也干（甘）心，大家社员保证把我们的小孩养到十八岁"的协议，我们都按了手印，将来这个事如果上面追究，我们承担全部责任。当时我们的想法很简单，就是分田到户、吃饱肚子，干劲上来了，粮食丰收了，国家、集体和我们个人都有好日子过。20世纪70年代开始的中国改革开放与农民三四十年前参加革命的逻辑"打土豪，分田地"一样，也与新中国成立树立的目标——中国人民"站起来"一样：穷则思变。可以说，向贫困落后宣战是中国工业化的逻辑起点。

　　中国工业化的萌芽时期可以追溯到20世纪上半叶或更早的时候，而研究中国工业化通常将其起步期确定为从中华人民共和国成立的1949年开始。从那时算起，迄今已经历了60多年，一般划分为两大阶段：20世纪50—70年代的初步工业化时期和70年代以来的加速工业化时期。前一时期通常称为"计划经济时期"，后一时期称为改革开放时期，即向市场经济转轨的时期。从世界范围看，20世纪70年代末80年代初开始的以"改革开放"为标志的中国工业化加速时期，具有彻底改变中国命运和世界格局的意义。而从中国自身的经历和内在动因看，加速工业化的动力来自脱贫致富的强烈民意，改革开放的政治决策更是顺应了"穷则思变"的民心所向。从这一意义上说，中国自20世纪70年代末80年代初以来的工业化加速，是民心推动的巨大历史进步。这一时期的中国人所经历的历史尽管至今仅仅 30 多年，却是其他国家百余年才走过的道路。中国工业化进程之所以会在这一时期"突飞猛进"式地加速，虽然也有客观规律的决定性作用，但强大的民意共识和民心渴望，也是推动中国工业加速增长的巨大力量。

◇一 义利观的历史纠结

中国至少具有 5000 年文明史，这使得中华民族既坐享着世界其他民族国家无可比拟的丰厚文明遗产，也背负着沉重的传统包袱。一方面高度务实勤劳，追求"活在现世""丰衣足食"，并且具有"家产传世"，为子孙后代积累财富的强烈行为倾向和家族致富意识；另一方面又崇尚清高轻利的士大夫精神，鄙视唆以私利，视"大公无私"和"天下为公"为高尚品格。可以说，世俗的私利观念活在物质生活世界，而鄙视私利的观念占据着精神伦理世界；也可以说，前者存在于"非成文"（所谓"小人"）的现实社会，即所谓"天下熙熙皆为利来，天下攘攘皆为利往"；后者则是成文世界中"君子"的应有道德，即所谓"君子喻于义，小人喻于利"。在一定意义上甚至可以认为，中国传统文化的义利观具有相当程度的"分裂"倾向。

在这样的传统文化基础上，引入以公有制为理想的马克思主义和社会主义（共产主义），给社会注入政治理想的崇高感，很容易使人接受计划经济的观念：只要批判和鄙视原本就上不了"大雅之堂"的私利，宣扬崇尚"公而忘私""听从政府"的"厚德"，就可以将产生于西方世界的社会主义计划经济设想"嫁接"到已经凋敝了近百年的中国经济"枯树"上。由于在中国的成文世界中原本就没有多少"私利"和"个人"的空间，所以只要一"讲理"，而且是"讲大道理"，要求"小道理"服从"大道理"，则在现实中"个人主义""私有观念"就只能缴械投枪。主张私利的个人主义"小人"，如果要同"公有"和集体主义公开一战，必然是一败涂地，在大庭广众下无地自容。所以，从新中国成立直到20世纪70年代，计划经济在中国的推行并未遭遇到政治抵抗，而且，"听上级吩咐"或"上级比下级更正确"是大多数中国人的传统意识，这同计划经济的逻辑具有天然的契合性。如果不是因为实行计划经济严重脱离国情而在现实中碰壁，中国人完全可以相信通过计划经济和政治动员，就可以实现快速经济发展，达到大同世界。

中国工业化初步阶段，即20世纪50—70年代，就是在相信计划经济能够实现强国目标的观念中经历的。当时，实行社会主义计划经济的苏联，取得了几乎超越西方市场经济国家的建设成就，也强化了中国对通过计划经济实现工业化的意志。在那20多年中，中国尽管以政治动员的方式按计划经济的思维强力推进工业化，但屡遭挫折；试图"大跃进"，结果却是陷入大困境中，甚至导致国民经济"濒临崩溃"。尽管那一时期的工业建设也取得了一定的成就，初步建成了较完整的工业门类和体系，一定程度上奠定了中国工业化的基础，但是，从世界范围看，那一时期的中国经济同世界发达国家的差距进一步扩大了，中国GDP占世界GDP总额的比重下降到不足5%（而人口占世界近1/4），甚至低于新中国成立初期。

从新中国成立开始直到20世纪70年代，尽管国家越来越强化以指令性计划指标的方式，力图动用政治、行政和法律（计划指标就是"法律"）的力量，强力推进工业化，但是，微观经济的动力和活力却遭到极大的伤害。企业无意创造利润，经营行为不可越国家计划之雷池一步。特别是 20 世纪 60 年代中期到 70 年代中期的"文化大革命"时期，完全取消了劳动报酬的经济激励制度，正常的工资等级晋升被终止或任意拖延，发放奖金被批判为政治错误，即所谓走资本主义道路的"经济主义"；连按劳分配也被批判为"资产阶级法权"，蕴含着向资本主义倒退的危险。这样的意识形态主张严重地抑制了生产积极性，阻碍和破坏了生产力。其根本原因就是扼杀了亿万人民追求个体收入和财富的权利，剥夺了他们的致富权。甚至荒唐地禁止生产单位（工厂）追求利润，因为担心企业去追求利润而妨碍国家下达的计划指标的执行，进而破坏国民经济的"有计划、按比例"发展。

一个严重缺乏动力、活力和生产积极性的经济体，怎么可能有高效率并实现工业化？一个视追求财富为"不义"甚至是"违法"的国家，怎么可能创造更多的财富？尽管可以宣扬无私精神的高尚，但在一种认为"金钱是万恶之源""赚钱是不道德行为""利润是商人的罪恶"的社会制度环境中，怎么可能创造经济繁荣？这就是 20 世纪 50—70 年代，中国工业化所陷入的窘境。似乎有一个始终挥之不去的幽灵，在不断号叫：财富是不道德的！就如同中世纪的欧洲，宗教教义告诉人们："富人要进天堂，就像骆驼穿过针眼！"总之，如果追求物质财富，就没有好果子吃，死后也难进天堂。

因此，中国要发展经济，要实现工业化，就必须释放亿万人民消除贫困追求财富的愿望所产生的能量，使之成为解放社会生产力的巨大推动力，这就必须从制度和观念的禁锢中解放出来。这就是从 1978 年开始的"思想解放"和"改革开放"的朴素动因。不过，那不是从意识形态理想出发的社会变革（尽管在政治上表现为不同意识形态观点之间的斗争），而是从最实际的经济和社会现实问题考虑所进行的探求。从一定意义上甚至可以说，改革开放是一种被逼无奈的选择，是对传统意识形态观念的"逼上梁山"式的"叛逆"，即开始对计划经济的传统体制和传统观念产生怀疑，终而抛弃。按照当年的法统，否定计划经济是大逆不道的，甚至也是"违宪"的，因为当时的《宪法》中明明写着"中国实行社会主义计划经济"。反对计划经济制度是可能要受到严重的法律制裁和政治惩治的。

30多年前绝没有人能想象得到今天的中国竟然能够并且已经改变成现在的这个样子。中国人对计划经济的否定和对市场经济的向往已经变得那么"天经地义"。是什么力量让13亿人口的中国在这短短的30多年间发生了如此巨大的变化？人们可以从不同的方面和观察角度来分析和解释这一现象，但有一种力量的作用肯定是具有决定性的：在政治上彻底否定了"宁要贫穷的社会主义，不要富裕的资本主义"观念和政策，使亿万人民摆脱贫穷追求财富的愿望产生了强大而持续的经济动力。改革开放释放了这种巨大能量，就产生了解放社会生产力的巨大推动力，推动工业化加速发展，让中国彻底改变面貌。

◇二 加速工业化的起点：承认追求个体财富的正当性

要加速工业化就必须实行改革开放。改革开放必须从解放思想开始。为什么要解放思想？因为，如前所述，传统的意识形态观念禁锢了人们的思想。为什么人民终于不再容忍传统意识形态的禁锢，而甘冒极大的风险，以"违法""违规""违反政策"的行为走上改革险途？那是因为：实在是太穷了，穷怕了，穷得无法忍受了！是极度的贫穷和经济发展的巨大国际差距让中国必须思想解放：从理想主义的幻想（意识形态目标）向现实主义的务实转变。20 世纪 50—70 年代，宣传机构一直向人们灌输"美好"的幻象：中国人民生活得很富足，而世界上其他 2/3 的人民还"生活在水深火热之中"，等待我们中国人去解放他们。但是，尽管中国也一直在"艰苦奋斗"，而且希望"鼓足干劲，力争上游"，但快 30 年过去了，当我们开始睁眼看世界时，未曾想与发达资本主义国家甚至新兴工业化国家相比，我们中国人的生活竟如此贫穷！连吃饱肚子、穿暖衣裳都是奢望！那么，我们错在哪里呢？

解放思想要从什么是"政治正确"开始，政治正确的哲学前提是如何判断真理与谬误。于是，20 世纪 70 年代后期，关于真理标准的大讨论，成为全民思想解放的先声，并最终承认了"实践是检验真理的唯一标准"。那么，怎样让实践来检验真理？首先要承认和面对现实。中国的基本现实是什么：贫穷落后！必须承认现在的中国离共产主义社会非常遥远，离社会主义社会也很遥远，中国仍然并且将长期处于"社会主义初级阶段"。这是思想解放和以实践为检验真理标准所得出的第一个社会共识。基于这一共识，必然得出结论：贫穷是最大的敌人，创造更多物质财富是最迫切的任务。在相当长的历史时期，"广大人民群众日益增长的物质文化需求与落后生产力的矛盾是社会的基本矛盾"。所以，以经济建设为中心，是唯一正确的政策选择。

问题是，在中华人民共和国成立以来的历史上，中国共产党实际上也曾实行过以经济建设为中心的方针，后来才一度偏离到"以阶级斗争为纲"和"政治挂帅""突出政治"的方向。那么，实行改革开放以后的以经济建设为中心同以前的经济建设政策有什么区别呢？

改革开放以前，进行经济建设从根本上和方向上说是依赖着计划经济的动力机制。计划经济的基本动力机制是：以公共财富积累为目标和依靠指令性指标的分解和执行。也就是说，在计划经济制度逻辑下，发展经济的动力来自对公共财富的追求，而公共财富的主体是国家，所以，计划经济制度必须构建一套以追求国家财富为目标的体制和机制，也就是实行全社会公有制经济基础上的指令性计划体制（加之社会动员体制）。所以，从根本的动力机制上看，传统社会主义计划经济的发展是由追求公共财富目标的欲望所推动的，① 而追求个体财富（个人财产和企业利润）则是不道德的，甚至是违法的。实践证明，以这样的动力机制很难保证生产积极性的长期保持，效率低下的问题难以根本解决，特别是慵懒、懈怠和依赖的工作态度和行为方式不可遏制地蔓延，将腐蚀整个社会的生产力基础，结果是使国家和人民在追求崇高目标（大公无私，无条件地完成国家计划指标，以实现国家强大）的口号下，却走向了普遍贫穷的深渊。

1978 年开始的改革开放是对计划经济体制的突破，而突破口就在：必须承认追求个体（个人和企业）财富的正当性，将经济发展的动力建立在个体收入和财富的追求上。所以，在政策上要允许和鼓励"一部分人、一部分地区先富起来"，要承认微观主体的经济责任制和经济刺激。因此，农村改革从实行家庭联产承包责任制开始，城市改革从国有企业独立核算、自负盈亏，允许企业以追求利润为目标开始。

在传统计划经济的制度逻辑上，无论社会发展到怎样的高水平，

---

① 笔者曾经论证，实际上在公有制经济制度中也必然存在私经济因素，这些私经济因素也是公经济增长的动因之一。参见金碚《论社会主义经济中的私经济行为》，《江苏社会科学》1993 年第 3 期；金碚《社会主义不是无"私"经济》，《经济学消息报》1993 年 1 月 21 日。

创造了多少财富，都不会形成很多的个人财富，即在严格的理论逻辑上个人完全不可能有财富积累。由于实行公有制，个人所可能获得的仅仅是"消费资料"或"消费基金"，所有的生产性积累都归公有，所以，根本没有个人财富的积累机制，财富积累完全是社会计划中心（国家或政府）的职能。所以，在意识形态上，个人追求财富是不道德的，甚至是违法的；企业（工厂）追求利润也是不正当的，是不符合"政治正确"原则的，而被谴责为"利润挂帅"的资本主义（即反社会主义）行为。

实行改革开放后，思想解放了，承认了微观主体的经济责任制和经济刺激制度的正当性，以至承认和鼓励非公有经济的存在和发展，实际上就是承认了追求个人财富和进行个人财富积累的合法性和正当性，甚至还要鼓励和表彰"勤劳致富"的"万元户"以至"百万富翁"；同时也就承认了企业是追求利润最大化的独立经济主体，经济学家蒋一苇提出了"企业本位论"的主张。

可以说，改革开放一开始就自觉或不自觉地为引入财富创造和积累机制奠定了认识基础。这虽然只是在计划经济体制中打开了一个缺口，但此后的事实表明，它对计划经济是一种颠覆性的冲击，对工业化的加速是一个强大的推动力。因为，只要承认追求个体财富的正当性，整个社会就将不可阻挡地发生脱胎换骨式的革命性变化。

◈三 走上市场经济道路

中国改革开放的决定性历史转折是从计划经济转变为市场经济。这一转变对于中国进入加速工业化进程具有决定性意义，但这一转变在中国是一个渐进的过程。从 1978 年到 20 世纪 80 年代末，对计划经济的突破还只是在纵向动力机制结构（自上而下层层分解的指令性计划指标是推动经济运行的主动力）中，引入追求个人收入和实现企业自负盈亏的激励因素，并试图以此弥补计划经济体制纵向动力不足的缺陷（即所谓"市场调节为辅"）。1992 年邓小平明确提出，"社会主义也可以搞市场经济"，而当年召开的中国共产党第十四次全国代表大会正式宣布的"经济体制改革的目标，是在坚持公有制和按劳分配为主体、其他经济成分和分配方式为补充的基础上，建立和完善社会主义市场经济体制"，则是对中国社会主义经济制度的彻底性改革。市场经济与计划经济最根本的区别在于，计划经济基于自上而下的动力机制和资源配置机制，而市场经济的动力机制和资源配置机制则基于追求个体财富的微观动力；前者的运行直接基于对社会总体目标的关注和追求，后者的运行则是将社会总体利益的实现基于对个体利益的关注和追求。用学术性的语言来表述就是：市场经济相信即使人人遵循"经济人"行为原则（一切从个体利益最大化目标出发），整个社会也能够实现总体利益最大化目标；而计划经济则认为，如果以追求个体利益为主导性的行为准则，整个社会生产则将陷入混乱，更不可能实现社会总体利益最大化。前者相信市场机制可以发挥有效配置资源的作用；而后者认为市场无法实现"有计划、按比例"地发展，必须由国家的计划中心来进行资源配置。这在现实中就表现为政府行政部门成为一切经济活动的"指挥中心"，而政府要能够有效发挥指挥作用，就必须实行全社会统一的生产资料公有制制度，实际上就是使生产单位成为政府部门的延伸体或附属物。

所以，当中国认定要走市场经济的改革道路，实际上就是对整个经济制度的内在逻辑进行彻底的变革，而且是对经济制度的"信仰"

变革。如果坚持计划经济，则追求社会目标（社会财富）的行为才是道德的和合法的，追求个体财富（个人收入财富和企业利润）是不道德甚至不合法的，至少是很不高尚的；而如果搞市场经济，则追求个体财富不仅是合法和道德的，而且所有微观经济主体（个人和企业）追求自身利益的行为是可以最有效地实现社会福利最大化的。因此，市场经济制度主张最大限度地保护追求个体财富的自主性和自由选择（当然也必须对追求个体财富的行为进行规范、调控甚至管制）。因为，市场经济的"信仰"基础是：相信最大限度地保护追求个体财富的自主性和自由选择，就能最大限度地释放和调动蕴藏在社会最基层中的创造财富的巨大积极性（经济人的利益最大化行为），就能最大限度地解放社会生产力；并且相信无数人作为经济人的利益最大化行为，能够导致整个经济向着实现社会福利最大化的方向发展。

实践证明，市场经济所焕发出来的个体积极性和追求财富的动力机制是极其强大的。允许和鼓励微观主体更主动和自由地追求个体财富，确实能够导致整个社会生产力的巨大解放，导致社会财富的大量涌现。30多年来，中国改革开放所创造的成就令世界震惊，中国工业化的奇迹般表现让全球格局产生巨大改变。

◇四 中国工业化与经济全球化接轨

工业化与市场经济在本质上是开放的和趋向全球化的。中国决心走市场经济的道路，加速工业化，实际上也就决定了必须和必然走向同世界资本主义市场经济体系接轨的方向。所以，中国义无反顾地，甚至不惜付出一定代价地申请加入"世界贸易组织"（其前身为"关税与贸易总协定"）。这意味着，中国改革的目标不仅是要建立社会主义市场经济，而且是要承认国际通行的市场经济基本秩序和竞争规则，将中国的市场经济体系融入经济全球化的世界市场经济体系。中国工业化走向和道路的这一战略转折，将改变世界工业化的整体格局。

2001 年 12 月，中国正式加入世界贸易组织，这是一个影响深刻和深远的重大历史事件。世界贸易组织是全球资本的国际俱乐部，它最大限度地体现了国际资本全球扩张和自由竞争的要求。人类两次世界大战的历史表明，资本主义具有无限追逐财富的极大扩张性，如果没有一定的规范和竞争规则，资本对财富的追逐将演变为掠夺、侵略和战争。世界贸易组织是在两次世界大战的惨痛教训中建立的一个资本全球化竞争的规则体系。这一规则体系承认和保证资本在世界范围内"公平"地追逐财富的权利，从而避免因财富竞争而导致相互间的不正当封锁（垄断）和军事冲突。中国加入世界贸易组织，意味着有勇气到这一资本的国际俱乐部去参加竞争，尽管由发达资本主义国家所主导的这个世界性的资本俱乐部的许多规则对后发的中国并不十分公平。

有人认为，中国的经济体制改革在很大程度上是由开放所推动的，因此，加入世界贸易组织必然对中国的市场化改革产生极大的推动力，在此过程中，"与国际接轨"几乎成为经济体制改革别无他选的方向。如果说，此前的中国经济体制改革完全是主动的，那么，此后中国经济体制改革就成为国内要求和国际压力"内外夹击"下的过程，在一定程度上是"不由自主"的。中国工业化的方向被"倒逼"至必须融入经济全球化，并且必须按国际通行的规则改革自己的国内经济体制，不仅企业要遵守国际通行的贸易规则和竞争规则，连政府的行为也要受国际规则的约束。

也就是说，当进入国际市场经济的全球竞争体系后，中国必须接受世界财富创造和积累机制的基本规则。当前的国际市场经济规则首要的是维护资本全球化自由竞争的权利，所以，世界贸易组织本质上是对政府行为的限制，即要求各国政府承诺不得限制和阻碍国际自由贸易和自由投资。

中国是一个资本实力弱小的国家，加入世界贸易组织后，中国能够承受得起激烈的国际竞争吗？人们曾经担心，由于资本是财富积累的产物，缺乏财富积累的历史决定了中国企业将不是国际资本的竞争对手。但是，事实并没有人们料想的那么严重。中国企业凭借其"杀出一条血路"的拼搏精神和不惜代价的竞争行为，在国际市场竞争中打出了一片天地，而且市场占有范围迅速扩大。

中国人原本是一个财富积累意识非常强烈的民族，为了获取收入和财富，中国人比世界上绝大多数其他国家的人都更愿意付出辛劳和努力；而且，中国人更倾向于缩减当前消费，进行储蓄和投资，以获得更多的未来财富和留给下一代的遗产，所以，中国是全世界储蓄率和投资率最高的国家之一。可惜，历史的动荡和灾祸总是一次又一次地让中国人的财富梦想破灭。尽管中国人经历了数千年的财富追求，且由于人口和国家规模的巨大，其经济总量可以长期居于世界第一，但是，按人均水平计算，中国从来算不上是一个富足的国家。特别是当西方国家发生工业革命以来，直到 20 世纪 80 年代，中国进一步沦为贫穷国家，"一穷二白"成为她的基本面貌。

经济学家蔡昉根据迪森提供的数据指出："直到 1700 年，亚洲仍然生产了全世界 GDP 总量的 61.8%，作为最大的亚洲国家，中国对世界 GDP 总量的贡献额为 22.3%。由于亚洲、日本和中国分别有着更大的人口份额，这个地区和这两个国家的人均 GDP 均分别低于世界平均水平，但是幅度并不显著。在 1500—1820 年期间，亚洲人口增长速度略快于世界和西欧的平均水平，日本人口增长略低，中国则显著高于世界和西欧的平均水平。这个时期中国的 GDP 增长虽然快于世界平均水平，并与西欧保持大体相同的水平，但由于其人口增长更快，所以到 1820 年，中国 GDP 总量虽然占到了世界的 32.9%，人均 GDP 却不仅显著低于西欧，也进一步低于世界平均水平。"[①]

一个勤劳、节俭、愿为创造和积累财富而比其他民族付出更多的民族，却不得不长期因财富之梦的破灭而失望，这可以说是一个世界历史上最典型的"中国悖论"和"中国悲剧"。

改革开放以来 30 多年的工业化加速时期，是中国历史上千载难逢的太平年代，中国百姓终于不再被扼杀财富梦想，可以安安心心、踏踏实实地创造和积累属于自己的财富了。于是，中国人世世代代的财富意识在 20 世纪的最后 20 年又一次觉醒！这一觉醒，看似静悄悄地发生，但其巨大和顽强的爆发力却让全世界惊叹，大呼估计不足，甚至很快似乎感受到了"中国威胁"，同时更是不得不承认受到了"中国教训"，即必须学习中国人的勤劳精神和拼搏意志，否则就将在竞争中衰败。

中国人财富意识的觉醒，使工业化的"奇迹"发生了。短短 30 多年，工业生产能力迅速增长，物质财富大量涌流，货币金融财富迅猛增长，中国在世界上的形象发生了"改头换面"的极大变化。过去，"中国人"几乎就是"穷人"的代名词，而历经工业化加速推进的 30 年，"中国人"居然越来越使许多外国人产生"有钱人"和

---

① 蔡昉：《二元经济作为一个发展阶段的形成过程》，《经济研究》2015 年第 7 期。

"富翁"的印象。确实，有一些中国人可以"出手大方""一掷千金"；确实，中国财富积累的规模快速扩大。可以说中国正在以令人惊讶的速度制造出越来越多的"富豪"和"富二代"，中国中产阶级的成长也让世界刮目相看。统计资料毋庸置疑地显示：企业利润大幅度增长，政府收入超速增加，越来越多的个人也开始了家庭财富积累的历史。有学者甚至说，中国工业化已经创造了一个数亿人口规模的"富足人群板块"，可与欧美一比高低。有人统计，中国"富豪"人数已居世界各国前列，中国城镇居民的家庭净资产正在迅速接近美国。有的学者研究表明，当前，美国的家庭净资产的中位数为 7.73 万美元，折合人民币大约为 47 万元；而中国 2010 年城镇家庭的净资产中位数水平为 40 多万元，折合大约 6.63 万美元。[①] 两者竟然如此接近！

工业化不仅创造了巨大的财富，而且显著地改善了人民的身体素质。有资料显示：新中国成立初期，中国谷物产量人均 140 多公斤，印度 160 多公斤；中国人均寿命 38 岁，印度 41 岁；市场化率中国 13%，印度 17%；人均 GDP 中国 100 美元，印度 170 美元；发电量中国 43 亿度，印度 49 亿度；化肥产量印度是中国的 4 倍（分别为 20000 吨和 5000 吨）；印度钢产量为中国的 8 倍，生铁产量是中国的 7 倍，水泥产量是中国的 4 倍，石油产量是中国的 2 倍，铁路里程是中国的 2 倍多。

到 2010 年，中国人均肉食量达到 60 公斤，超过世界平均水平（40 公斤）和日本（46 公斤），而印度为 7 公斤。现在中国人均粮食产量 400 公斤左右，每亩地年产量 350 公斤，而印度亩产不到 100 公

---

① 张维为：《国际视野下的中国道路》，《光明日报》2015 年 4 月 2 日第 11 版。

斤。最重要的原因是中国化肥工业和水利建设、农机工业等远远超过印度。中国年消耗化肥 5000 万吨，每亩将近 30 公斤，而印度只有不到 5 公斤。是工业化保证了农业产品产量的指数式增长。中国的粮食人吃一半，另一半做饲料，因此中国人每年吃的肉比印度人多10 倍。[①]

到 21 世纪，中国人均寿命达到 75 岁，接近美国的 78 岁。中国发达地区的人均寿命 78—82 岁，而美国纽约人均寿命为 79 岁。

◇◇五　财富创造的历史还刚刚开始

财富的创造和积累有其自身的规律。特别是，财富自身具有强大的增殖能力，当然，如果处置失当也会贬值和"缩水"。所以，保护财产安全，并且让财富创造更多的财富，也成为中国改革开放以来财富觉醒的一个重要的观念标志。党的十七大正式提出，要"创造条件让更多群众拥有财产性收入"，这是对中国经济社会深入洞察的一个重大的观念解放和政策进步。这实际上也是肯定并且鼓励广大人民群众，不仅应是劳动收入的获得者，是生活水平不断提高的消费者，而且也应成为投资者和财富积累者。这也就是明确肯定了，民间财富积累是强国富民的重要途径。所以，社会主义市场经济的繁荣和强大，不仅仅表现为公共财富的创造和积累，而且表现为民间财富的创造和积累。

改革开放到今天，加速工业化使中国从一个贫穷的国家进入中等

---

① 任冲昊、王巍：《大炮与黄油》，北京大学中国与世界研究中心《观察与交流》2015 年 6 月 28 日第 148 期。

收入国家行列。但是，比较世界各国的发展水平，中国仍然是一个人均收入水平很低的发展中国家，至今尚未达到世界平均水平，大约只及世界平均水平的 2/3—3/4，在世界 200 多个国家（地区）中位列 80 位左右。据有关部门的统计分析，2015 年中国 GDP 为 67.67 万亿元，以 2015 年 12 月 31 日人民币兑美元中间价计算，2015 年中国 GDP 总量相当于 10.42 万亿美元。2014 年，美国 GDP 总量为 17.4 万亿美元，根据世界银行的预计，2015 年美国 GDP 同比增速为 2.7%，2015 年美国经济总量大约为 17.87 万亿美元，相当于中国的 1.7 倍。2015 年中国人均 GDP 为 5.2 万元（按 13 亿人口计），约合 8016 美元，距离美国、日本、德国、英国等发达国家 3.7 万美元以上的水平仍有很大差距，大约仅为美国人均 GDP 的 1/5。

所以，中华民族完全没有理由因 30 多年工业化的加速推进和经济高速增长的辉煌业绩就自感满足和得意骄傲。从民族振兴的历史看，不经历数百年的艰苦奋斗和财富积累绝成不了强盛的国家和民族。中国财富创造和积累的历史还刚刚开始，绝不能浅尝辄止、夜郎自大、半途而废和得意忘形，而必须以更加清醒的头脑和更加科学的态度进一步创造财富文明的新成就，让中华民族复兴的历史持续推进。

更值得反思的是，中国工业化尽管成就巨大，但其代价也是相当沉重的。尽管我们可以世界上"没有免费的午餐"、任何的所得必然要有相应的付出而聊以自慰，并为工业化的巨大成就而自豪，但是，为此所付出的代价也是不可忽视的。从根本上说，财富的创造和积累取决于愿意为此付出的代价。现在所有的人也都承认，30 多年的加速工业化所带来的超高速经济增长付出了资源消耗、环境破坏和劳动者受损、社会两极分化的代价。尽管过去的"血拼"有其历史的理由，不能站在今天的立场上脱离历史主观地责备过去，但是，无论如何，未来的发展绝不能再继续走过去的道路。进入 21 世纪，中国开始认识必须走科学发展的道路，更加注重节约资源、保护环境、善待劳工和关注民生。这成为近年来非常强烈的社会呼声，表明中国的工业化道路和财富创造过程必须矫正原始积累的偏差，走向更加文明的道路。这是一种明显的历史进步，也表明中国工业化已从初级阶段开始进入中高级阶段。

同样的问题是，获得文明也要付出代价。节约资源、保护环境、善待劳工和关注民生，也都"没有免费的午餐"。实现任何美好的愿望，都必须付出一定的代价甚至牺牲。所以，承诺一种美好的目标，首先必须充分估计到有多大的可能或愿意付出多大的代价，才能实现目标。在发动和推进改革开放的时候，邓小平是充分估计到为此可能付出的代价的，例如"让一部分地区一部分人先富起来"就必然会产生明显的收入分配差距，对此我们必须要有所忍耐。他也警告说，如果导致了严重的两极分化，则是不能承受的代价，如果那样，就是改革的失败。今天，中国已经发展到需要更加重视节约资源、保护环境、善待劳工和关注民生的阶段，也有条件在这些方面做出更多的承诺。但是，也绝不能忘记，为此我们有能力承受多大的代价？我们所采取的政策手段是否能够取得真正的成效，而不至付出难以承受的代价？

人类发展数千年来，工业化时代是一个非常特殊的历史时期，这一时期所创造的物质财富超过以往全部人类历史的总和。在人类社会未实现物质富足之前，工业化的使命就没有完成。今天的中国离富足社会仍然非常遥远，当前，中国最雄心勃勃的发展目标还只是实现"全面小康"。当然，在经历了 30 多年高速工业化时期的今天，同 30

年前相比，经济社会发展的财富基础发生了根本性的变化。30 多年前，中国是在极度贫困的基础上开始改革开放的，按今天的标准，当时绝大多数中国人完全没有个人财产，"万元户"就算是了不起的富人了。今天的工业化进程则是在有了相当数量的财富积累基础上继续深化变革的过程。从财富结构看，这两个时期的社会状况已经是不可同日而语了！

经历了 30 多年的加速工业化过程，中国的财富形态发生了极大的变化：首先，财富的拥有者从主要是国家和国有企业，转变为民众也成为越来越多财富的拥有者，也就是说，中国的财富结构已经显著地"大众化"。在一些经济较发达的沿海地区，已经形成了工资收入和非工资收入（包括财产性收入）并存的广大群众的财富增长态势。其次，过去民众所拥有的财富基本上是流量性的，即表现为现期收入，由收入的储蓄所形成的存量资产很少，基本上没有积累意义，因为民众所拥有的只是"消费基金（资金）"；而现在，民众所拥有的财富越来越多地表现为存量财富（家庭财产），而且，不动产的拥有量也越来越多。也就是说，中国民众财富具有了显著的"存量化"特征。再次，过去的财富主要是以实物形态存在，特别是，民众所拥有和积累的基本上是微薄的实物财富；而现在，不仅国家和企业拥有巨额的虚拟资产，而且民众也拥有和积累了规模巨大的虚拟资产。所以，财富的"虚拟化"，或者说财富结构中虚拟资产的比重越来越高，是中国财富形态变化的又一个显著特点。

正因为财富形态趋向"大众化、存量化、虚拟化"，所以，中国经济发展过程中的财富形成过程不仅只是财富的创造和积累，而且，还表现为财富的保值和增殖。或者说，财富的创造和积累过程如果不能同财富的保值和增殖过程相配合，就不可能保持良性的和可持续的状态。因此，在财富形成过程中，财富的保值和增殖已经成为财富创造和积累的互补性过程，一存俱存，一损俱损。

以上变化决定了改革开放的经济基础的根本性变化，即中国已经从贫困基础上的改革转变为财富基础上的改革。由于民间财富基础已经从单一的"消费资金剩余"型，转变为"大众化、存量化、虚拟化"和"创造、积累、保值、增殖"的高度复杂的财富基础，所以，利益结构也发生了多元化、差异化、阶层化甚至集团化的演变。现在，任何一个经济现象都会对不同的利益相关者产生不同的影响。例如，如果原油涨价，产品油不涨价，对石油开采企业有利，对石油加工企业不利，对消费者有利，但对石油加工企业的股票拥有者却不利。再如，商品房价格上涨，对于想买房的人不利，但对于拥有商品房特别是已经贷款购买了商品房的人却有利，对于拥有房地产公司股票的持有人也有利。所以，人们发现，似乎越来越难有所谓"帕累托改进"的空间（在不使任何人受损的条件下使一些人的状况有所改善），一些人的福利改善（财富增加）几乎总是要以另一些人的福利损失（财富减少）为代价。因此，财富基础上的改革开放将在更为复杂的利益结构和多元利益诉求条件下推进，这意味着中国改革开放的动力机制已经发生了重大的结构性变化。

更重要的是，如前所述，30 多年的改革开放所焕发起来的巨大生产力，形成了一定的财富实力基础，也基于一个重要的条件，即最大限度地发挥了要素比较优势，实际上就是以低价格的资源，包括自然资源、环境和劳动力等，获得了很强的市场价格竞争力。从这一意义上说，30 多年所形成的财富基础，在很大程度上主要是依靠了资源、环境、劳动的大量投入所换取的。因此，无论我们取得了多大的成就，这样的财富创造和积累方式也必须改变。正因为这样，进入21

世纪后，关于"社会责任"的要求越来越引起广泛的重视。人们认识到，只有以负责任的方式创造和积累财富，才能形成真正可持续的财富文明。也就是说，财富文明必须体现为兼顾各方面的利益，不仅要对自身负责，而且要对利益相关者负责，对社会负责，对未来负责，对世界负责。这样，一方面，市场经济是高度竞争的，财富的创造、积累、保值、增殖归根到底都必须在竞争中实现，这种根本机制没有改变，而且将进一步强化；另一方面，现代财富文明要求寻求双赢或多赢的博弈过程和竞争格局，让各利益阶层各得其所。这两方面的协调共存才能形成"科学发展观"和"和谐社会"的财富基础。2015年，中国进一步确立了"创新、协调、绿色、开放、共享"的新发展观。

正因为如此，今天正在进行和未来将要进行的改革开放，将是一个更加充满利益博弈的过程。如何"统筹"各方面的利益，使失衡和可能失衡的关系得到平衡，是中国新时期创造更伟大的财富文明所面临的艰巨任务。因此，中国所经历的30多年改革开放历程，只是整个中华民族崛起的一个序幕。

回顾中国当代工业化历史，改革开放的30多年是财富觉醒的年代。追求财富是发展的动力，因为它冲破意识形态束缚，消除慵懒、懈怠和依赖的处世态度和行为方式；财富意识觉醒的深刻社会意义更在于：树立了全社会普遍的自我负责的精神——每个人都必须依靠自己的努力而获得体面的生活，任何人如果在其一生中不能创造和积累（或者继承）一定的财富，就不可能终生保持稳定的可以满意的生活水平（社会保障制度只能保证最低限度的消费支出）。

正因为30多年来的改革开放极大地解放了社会生产力和财富行为，形成了具有巨大的财富创造和财富增殖潜力的市场空间，全世界的企业和投资者都不愿错失中国的财富机会，今天的中国才能成为世界上任何国家都不能忽视的国家，并受到普遍的尊重。即使是敌对国家也不得不对中国表示"善意"和"尊重"，因为，无论喜欢还是不喜欢中国，他们都不得不认识到并承认自己国家的收入、就业、供应和产品市场，以至财富增殖都同中国密切相关；尽管意识形态上可以不妥协、不相谋，但是，财富的力量和财富的欲望却是不可抵御的，不与中国合作甚至同中国对抗不过是一种损人更损己的愚蠢行为，也是对自己国家利益的蔑视。从这一意义上可以说，财富的觉醒是中国获得国际尊重的物质基础。

当然，财富意识的觉醒绝不是让"不择手段""财大气粗"和"为富不仁"的劣行泛滥；"鸟为食亡，人为财死""金钱是万恶之源"的"财富诅咒"更不应成为现实悲剧。财富意识是市场经济的动力源泉，财富的觉醒是市场经济伟大创造力的体现。但是，现代财富文明并不是极端个人主义和利己主义的统治。在基于现代财富文明的市场经济制度下，追求财富不仅仅是一种个人负责精神，即意味着准备承受压力和竞争，自力更生，自强自尊；而且，追求财富也应该且必须是一种社会责任行为，它意味着财富形成过程中的个体行为也要具有对相关利益者负责、对社会负责、对世界负责的精神；它要求财富的创造和积累过程不仅只对个体是可以持久和代际相继的，而且应该且必须是对社会、世界和人类也是可持续的。

第 三 章

高速做大:以低成本替代实现大规模扩张

不知道从什么时候开始,中国人的心理倾向变得"争先恐后""急于求成"和"缺乏耐心"。近百年前到访中国的西方人,对中国人的基本印象都是行动"慢慢腾腾",凡事不急不忙,上层人士更是以"慢条斯理"显示身份;拿破仑更是称中国是只"东方睡狮"。确实,中华文明是世界唯一连续数千年没有间断地延绵至今的古代文明,千年神龟,没有着急的理由。但是,进入 20 世纪,落在西方工业革命之后的中国开始觉醒,猛然有了奋起直追的紧迫感。孙中山主张以革命方式"振兴中华"。毛泽东说"一万年太久,只争朝夕";新中国成立不久就提出"超英赶美",一度相信"人有多大胆,地有多高产"。20 世纪 70 年代末进入工业化加速阶段,以 GDP 增长论英雄,为官一任,"一年一个样,三年大变样",成为各级政府的政绩时间观。在企业界,"快鱼吃慢鱼""时间就是金钱,效率就是生命",成为最重要的经营理念;比规模大小成为排名依据。快固然是好,但过快难免揠苗助长;急可以理解,但太急往往销蚀耐心;大无可厚非,但大往往有大的难处。

中国人口占世界总人口约 1/5,而从新中国成立(当时中国人口占世界近 1/4)直到 70 年代末,中国的经济总量(GDP)占世界经济的总量不足 5%,中国工业化必然表现为经济规模的较快扩大。从理论上说，直到中国经济总量占世界经济总量的比重达到中国人口总数占世界人口总数的比重，中国才算达到了民族复兴的基准线，那时，中国人均 GDP 达到世界人均 GDP 的平均水平，物质生活水平超越世界平均值，可以算是跨入世界富足国家的行列。在此之前，中国的经济增长率必须保持显著高于世界经济增长率的水平。由于中国工业化的这一阶段低收入和低价格是基本国情，所以，发挥低成本优势是实现经济高速增长的必由之路。从迄今为止的实际情况看，中国工业发展的基本路径是以低成本替代策略，充分发挥比较优势，迅速形成生产能力，扩大产量，占据更大的市场份额。这实际上就是一个以低成本产品替代高成本产品的过程，即以更高的性价比实现了中国工业品的国际竞争力。高速度和大规模，是这一时期工业发展的主题。

◇一　工业发展带动中国成为世界第二大经济体

1949 年新中国成立以来，发展工业成为中国最重要的经济任务。"农业为基础，工业为主导"是 20 世纪 50 年代以来中国发展经济的基本方针。在相当长一个时期内，至少是到 20 世纪末，这一方针实际上体现为农业对工业发展的支援。即通过压低农产品价格、将农业税转移为工业投资等各种方式，为发展工业积累资金和提供低价原材料以及低工资劳动力，实现工业的"原始积累"。而且，中国经济的收入分配格局也表现为计划经济时期（20 世纪 70 年代以前）的高积累，以及市场经济时期（20 世纪 80 年代以后）的高储蓄、高投资。

按照一般的发展经济学理论，这样的产业倾斜政策和高积累、高储蓄经济，应该很容易实现"经济起飞"，但是，由于 20 世纪 50—

70 年代，中国试图以计划经济体制实现"有计划、按比例"的高增长和工业"大跃进"，结果反而事与愿违，欲速则不达。尽管 1949—1978 年也达到了年均增长 12.9% 的"高速度"，但实际的经济发展效果很差，国民经济结构严重失衡，甚至发生了极为严重的经济危机和全局性困难。

20 世纪 70 年代末，中国开始实行市场经济取向的经济体制改革和对外开放政策，到 20 世纪末，实现了 15% 以上的年均经济增长率。这一两位数的高增长一直保持到 21 世纪前 10 年，即 2010 年前后。

尽管 60 多年来，中国工业发展经历过不小的曲折和大幅波动，但"高速度"和"规模扩张"是其基本特征。尤其是 20 世纪 70 年代以来，中国经济在工业增长带动下高速增长。以国内生产总值衡量，2014 年的经济总量已达到 1978 年的近 30 倍，其中，2014 年的第二产业规模已超过 1978 年的 40 多倍，2014 年的人均国内生产总值也达到 1978 年的近 20 倍（见表 3—1、表 3—2）。在中国经济 60 多年的规模扩张中，工业贡献无疑是最大的。据统计，到 2015 年，在500 种工业产品中，中国有 220 种产量居世界第一；以 GDP 计算，中国工业的生产规模已为世界第一。

表 3—1 国内生产总值指数（1978 年 = 100）

年份	1978	1990	2000	2013	2014
国内生产总值	100.0	282.7	762.8	2631.9	2823.2
第一产业	100.0	190.7	275.4	462.8	481.6
第二产业	100.0	304.1	1080.5	4138.8	4441.1
第三产业	100.0	363.5	964.5	3576.0	3856.6

资料来源：国家统计局，data. stats. gov. cn。

表 3—2　　　　　　　　人均国内生产总值指数（1978 年 = 100）

年份	1978	1990	2000	2013	2014
指数	100.0	238.1	577.6	1854.0	1978.7

资料来源：国家统计局，data. stats. gov. cn。

　　这样，自 20 世纪 90 年代以来，以国内生产总值衡量，中国经济的总体规模在世界的排名不断提升。改革开放之初，中国经济总量在世界排名第 11 位。1990 年世界各国（地区）GDP 总值排名（按当时汇率），美国第一，57548 亿美元；日本第二，31037 亿美元；中国为第十，3878 亿美元。到 2000 年，美国第一，98988 亿美元；日本第二，47312 亿美元；德国第三，18864 亿美元；英国第四，14771 亿美元；法国第五，13263 亿美元；中国上升到第六位，11928 亿美元。2007 年，中国经济超越德国，成为第三大经济体。2008 年，美国第一，142193 亿美元；日本第二，48490 亿美元；中国第三，45320 亿美元。到 2010 年，日本国内生产总值为 54742 亿美元，而中国达到 58786 亿美元，成为仅次于美国的世界第二大经济体。[①] 此后，中国的经济规模逐年接近美国，并不断拉开同位居第二的日本经济规模的距离。2015 年，中国 GDP 占世界的比重达到 15.5%（见表 3—3）。

表 3—3　　GDP 超万亿美元国家的世界排名（2014 年 12 月公布数据）

排名	国家	2014 年 GDP 总量
1	美国	174976（亿美元）

---

　　① 2011 年 1 月，国家统计局发布公告，经初步核实，2010 年日本国内生产总值为 54742 亿美元，低于中国 1 月公布的 58786 亿美元。

续表

排名	国家	2014 年 GDP 总量
2	中国	103850（648661.6074 亿元人民币）
3	日本	48170（5707181.6 亿日元）
4	德国	33730（29547.48 亿欧元）
5	法国	25650（22464.27 亿欧元）
6	英国	25320（16404.828 亿英镑）
7	巴西	25030（71751.816 亿雷亚尔）
8	印度	21170（1315715.5 亿卢比）
9	俄罗斯	21090（18476.949 亿欧元）
10	意大利	19530（17110.233 亿欧元）
12	澳大利亚	18390（23607 亿澳大利亚元）
13	西班牙	15980（2329244.8 亿比塞塔）
14	韩国	13110（14451153 亿韩元）
15	墨西哥	12341（183861.1544 亿比索）
16	印度尼西亚	12102（154058460 亿印度尼西亚盾）

资料来源：百度百科，"中国 GDP"词条。

其中，中印两国经济规模增长的比较，可以显示出自 20 世纪下半叶以来中国加速工业化的态势。20 世纪 80 年代，中印两国的 GDP 大体相当，但到了 2000 年，中国 GDP 已是印度的 2.5 倍；2010 年，中国 GDP 为印度的 4 倍；到 2014 年，中国 GDP 已是印度的 5 倍。[①]

与此相应，中国企业的规模也迅速增长，在《财富》杂志 2015 年 7 月发布的世界 500 家规模最大企业中，中国为 106 家，仅次于美

---

① 据 2015 年中国统计年鉴（与百度百科数据略有出入），2014 年中国 GDP 为 103601 亿美元，印度为 20669 亿美元。

国的 128 家；其中，中石化为仅次于沃尔玛的第二大企业。排名居世界前 10 位的中国企业有中石化（第 2 位）、中石油（第 4 位）、国家电网（第 7 位）。可以说，从企业规模看，中国也已成为世界第二经济大国。

在经济规模和企业规模迅速增长的同时，中国的劳动就业人数也大幅度增长。1980 年，就业人数 42361 万人，其中，城镇就业人数 10525 万人，乡村就业人数 31836 万人。到 2014 年，就业人数达到 77253 万人，其中，城镇就业人数 39310 万人，超过了乡村就业人数的 37943 万人（见表 3—4）。

表 3—4　　　　　　　　中国各年度就业人员数　　　　　单位：万人

年份	1980	1985	1990	1995	2000
就业人员	42361	49873	64749	68065	72085
城镇就业人员	10525	12808	17041	19040	23151
乡村就业人员	31836	37055	47708	49025	48934
年末人口总数	98705	105851	114333	121121	126742
年份	2005	2010	2012	2013	2014
就业人员	74647	76105	76704	76977	77253
城镇就业人员	28389	34687	37102	38240	39310
乡村就业人员	46258	41418	39602	38737	37943
年末人口总数	130756	134091	135404	136072	136782

资料来源：国家统计局国家数据—年度数据。www. stats. gov. cn/tjsj/。

总之，20 世纪 50 年代之前，曾经"一穷二白"、工业经济极为落后的中国，历经 60 多年的发展，尤其是经过 20 世纪 80 年代以来的加速工业化进程，到 21 世纪第一个 10 年，就成为毋庸置疑的世界经济大国，因工业化而就业受益的人口数无疑世界第一，无国可比。

根据联合国工业发展组织资料，目前中国工业竞争力指数在 136 个国家中排名第七位，制造业净出口居世界第一位。按照国际标准工业分类，在 22 个大类中，中国在 7 个大类中名列第一，钢铁、水泥、汽车等 220 多种工业品产量居世界第一位。[①] 据媒体报道，2013 年中国生铁产量占世界 59%；煤炭产量占世界 50% 以上；粗钢产量占世界 46.3%；造船完工量占世界 41%；水泥产量占世界 60% 以上；电解铝产量占世界 65%；化肥产量占世界 35%；化纤产量占世界 70%；平板玻璃产量占世界 50%；工程机械销售总额占世界 43%；汽车产量占世界 25%；彩电产量占世界 48.8%；手机产量占世界 70.6%。中国领先世界或达到世界一流技术水平的项目包括激光技术、超级稻杂交技术、陶瓷技术、反卫星技术、建桥技术、高原铁路建设技术、巨型水电站建设技术、排灌机技术、若干智能机器人技术、气垫船、打水井技术、丝绸制造技术、治理沙漠技术、防治人畜瘟疫技术、防治 SARS 技术、汽车电池技术、治疗性乙肝疫苗技术、太阳能发电技术、生物燃料技术、常规潜艇技术、航天技术、煤电热联产技术、高速铁路技术、低速磁悬浮地铁技术、量子通信技术、氢燃料电池技术、移动通信技术、核电技术、云计算技术、物联网技术、传感网技术、超级风洞技术、水压机技术、超级计算机技术、超高压输电技术等。

中国和美国是世界仅有的两个工业体系最完整的国家，在联合国产业分类目录的 39 个工业大类、191 个中类、525 个小类中，中国全部拥有产品。当然，中国工业尽管规模巨大，并在一些方面达到了较

---

① 马建堂：《六十五载奋进路　砥砺前行谱华章——庆祝中华人民共和国成立 65 周年》，《人民日报》2014 年 9 月 24 日。

先进的技术水平，但总体水平和素质仍不高，大多处于产业链中低端。中国颁布《中国制造2025》中所做的基本判断是：当前，中国制造业的水平同发达国家尚有50年左右的差距，中国将努力用30—35年的时间，即到21世纪中叶，迈入世界制造业第一梯队的前列，成为具有世界领先技术水平的制造业强国。

◇二 高储蓄、高投资推动的工业增长路径

从20世纪50年代至70年代末，中国工业化战略的基本特点是：实行高度封闭经济的经济体制，强调自力更生进行工业建设，并以高关税、本币高估等方式推行进口替代的经济发展策略。工业生产以保证国内需求为目标，产品出口也主要是为了"创汇"以进口技术水平较高的工业制成品。经过20多年的发展，中国初步奠定了工业化的基础，建立起较完整的工业经济体系。

在这一时期，国内外市场和资源配置处于分隔状态，中国工业制成品基本没有出口竞争力，当时中国进出口商品结构的基本特点是：出口商品以初级产品为主，而进口商品以工业制成品为主。

20世纪70年代末，中国工业化进程发生了重大的历史性变迁，对整个世界产生了巨大的影响，改变了全球工业化的整个地缘格局版图。这一时期中国工业化战略从封闭的进口替代转变为：实行对外开放，致力于利用国内、国际两个市场和国内、国外两种资源，特别是以优惠政策待遇鼓励引进和利用外资；以逐步降低关税和本币较大幅度贬值（以及一定时期内实行双轨制汇率）等方式推进出口替代并加速工业化。

20 世纪 90 年代中期开始，中国工业化战略又进一步转变为：积极参与国际分工和国际竞争；国内市场和国际市场趋向一体化，即国内市场开放成为国际市场的组成部分；以不断降低关税和实行有管理的浮动汇率等方式，推进工业经济的国际化。

中国工业发展开始积极利用国际经济的比较优势，即依靠廉价的人力、土地和原材料资源生产具有比较利益的工业制成品，参与国际交换。进出口商品结构开始发生重大变化：出口商品从以往的以初级产品为主逐渐转变为以工业制成品为主。到 20 世纪 90 年代末，中国就完成了从主要出口初级产品向出口工业制成品的转变，1980 年，初级产品占出口商品总额的 50% 以上，而到 1999 年，中国出口商品中工业制成品的比重上升到 89.8%，到 21 世纪，超过 90% 的出口产品为工业制成品（见表 3—5）。在工业化加速和经济体制改革不断推进中，市场经济发展以其强大的供应力量迅速地消灭了几乎所有传统产业领域中的经济短缺现象，填补一般产业"空白"和"短线"的历史任务均告完成；各传统产业都进入了成熟阶段，中国成为世界瞩目的工业生产大国。中国彻底告别了"短缺经济"时代，也从一个以农业生产为主的国家变成一个以工业生产为主的国家。

表 3—5 　　　　　　　　　中国进出口商品结构的变化

年份	出口商品结构（%）		进口商品结构（%）	
	初级产品	工业制成品	初级产品	工业制成品
1980	50.3	49.7	34.8	65.2
1981	46.6	53.4	36.6	63.4
1982	45.0	55.0	39.6	60.4
1983	43.3	56.7	27.2	72.8
1984	45.7	54.3	19.0	81.0

年份	出口商品结构（％）		进口商品结构（％）	
	初级产品	工业制成品	初级产品	工业制成品
1985	50.6	49.4	12.5	87.5
1986	36.4	63.6	13.2	86.8
1987	33.5	66.4	16.0	84.0
1988	30.3	69.7	18.2	81.8
1989	28.7	71.3	19.9	80.1
1990	25.6	74.4	18.5	81.5
1991	22.5	77.5	17.0	83.0
1992	20.0	80.0	16.4	83.6
1993	18.2	81.8	13.7	86.3
1994	16.3	83.7	14.3	85.7
1995	14.4	85.6	18.5	81.5
1996	14.5	85.5	18.3	81.7
1997	13.1	86.9	20.1	79.9
1998	11.2	88.8	16.4	83.6
1999	10.2	89.8	16.2	83.8
2000	10.2	89.8	20.8	79.2
2001	9.9	90.1	18.8	81.2
2002	8.8	91.2	16.7	83.3
2003	7.9	92.1	17.6	82.4
2004	6.8	93.2	20.9	79.1
2005	6.4	93.6	22.4	77.6
2006	5.5	94.5	23.6	76.4
2007	5.3	94.7	25.4	74.6
2008	5.4	94.6	32.0	68.0
2009	5.3	94.7	28.8	71.2

续表

年份	出口商品结构（%）		进口商品结构（%）	
	初级产品	工业制成品	初级产品	工业制成品
2010	5.2	94.8	31.1	68.9
2011	5.3	94.7	34.7	65.3
2012	4.9	95.1	34.9	65.1
2013	4.9	95.1	33.7	66.3
2014	4.8	95.2	33.3	66.9

资料来源：《中国统计年鉴（2015）》；国家统计局数据库数据。

中国工业化快速推进的重要原因，除了经济体制的改革和实行对外开放政策，转变工业化战略之外，还有一个非常重要的因素，即中国经济保持了长期的高储蓄和高投资。这在全世界范围内都是极为罕见的独特现象。在20世纪50—70年代的传统计划经济时期，中国经济就保持了较高的积累率。① 当时，一般认为25%以上的积累率就"不正常"地过高，以至于人们将那一时期人民生活水平的低下归因于实行了"高积累、低消费"的政策。从20世纪70年代末开始，经济理论界和决策层都认为，实行改革开放，从计划经济向市场经济转变，积累率（储蓄率和投资率）应降低到23%左右的"合理水平"。

但是，实际经济情况并非如此。相反，中国经济转向市场经济体制，并没有导致储蓄率的下降，而是促使储蓄率和投资率进一步上升。到20世纪90年代后期，投资率（资本形成率）一度超过60%！此后虽有所回落，但长期保持在45%以上（见表3—6）。这一奇异现

---

① 在中国计划经济时期，没有储蓄率的统计数据，当时统计和公布的"积累率"数据大致相当于储蓄率和投资率。

象，几乎所有的经济理论都难以解释，迄今仍是中国经济学家和研究
中国经济的外国经济学家们"众说纷纭"的问题。比较流行的说法
是，由于中国社会保障体制不完善，导致居民"不敢消费"；也有人
认为是由于政府和企业在国民收入分配中所占份额大，而且中国公有
制经济尤其是国有企业比重高，挤压了消费；还有人从社会文化特性
方面进行解释，认为中国人更倾向于积累财富，传于后代。无论这些
解释是否合理，高储蓄和高投资都确实是中国工业化时期一个不以人
的意志为转移的实实在在的"顽固性"现象。

表3—6　　　　　　　　　中国1978年以来的投资率和消费率　　　　　　单位:%

年份	资本形成率（投资率）	最终消费率（消费率）	年份	资本形成率（投资率）	最终消费率（消费率）
1978	38.2	62.1	1997	36.7	59.0
1979	36.1	64.4	1998	59.6	36.2
1980	34.8	65.5	1999	61.1	36.2
1981	32.5	67.1	2000	62.3	35.3
1982	31.9	66.5	2001	61.4	36.5
1983	32.8	66.4	2002	59.6	37.8
1984	34.2	65.8	2003	56.9	41.0
1985	38.1	66.0	2004	54.4	43.0
1986	37.5	64.9	2005	53.0	41.5
1987	36.3	63.6	2006	50.8	41.7
1988	37.0	63.9	2007	49.6	41.6
1989	36.6	64.4	2008	48.6	43.8
1990	34.9	62.5	2009	48.5	47.2
1991	34.8	62.4	2010	48.2	48.1
1992	36.6	62.4	2011	49.1	48.3

续表

年份	资本形成率 （投资率）	最终消费率 （消费率）	年份	资本形成率 （投资率）	最终消费率 （消费率）
1993	42.6	59.3	2012	49.5	47.8
1994	40.5	58.2	2013	46.5	51.0
1995	40.3	58.1	2014	45.9	51.4
1996	38.8	59.2			

注：本表按当年价格计算。

资料来源：《中国统计年鉴（2015）》。

以高储蓄、高投资所推动的高增长，具有历史合理性，在工业化的一定阶段是一个令发展中国家羡慕的优势。但是，这种"优势"超过一定的限度就会走向反面，成为一个突出的"问题"，因为它将导致两个结果：

一是投资效率递减，即产生资本边际生产率不断下降的现象。有学者测算，20世纪八九十年代，资本边际生产率平均为0.5左右，而2014年降到0.14。也就是说，现在的资本边际生产率不到20世纪80、90年代的1/3。

二是在现实经济中，资本总是体现为"货币"投放和社会融资规模的扩张。高投资必然表现为高债务和过量的货币扩张。据估计，自21世纪初以来，中国经济的"杠杆率"即负债和GDP的比率，以社会间接融资与GDP的比率计算，2002年是120%，2014年是200%，也有人估计已达到260%。通俗地说，就是需要以越来越多的货币资本才能推动经济增长。根据国家统计局的中国2015年统计公报，到2015年12月末，全国流通中货币（M0）余额6.32万亿元，狭义货币（M1）余额40.10万亿元，广义货币（M2）余额139.23万亿元。

从 2008 年以来，中国不仅 M2 存量超过世界第一大经济体美国，而且 M2/GDP 比率逐年提高，2015 年末达到 2.058，即 M2 已超过 GDP 的 200%（见表 3—7），远高于大多数美欧国家（通常不超过 200%，而美国不足 100%）。更值得注意的是，中国的 M2 还将继续以大大高于 GDP 增长的速度增长，否则似乎就会落入通货紧缩窘境。根据 2016 年政府工作报告预期，GDP 增长率将为 6.5%—7%，而 M2 增长率将为 13%。尽管对于中国 M2/GDP 的比率为什么如此之高可以有不同的认识和解释，但中国经济增长对于货币量增长的高度依赖已是一个不争的事实。

表 3—7　　　　　　　　中国 1990—2015 年历年 M2/GDP 比率

年份	M2 年末值（亿元）	GDP 绝对额（亿元）	M2/GDP
2015	1392300.00	676708.00	2.0575
2014	1228374.81	635910.00	1.9317
2013	1106524.98	588018.76	1.8818
2012	974148.80	534123.04	1.8238
2011	851590.90	473104.05	1.8000
2010	725851.79	401512.80	1.8078
2009	610224.52	340902.81	1.7900
2008	475166.60	314045.40	1.5131
2007	403442.2	265810.30	1.5178
2006	345603.6	216314.4	1.5977
2005	298755.7	184937.4	1.6154
2004	253207.7	159878.3	1.5838
2003	221222.8	135822.8	1.6288
2002	185007	120332.7	1.5375

续表

年份	M2 年末值（亿元）	GDP 绝对额（亿元）	M2/GDP
2001	158301.9	109655.2	1.4436
2000	134610.3	99214.6	1.3568
1999	119897.9	89677.1	1.3370
1998	104498.5	84402.3	1.2381
1997	90995.3	78973	1.1522
1996	76094.9	71176.6	1.0691
1995	60750.5	60793.7	0.9993
1994	46923.5	48197.9	0.9736
1993	34879.8	35333.9	0.9871
1992	25402.2	26923.5	0.9435
1991	19349.9	21781.5	0.8884
1990	15293.4	18667.8	0.8192

资料来源：国家统计局历年《统计年鉴》及《2015 年国民经济和社会发展统计公报》。

◇三　在世界经济大舞台上迅速做大中国工业

中国工业之所以能够以令人吃惊的高速度增长，很大程度上得益于国际经济的有利形势。20 世纪 80—90 年代，世界经济处于摆脱"滞胀"后的较景气时期，1997 年虽然爆发了东亚经济危机，但中国未遭受很大冲击，反而发挥了中流砥柱作用，展现了国家的经济定力。2002—2007 年，是世界经济发展难得的"黄金时期"（直到被2008 年爆发的国际金融危机所终止，待后叙）。那时，发达国家、新兴经济体国家，以及许多发展中国家，例如所谓"金砖国家"等各类国家，都表现出了较强劲的经济增长势头，经济形势乐观。当然，这一时期中国经济的高速增长，也被认为是拉动全球经济增长的有力引擎。可以说，世界经济大舞台给了中国工业高速增长以广阔的空间，而中国经济的高速增长也极大地拓展了世界经济的市场规模，烘托了世界经济的热度。

工业化是一个世界现象，任何国家的工业化都是在世界经济中发生和推进的。中国 20 世纪 80 年代以来的高速经济增长，是在不断扩大对外开放的过程中实现的。2001 年中国加入世界贸易组织（WTO），使中国工业化同全球经济接轨；另一方面，由于中国工业化的巨大独特性，即使加入了 WTO，国际社会也对中国"另眼看待"，这不仅表现在中国加入 WTO 的谈判协议中，而且也会表现在加入 WTO 之后的国际经济实务中。

在现行国际经济规则之下，尽管自由贸易是基本原则，但对于商品、资本、技术、劳动的国际流动实行不同的规则。商品和资本的国内和国际自由流动得到充分关注，但劳动力的自由流动只适用于国内而并不适用于国际，特别是对中国人口的国际流动，国际社会更是严格限制。可以说，WTO 规则尽管以自由贸易为原则却并不支持劳动力的国际自由流动，换句话说，在主要由发达国家所构造的世界经济秩序中，阻碍劳动力国际流动是合法的，而阻碍其在国内地区间的流动则是不合法的。

这样的国际经济规则，迫使中国必须采取低价工业品生产和出口的方式来实现经济资源的国际配置。从经济合理性来说，所有产品、服务和各种可流动生产要素（资本、技术、劳动等）的完全可流动是最有利于提高资源配置效率的。但在现行的国际经济规则下，由于劳动力的国际流动受到非常严格的限制，中国不可能将劳动力的国际流动作为资源优化配置的主要途径，因此，除了规模有限的承揽国际工程中的劳务输出之外，大量的普通劳动力难以在世界范围内实行再配置，这就难以从根本上优化中国的国际资源配置状况。所以，只能另辟蹊径，即以大量生产劳动密集型产业的制成品，将国际流动受阻的劳动力转变为可自由贸易的工业制成品，也就是通过工业制成品的国际贸易来提高资源（包括劳动力）的国际配置效率。因此，中国的工业化过程，必然表现为国际贸易特别是工业制成品出口的高比重，即较高的国际贸易依存度。而且，在相当长的一个时期内，在中国进出口贸易中，"加工贸易"占有非常高的比重。从一定意义上可以说，加工贸易的经济实质就是劳动力的出口。

中国巨大的人口规模和较低的产业技术水平，决定了在工业化的初期和中期，必然以大量生产中低档工业制成品，并以低成本替代的方式逐步提升的发展路径，来扩大生产能力并占据更大市场。从国内市场看，中国居民收入水平和分配结构（中国低收入人口比重畸高，而"中产阶级"弱小）也决定了中国工业品具有"价廉物美"的特点，即以较高的产品性价比，来体现其市场竞争力。从国际市场看，中国制造的工业品的成本价格优势更是其生存之源。因此，"价格大战"是中国工业化进程中一定时期内难以避免的历史性现象和必然过程，即使是中高档产品也难逃"价格大战"的洗礼，因为其占领市场的基本方式和技术路线选择的基本方向的"捷径"是"低成本替代"。20世纪80年代起，在国内市场上，从一般日用品，到彩电、VCD、微波炉等家用电器的"价格大战"，再到汽车、手机等的低价竞争，几乎没有哪种制成品的发展可以幸免以降价为主要特征的激烈（甚至是残酷的）市场竞争。而在国外市场上，"Made in China"几乎就是廉价产品的代名词。中国工业化的独特性质，决定了在相当长的一个时期内，中国产品的最大优势是低价格。据日本贸易振兴会2001年8月在亚洲各国进行的家用电器产品价格调查，彩电、空调、冰箱、电饭锅等中国产品均具有最低价格。在中国国内市场，由于中国产品的价格竞争所形成的价格屏障，连日本、韩国及欧美的一些产品也不得不以比在其他亚洲国家更便宜的价格销售，除非中国实行较高的进口关税。①

不仅人均低收入形成对"价廉物美"制成品的需求，而且，无限供应的劳动力供给也可以抑制工资成本的上升，从而支持"价廉物美"制成品的大量生产和供给。在20世纪80年代开始的数十年间，全世界都看到，中国制造的工业制成品具有不可思议的低价格优势。在中低档工业制成品的低成本低价格竞争中，中国的产品所向无敌。根本原因之一就是：中国拥有巨大的人口和劳动力资源，被经济学家们称为"人口红利"。而且，随着经济体制改革的推进，中国国内的人口限制越来越放松，劳动人口在不同地区间的转移，可以不断向工业生产集中的地区源源不断地输送低工资的劳动力。加之当时较低的资源价格，使中国工业制成品的低成本成为世纪之交最突出的经济现象。

根据日本贸易振兴会20世纪90年代的调查，每千瓦小时电费，与横滨相比，深圳为75%，上海和北京为50%，曼谷为28.6%，吉隆坡为35.7%，雅加达为19.4%，马尼拉为27.5%；每公升汽油价格，深圳为51.7%，上海为40.7%，北京为46.5%，曼谷为96.5%，吉隆坡为36%，雅加达为14%，马尼拉为43.5%；每平方米厂房租金，深圳为2%，上海为1.6%，北京为3.9%，曼谷为3%，吉隆坡

---

① ［日］丸屋丰二郎：《中国经济的飞跃发展和亚洲的对应》，《开放导报》2002年第2—3期。

为4.8%，雅加达为5.5%。而中国的劳动力价格只相当于日本的几十分之一。

21世纪初加入WTO后，中国工业化的"价廉物美"现象以更快的速度向国际化的方向扩展。据日本产业经济省的当年调查，中国摩托车占世界产量的43%，电脑键盘占39%，家用空调占32%，洗衣机占26%，彩色电视机占23%，化纤占21%，冰箱占19%。[①] 中国工业的高速增长使全国各地尤其是东部地区形成了众多工业中心和工业基地，为世界工业发展史所少见。（图3—1）

图3—1 中国的主要工业中心和工业基地

中国工业品以低成本—低价格优势迅速扩张生产能力和市场份额

---

① 转引自吴寄男《新世纪中日经贸关系展望》，《开放导报》2002年第2—3期。

的强劲势头，一直延续到 21 世纪第二个十年。1979—2012 年，中国货物出口保持 20% 左右的年均增长率，快速成长为世界贸易大国。中国货物出口占世界总额的比重，改革开放之初不足 1%，2002 年超过 5%，2010 年超过 10%，2014 年达到 12.3%。

据国际机构的测评，以低成本低价格优势和大规模生产能力所支撑的制成品国际竞争力，中国在 2013—2015 年位居世界第一。但这一优势从 21 世纪第二个十年开始相对削弱。据德勤旗下的全球消费者及工业产品行业小组联合美国竞争力委员会发布的《2016 全球制造业竞争力指数》，2016 年中国排名第一，美国第二。而据预测，到 2020 年美国将超过中国位居世界第一（见表 3—8）。

据该报告的分析，基础设施方面最具竞争力优势的是德国、美国和日本；人才方面，德国、日本和美国是最有竞争力的国家；劳动力成本方面，新兴经济体仍然拥有最大的优势，主要是劳动力的平均薪资较低，印度和中国 2015 年劳动力平均时薪仅分别为 1.7 美元和 3.3 美元，相较于美国的 38 美元和德国的 45.5 美元仍有较大差距；在劳动力生产效率上，发达经济体更胜一筹。美国遥遥领先，其次是德国、日本和韩国，未来发展趋势上，中国和印度两国的加速度快于其他国家，而日本和德国将受到劳动力人口日益减少及人口老龄化的挑战，实体基础设施方面，德国、日本和美国拥有领先优势，德国在物流性能指数上拔得头筹，日本则在互联网渗透率上高居榜首。[1]

---

[1] 凤凰网：《凤凰财经》2016 年 4 月 28 日。

· 表 3—8　　　　　　　2016 年全球制造业竞争力指数前十

2016 年（现排名）			2020 年（预测排名）		
1	中国大陆	100	1	美国	100
2	美国	99.5	2	中国大陆	93.5
3	德国	93.9	3	德国	90.8
4	日本	80.4	4	日本	78
5	韩国	76.7	5	印度	77.5
6	英国	75.8	6	韩国	77
7	中国台湾	72.9	7	墨西哥	75.9
8	墨西哥	69.5	8	英国	73.8
9	加拿大	68.7	9	中国台湾	72.1
10	新加坡	68.4	10	加拿大	68.1

数据来源：《2016 全球制造业竞争力指数》。

◇四　令人困惑的"产能过剩"和环境压力

从 20 世纪下半叶以来，中国工业化经历了高度压缩性的过程，一种经济现象几乎在短短的若干年内就会变化为几乎是完全相反的现象。20 世纪 70 年代中国还深陷于"短缺经济"供应严重不足的困境，而 20 世纪 90 年代，制约中国工业增长的因素就奇迹般地从以往的供应能力不足历史性地转变为有效需求的限制。20 世纪 90 年代，就发生了中国人可能千百年都未曾遇见过的大规模生产过剩现象。越来越多的产业发现增产已经不是好消息，而压缩产量反而成为改善产业状况的必要措施，例如，煤炭行业关井压产，纺织行业压缩纺锭、冶金、建材、有色金属、石油化工等行业关闭设备陈旧、技术落后、产品质量低和污染严重、高耗能的小企业。因此，不少传统产业增长速度减缓，有些工业产品出现负增长现象，突出地表现为全国能源需求量和生产量的较大幅度下降，1999 年能源生产总量比 1998 年下降 11.3%，原煤生产量下降 16.4%（见表 3—9）。

表 3—9　　　　　　　　　1999 年能源生产的负增长

产品	1998 年产量	1999 年产量	1999 年增长（%）
能源生产总量（亿吨标准煤）	12.4	11.0	−11.3
原煤（亿吨）	12.5	10.45	−16.4
原油（亿吨）	1.6	1.6	−0.1

资料来源：《中国统计年鉴》（1999）；《中华人民共和国 1999 年国民经济和社会发展统计公报》，《经济日报》2000 年 2 月 29 日。

在大量生产能力过剩、有效需求不足、经济增长减缓的严峻形势下，推进经济结构包括工业结构的调整，成为紧迫问题。当时，中央政府提出：工业结构的调整要围绕优化结构、提高质量和效益、增强国际竞争力。着重抓好四个环节：第一，综合运用多种手段，限制没有市场销路的产品生产。关闭技术落后、质量低劣、浪费资源、污染严重的小厂小矿，淘汰落后的设备、技术和工艺，压缩一些行业的过剩生产能力。第二，加快企业技术改造，采用先进标准，更新和优化产品结构。努力开发有生产需求的新技术、新工艺和新产品；鼓励增产适销对路产品，特别是名优产品。第三，鼓励发展新兴产业和高新技术产业，特别是发展信息、生物工程、新能源、新材料和环保等产业；同时，也要注重发展有市场需求的劳动密集型产业。第四，推进行业改组，促进重点行业提高规模效益，优化布局。努力提高重大装备工业的基础材料工业的生产技术水平。发展第三产业，优化经济结构。要在继续发展运输、商贸等产业的同时，大力发展信息、金融、旅游、社区服务和中介服务等产业，逐步提高第三产业在国民经济中的比重。①

　　20 世纪 90 年代发生的现象，以及政府当时提出和力图实施的对策，在此后（直至进入 21 世纪第二个十年的今天）的中国经济发展历史中多次以似曾相识的面目反复出现，几乎成为政府经济对策周期的"标准"型式：刺激增长（选择性鼓励）—生产过剩—调控（选择性压缩）—刺激增长（选择性鼓励新产业）—生产过剩—再调控（去产能、去库存）。因为，中国仍是一个发展中国家，工业化远未完成。当发生产能过剩或经济过剩现象，需要进行产业结构调整时，总会有一个令人困惑的问题：在过去的短缺经济中，很容易说清楚哪些产业是"长线"、哪些产业是"短线"，短线产业通常盈利率较高，长线产业通常盈利率较低，产业调整的方向可以截长补短。但进入 20 世纪 90 年代，情况发生了根本性改变，在现有的产业技术层面上，从市场供求状况看，大多数传统产业都成了"长线产业"。因此，不仅产业调整的内容发生了变化，产业结构调整和产业升级的机制也要变化。过去，产业调整的机制是：只要利润率高企业（或地方政府）就会进行投资，即哪里可以赚钱企业就往哪里去。现在不同了，有些产业（主要是高新技术产业）虽然现在还没有赚钱（甚至将来也不知道能不能赚钱），企业却往里面大量投资，政府也给予各种鼓励和扶持政策。因为，大家相信这些产业将来会盈利，或者是投资者相信、别人也相信这些产业将来会赚钱。看起来是一种博弈行为，其实是产业调整机制的变化。也就是说，结构调整政策可能是一种"看不

---

　　① 参见朱镕基总理在第九届全国人民代表大会第三次会议上的政府工作报告，《光明日报》2000 年 3 月 17 日。

准"的抉择。政府主导的选择性鼓励政策和选择性压缩政策，都难以避免错配。同时，市场引导的产业结构变化也可能导致供求失衡。由于人们对产业未来的预期（或预见）直接影响着产业调整的方向，产业当前的盈利性以及产业价值创造链中各环节对产业结构调整的引导作用发生了很大的变化。所以，在中国工业化发展新阶段，所谓"资本经营""风险资本"的作用增强了，传统式的产业结构调整机制不灵了，产业调整和升级成为同技术创新线路及金融创新密切相关的过程。因此，20世纪90年代以来中国工业化的一个纠结问题是，严重的产能过剩和结构失衡需要进行政府调控，但令人疑惑的是，政府能够"看得准"吗？政府如果看不准，就不可有作为了吗？这是一个具有标志性现实意义的工业政策现象，即尽管政府不再自信可以像在计划经济中那样看得准，但仍然自信可以主导结构调整的方向。

中国工业化历史性转折的另一个标志性现象是：以生态环境保护为主要内容的可持续发展问题越来越受到社会大众的高度关注。自20世纪90年代后期，中国就开始反思：以破坏环境和生态为代价的初级工业化过程是否值得？未来的工业发展必然将更多地考虑环境和生态的承受能力及社会成本，生活质量（包括环境质量）和经济增长的可持续性将成为衡量经济发展绩效越来越重要的指标。当时就有学者尖锐地指出，在工业生产规模迅速扩大的过程中，中国自然生态环境将会面临七大突出问题：第一，水土流失日益严重；第二，荒漠化土地不断扩大；第三，森林蓄积量急剧下降；第四，草地退化、沙化和碱化面积逐年增加；第五，自然灾害日益严重；第六，大气污染十分严重，酸雨面积急剧扩大；第七，水体污染日益严重，加剧水资源短缺。

工业发展对环境的破坏性影响到20世纪90年代后期就开始显

露，中国城市的环境污染状况日趋严重，据联合国卫生组织的一项调查，全球空气污染最严重的城市依次为：太原、米兰、北京、乌鲁木齐、墨西哥城、兰州、重庆、济南、石家庄和德黑兰。十大污染最严重的城市中，中国占了7个。1998年对全国322个城市的环境检测，其中有140个城市空气质量超过国家三级标准，占43.5%。根据世界银行的计算，按人力资本价值估计，中国大气和水污染造成的直接损失为240亿美元，占中国GDP的3.5%；而有中国学者估算，按支付意愿价值估算，中国大气和水污染造成的直接价值损失约540亿美元，约占GDP的7.7%。[①]

面对严重的环境污染和生态破坏威胁，政府制定了整治污染和恢复生态的规划；工业发展受到有关保护环境和生态政策越来越严格的限制，严重污染环境和破坏生态的工业项目被禁止。但是，直到21世纪最初的十年间，中国各地区在追求工业增长和保护生态环境的政策权衡上一直处于两难抉择的犹豫之中。尤其当经济处于高速增长时期，高耗能高污染的传统产业产能迅速扩张，而实行压缩产能的政策往往遇到较大阻力。因此，中国工业发展能否从以破坏生态环境为代价的粗放式增长模式中走出来，转向节能环保和低碳减排的绿色和可持续增长的发展模式，是关系到中国能否真正实现工业现代化的一个重大战略问题。

在中国工业高速增长，以比较优势迅速做大规模的过程中，中国工业所面临的环境压力其实质是一个产业国际竞争力问题。以环境破坏为代价而换取的比较优势实质上是竞争力低下的表现。人们越来越认识到，中国能否成为工业强国最终取决于产业和企业竞争力的强

---

① 胡鞍钢：《中国改革中所面临人类发展的重大挑战》，（香港）《中国社会科学季刊》，香港社会科学出版社第28、29期（1999年冬、2000年春）。

弱。工业生产规模的庞大并不表明中国已经成为工业强国，而生态环境的破坏却表明中国工业技术水平的落后，表明中国要成为工业强国还有很长的路要走。从工业大国成为工业强国，实际上就是增强中国产业竞争力的过程。从经济全球化的角度看，增强产业国际竞争力成为中国工业化和现代化的决定性因素。而当中国工业化进入新阶段，中国产业和企业竞争力的基本格局正在发生根本性变化，以低成本替代为主要竞争手段的工业化阶段正在成为历史，中国工业化的继续推进必须要有增强产业和企业国际竞争力的新源泉。

第 四 章

路归常态:超高速增长的历史性终结

基于对 2008 年爆发的国际金融危机之后国际国内形势的判断，2014 年，中国正式提出并确认中国经济发展进入"新常态"，这成为中国工业化进程新阶段的"关键词"。中国进入经济发展新常态的显著特征之一是，同改革开放以来的前 30 多年相比，经济增长率明显地慢下来，从两位数的年增长率一路下降到 7％左右，并可能进一步下降到 7％以下。新常态似乎就是"慢常态"，但是，这并未改变实现工业化目标仍然是要争取"快上去"的意愿：产业结构调整要"快上去"，从中低端升级为中高端；收入水平要"快上去"，避免"陷入中等收入陷阱"；建设小康社会要"快上去"，2020 年达到全面建成小康社会目标（一些较发达省份还制定了"率先实现全面小康"的规划）；扶贫脱贫要"快上去"，立下"军令状"，确保攻坚战按期决胜；科技创新要"快上去"，尽快成为创新型国家和实现创新驱动……总之，"慢下来"的现实，并没有磨灭"快上去"的期望和决心。进入工业化的这一历史转折期，寻找到新的发展路径和发展模式，既要避免"急于求成"和继续"不惜代价"扩展数量规模，又要以更有效的方式实现高质量发展目标，即形成"慢下来"与"快上去"的有效契合，就成为对中国经济发展的严峻挑战和度过历史转折期必须回答的"斯芬克斯之谜"。于是，另辟蹊径的改革与走创新之路就成了唯一可行的选择，而这一可行路径的基本特征必然是"稳中求进"。如果说，短期性的"慢下来"可以是良性的调整，那么，长期性的"快上去"则是历史进步的实质表现；尽管一定时期的"慢下来"是发展过程中的必经阶段，但能够彪炳于史的终究还是"快上去"的目标达成。

◇一 从超快增长巅峰转向新常态的轨迹

从 20 世纪 80 年代以来，中国经济增长的最突出特点就是一个"快"字，GDP 的年增长率始终显著高于全球经济增长率。即使到了 21 世纪第二个十年的下行时期，中国经济增长率仍高于世界大多数国家。从统计数据看，2015 年，中国 GDP 增长率领先于全球经济增速 3.1 个百分点（见图 4—1）。当年，中国 GDP 增速 6.9%，美国 2.4%，欧元区 1.6%，日本 0.4%，巴西 -3.85%，俄罗斯 -5.3%；只有印度为 7.6%，高于中国。

新中国成立以来，推动中国经济增长的主要是工业生产，改革开放 30 多年来，中国经济的高速增长，也主要是工业生产的推动。工业经济增长通常高于 GDP 增长率 2—3 个百分点（见图 4—2）。工业增长是中国经济增长的主要贡献力量，即在三次产业中，以工业为主的第二产业对 GDP 增长的高效率长期保持第一。

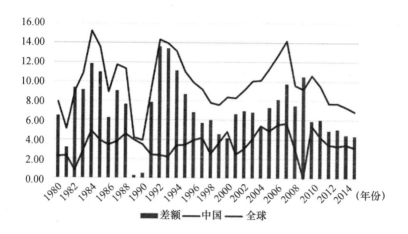

图4—1　中国经济增速与全球经济增速的比较（单位：%）

数据来源：Wind 数据。

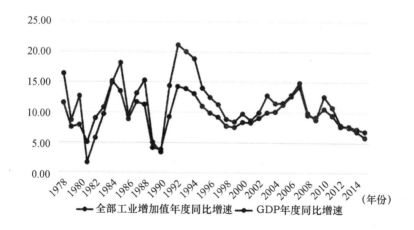

图4—2　工业增加值增速与 GDP 增速的比较（单位：%）

数据来源：Wind 数据。

而从 2008 年国际金融危机以后，中国经济增长出现了明显的下行趋势。尤其是 2011 年以后，GDP 增速逐年递减，从增速两位数下降到一位数，从"9"年度下降到"6"年度（见表4—1），其中最重要的因素是工业增长率的下降。20 世纪 90 年代以来，中国工业经济维持了高速增长，但 2012 年、2013 年、2014 年和 2015 年的规模以上工业企业增加值增速下降为 7.9%、7.6%、6.9% 和 5.9%，比2011 年分别下降了 2.9 个、3.2 个、3.9 个和 4.9 个百分点，处于1992 年以来的最低点；尽管从国际比较来看，仍然可属中高增速范围。

从统计数据看，到 2014 年，中国第一次出现了工业增长对 GDP增长率的贡献低于第三产业的现象（见表4—2），表现为工业增长率"下了一个台阶"。而且，2016 年 1—2 月份继续下行（见图4—3），规模以上工业企业月度增速为 5.4%，低于 2015 年的平均水平。这表明，即使不排除其中有周期性因素的影响，但中国工业化进入新时代的特征已非常明显。只不过，2008 年国际金融危机的爆发导致了这一新时代的到来，显得更具有戏剧性。

表 4—1   国内生产总值年增长率

年份	GDP 增长率（%）	年份	GDP 增长率（%）
2001	8.30	2009	9.21
2002	9.08	2010	10.45
2003	10.03	2011	9.30
2004	10.09	2012	7.65
2005	11.31	2013	7.67
2006	12.68	2014	7.40
2007	14.16	2015	6.9
2008	9.63	2016（第一季度）	6.7

资料来源：国家统计局网站，"国家数据—国民经济核算—年度数据（季度数据）"。

表 4—2	三次产业对 GDP 增长的贡献率		单位:%
年份	第一产业	第二产业	第三产业
1995	8.7	62.8	28.5
1996	9.3	62.2	28.5
1997	6.5	59.0	34.5
1998	7.2	59.7	33.0
1999	5.7	56.8	37.5
2000	4.2	59.5	36.3
2001	4.7	46.2	49.1
2002	4.2	49.2	46.6
2003	3.1	57.9	39.0
2004	7.4	51.7	40.9
2005	5.3	50.3	44.4
2006	4.4	49.5	46.1
2007	2.7	49.9	47.4
2008	5.3	48.4	46.3
2009	4.1	51.9	44.0
2010	3.6	57.2	39.2
2011	4.2	51.5	44.3
2012	5.3	49.3	45.4
2013	4.4	48.0	47.6
2014	4.8	47.1	48.1

资料来源：国家统计局网站，"国家数据—国民经济核算—年度数据"。

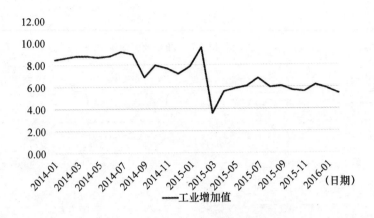

图4—3 规模以上工业企业增加值月度同比增速（单位:%）

数据来源：Wind 数据。

从世界经济增长的较长轨迹看，自20 世纪80 年代中后期至以2007 年美国次贷危机爆发所引发的国际金融危机为止的约20 年间，世界经济经历了一个被一些经济学家称为"大稳定"的时期。尤其是2002—2007 年，是世界经济增长少见的高度景气的"黄金时期"，除了日本等少数国家，各类经济体包括美欧发达国家、新兴经济体和发展中国家，大都实现了较高速的经济增长。那时，中国经济的高速增长成为世界经济增长的强有力引擎。而这一增长的"黄金时期"被国际金融危机的爆发所打断。尽管这样，直到2010 年，大多数人仍然认为，国际金融危机所导致的经济下滑只是一个周期性现象，只要各国政府联手采取宏观经济刺激政策，就可以遏制各经济体"自由落体式的下滑"趋势，很快回到2007 年以前的高速增长轨道。于是，全世界主要国家联手采取"凯恩斯主义"的宏观经济刺激政策，以应对突如其来的国际经济危机——这是人类历史上的第一次。在一段时间内，刺激政策取得了一定效果，但并未能像人们所期望的那样迎来经济的很快恢复和增长，世界仍处于后危机时期的经济低迷之中。其中，中国的经济增长尤其令世界瞩目。到 2011 年前后，中国开始认识到，从过去的两位数高速经济增长，下行到 7%—8% 甚至更低的增长速度，主要并非周期性因素所致，而是一种结构性减速，即中国经济的基本面发生了历史性的实质变化，经济增长率走下了超高速的轨道，中国经济已经不以人的意志为转移地进入了一个"新时代"，或者说经济发展的新阶段。在这个新阶段中，将发生一系列全局性、长期性的新现象、新变化，经济发展将走上新轨道，依赖新动力，政府、企业、居民都必须有新观念和新作为。这一切可以被简要概括为经济发展的"新常态"。

从这一历史性的转折点开始，中国工业化的一系列特征性现象都将开始发生显著变化。例如，长期以来，低成本一直是中国制造在全球竞争中获胜的关键因素之一，但从 21 世纪第二个十年开始，这一优势已经逐步减弱。中国许多地区尤其是东部地区，工人工资水平已远超东南亚国家。根据日本贸易振兴机构在 2013 年 12 月至 2014 年 1 月所做的调查数据，上海普通工人的月基本工资为 495 美元，分别是吉隆坡、雅加达、马尼拉、曼谷、河内、金边、仰光、达卡、新德里、孟买、卡拉奇、科隆坡的 1.15 倍、2.05 倍、1.88 倍、1.35 倍、3.19 倍、4.9 倍、6.97 倍、5.76 倍、2.2 倍、2.38 倍、3.21 倍、3.8 倍。而且，即使与美国等发达国家相比，中国制造的成本优势也已不很明显。与美国相比，虽然中国制造在人工成本上还具有一定优势，但土地成本、物流成本、资金成本、能源成本、配件成本等均高于美国。

再如，多年来，中国工业发展得益于世界市场（需求）的扩张，但 2014 年，尤其是 2015 年，情况发生了明显变化。国际市场需求萎缩成为工业经济增速下行的重要原因之一，并导致中国经济需求的明显减少，投资、消费、净出口增速出现了全面下滑。全社会固定资产投资总额增速，2003—2013 年平均增速为 21.23%，2014 年下降到 14.79%，2015 年仅为 10.18%；社会消费品零售总额，2003—2013 年平均增速为 12.57%，2014 年为 10.90%，2015 年为 10.6%；一般贸易进出口金额增速，2003—2013 年平均增速为 22.29%，2014 年为 5.28%，2015 年为 -7.47%；加工贸易进出口金额增速，2003—2013 年平均增速为 15.59%，2014 年为 3.84%，2015 年为 -11.64%。

在进入新时代的入口处，工业企业表现出明显的不适应，直接反映为盈利能力和水平的下降（见图4—4）。

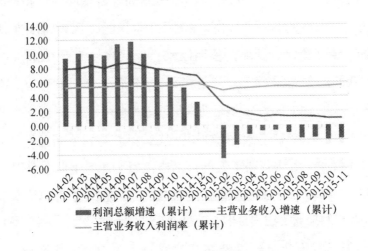

图4—4 规模以上工业企业利润情况（单位:%）

资料来源：Wind 数据库。

◇二 长期观视角下的经济发展新常态

由于中国经济发展进入了显著不同于以往的新阶段，从 2014 年开始，思考经济发展"新常态"成为中国经济界和经济学术界最热点的话题。

从认识论上说，经济"新常态"实质上是关于经济发展某一阶段的长期现象和历史特征的现实描述和理论刻画，其认识对象就是由经济发展的客观规律性所决定的某一历史阶段的整体性的"正常"现象。所谓"正常"现象，实际上就是长时期内发生的普遍性、"大多数"或"大概率"的现象。因此，观察和研究经济发展的新常态需要有较长的眼界视野和时间跨度，甚至需要借鉴超长期经济史的研究成果。即基于大跨度时间的视角，观察研究对象一定时期（未来数十年间）将会发生的常态现象，特别是有别于以往的新现象。

从世界范围来看，人类当前正处于工业化时代，这个时代已经历了200多年，发生了数次工业革命，但大多数国家迄今尚未完成工业化。18世纪以来的第一、第二、第三次工业革命以其特有的性质和动力，一波又一波地推动各经济体以远远高于以往的速度增长，也有学者称之为人类发展的数次"浪潮"。从人类发展的长趋势看，工业化是一个非常特殊的历史阶段。法国经济学家托马斯·皮凯蒂那本影响广泛但也颇具争议的著作《21世纪资本论》，就是从大跨度时间上观察经济增长和财富分配的长轨迹和大趋势，以长期数据的收集和分析支撑其学术判断和政策主张。他的中心观点就是：从人类发展历史看，高速经济增长是工业化时期发生的一段特殊历史现象，也可以说是工业化时期区别于其他时期的特征性"常态"。在工业革命之前，人类的经济增长是极为缓慢的；完成工业化之后，高速增长也将不复存在。也就是说，全球经济增长的长程"常态"是低速或中低速增长（当然是相对于工业化时期而言）。从公元元年到1700年，全球人均产值年均增长率为0，只是由于人口以年均0.1%的增长率增加，才使得全球总产值年均增长率为0.1%。

工业革命极大地改变了人类发展状况。1700—2012年，全球人均产值年均增长率0.8%，全球人口年均增长率0.8%，因而全球总产值年均增长1.6%，是工业化之前的16倍。其中，1913—2012年，全球人均产值年均增长率1.6%，全球人口年均增长率1.4%，因而全球总产值年均增长3.0%。在人类发展的数千年文明史上，这是一个罕见的现象（见表4—3）。值得关注的是，1990—2012年，亚洲的人均产值年均增长率达到3.8%（见表4—4），反映了中国经济高速增长对世界经济增长的强有力推进所表现出的突出结果。

表4—3　　　　　　　　工业革命以来的全球年均增长率　　　　　　　单位:%

年份	全球总产值	全球人口	人均产值
0—1700	0.1	0.1	0.0
1700—2012	1.6	0.8	0.8
1700—1820	0.5	0.4	0.1
1820—1913	1.5	0.6	0.9
1913—2012	3.0	1.4	1.6

资料来源：[法] 托马斯·皮凯蒂：《21世纪资本论》，巴曙松译，中信出版社2014年版，第91页。

表4—4　　　　　　　工业革命以来各洲人均产值年均增长率　　　　　　单位:%

年份	全球	欧洲	美洲	非洲	亚洲
0—1700	0.0	0.0	0.0	0.0	0.0
1700—2012	0.8	1.0	1.1	0.5	0.7
1700—1820	0.1	0.1	0.4	0.0	0.0
1820—1913	0.9	1.0	1.5	0.4	0.2

续表

年份	全球	欧洲	美洲	非洲	亚洲
1913—2012	1.6	1.9	1.5	1.1	2.0
1913—1950	0.9	0.9	1.4	0.9	0.2
1950—1970	2.8	3.8	1.9	2.1	3.5
1970—1990	1.3	1.9	1.6	0.3	2.1
1990—2012	2.1	1.9	1.5	1.4	3.8
1950—1980	2.5	3.4	2.0	1.8	3.2
1980—2012	1.7	1.8	1.3	0.8	3.1

资料来源：〔法〕托马斯·皮凯蒂：《21世纪资本论》，巴曙松译，中信出版社2014年版，第94页。

托马斯·皮凯蒂认为，从人类发展的长期过程看，即使全球人口年均增长率保持1%和经济增长率长期显著超过年均1%也是不可承受的，甚至是难以设想的。例如，"如果1700—2012年的平均人口增长率（约为每年0.8%）再持续3个世纪，全球人口总数将在2300年达到700亿"。因此，经济发展"每年1%的增速意味着重大的社会变革"。托马斯·皮凯蒂认为："过去两个世纪的历史表明，发达国家的人均产值很难以高于每年1.5%的速度保持增长。""历史表明，只有正在赶超更发达经济体的国家（比如第二次世界大战后30年中的欧洲或今天的中国和其他新兴国家）才能以这个速度（每年4%或5%）增长。对处于世界增长前沿的国家而言——并且因此最终对作为一个整体的地球而言——没有足够的理由相信增长率在长期会超过1%—1.5%，不管采取何种经济政策都是如此。"总之，当第二次工业革命完成之后，发达经济体的人均产值增长率将处于1.0%—1.5%的新

"常态"。①

美国著名经济学家罗伯特·戈登认为，在三次工业革命中，第二次工业革命的影响最深、最长远。第三次工业革命真正推动美国经济高速增长只有短短 8 年时间，而第二次工业革命对美国经济增长的推动持续了 81 年之久。他对全球未来经济增长率的判断比托马斯·皮凯蒂更为谨慎。②

挪威资深未来学家乔根·兰德斯经过长期研究预测：未来 40 年，"在富裕的社会中，对物质财富的追求不再成为一个有力的动力。这会减少对未来经济增长的推动……结果就是，生产力增长速度会持续放缓，这反过来会使全球 GDP 增长停滞，继而开始下降"。他预测，"未来 40 年里，中国经济将一直保持高速增长的态势；到 2052 年，中国经济总量将达到 2012 年的 5 倍，这相当于 3.5% 的年平均增长率"。③ 可见，即使被乔根·兰德斯称为"高速增长的态势"也只是每年增长 3.5%，这已是可以预见的非常乐观的经济增长"常态"了。

著名英国经济史学家安格斯·麦迪森在研究了全球经济增长的长期历史走势的基础上，在《中国经济的长期表现——公元 960—2030 年》一书中系统研究了中国经济增长的长期趋势。根据他的测算，1820 年，中国人口占世界 36.6%，GDP 占世界的 32.9%，中国同世界平均水平相比的人均 GDP 为 90.0（世界 = 100）。1952 年，中国占

---

① ［法］托马斯·皮凯蒂：《21 世纪资本论》，巴曙松译，中信出版社 2014 年版，第 83、95、590 页。

② 转引自张影强《科技创新乏力制约美国经济长期增长》，中国国际经济交流中心《信息反映》2013 年第 17 期（11 月 20 日）。

③ ［挪威］乔根·兰德斯：《2052：未来四十年的中国与世界》，秦雪征、谭静、叶硕译，译林出版社 2013 年版，第 155、261 页。

世界 GDP 的比重下降到仅为 4.6%，同世界平均水平相比的人均 GDP
仅为 23.8。改革开放开始的 1978 年，中国占世界 GDP 的比重为
4.9%，而同世界平均水平相比的人均 GDP 更下降为 22.1。1978 年之
后，中国经济高速增长，到 2003 年，中国占世界 GDP 的比重大幅上
升到 15.1%，同世界平均水平相比的人均 GDP 的差距缩小到 73.7
（见表 4—5）。

表 4—5　　　　　中国在世界地缘政治中的地位（1890—2003）

年份	1820	1890	1913	1952	1978	2003
中国占世界 GDP 的%	32.9	13.2	8.8	4.6	4.9	15.1
中国占世界总人口的%	36.6	26.2	24.4	22.5	22.3	20.5
中国同世界平均水平相比的人均 GDP（世界 = 100）	90.0	50.3	41.7	23.8	22.1	73.7

资料来源：〔英〕安格斯·麦迪森：《中国经济的长期表现——公元 960—2030 年》，
伍晓鹰、马德斌译，上海人民出版社 2008 年版，第 57 页。

根据安格斯·麦迪森的分析和判断，"中国的这种赶超发达国家
的过程可能在随后的 1/4 世纪中持续。但是如果假定未来的增长将同
1978—2003 年的增长一样快是不现实的。在过去的这个时期，它因农
业资源的重新配置而获得了巨大的效率提高，不过这是一次性的。它
还经历了外贸方面爆炸式的迅速扩张，以及通过大规模的外国直接投
资而加快吸收外国技术。随着逐渐接近世界技术前沿，中国增长的步
伐就会放慢。我假定 2003—2030 年人均收入会以平均每年 4.5% 的速
度增长，但增长速度是逐渐放慢的。具体来说，我假定 2003—2010

年的年增长率为 5.6% 、2010—2020 年为 4.6% 、2020—2030 年略高于 3.6%。按照这样的假设，到 2030 年时，中国的人均收入会达到西欧 1990 年的水平，或日本 1986 年的水平。这也就是西欧和日本赶超过程停滞的时候。在接近那个水平时，技术进步的成本就会更高，因为要用技术创新取代技术模仿。然而，到 2030 年时，世界技术前沿还会进一步外移，所以中国在那之后仍然存在赶超的余地"①。

上述国外著名学者对长期经济增长率的测算和预测，由于统计方式和口径的不同，具体数字有所差别，但所描述的历史轨迹和做出的基本判断是大体相同的。而从中国近几年的经济增长实际状况来看，目前已经从曾经 10% 左右的年增长率，下降到 8% 以至 7% 以下。中国社会科学院的一项研究显示，"结构性减速，构成中国经济新常态的主要特征"，并预测，"在 2011—2015 年、2016—2020 年、2021—2030 年的三个时段内，中国潜在增长率区间分别为 7.8%—8.7% 、5.7%—6.6% 和 5.4%—6.3%"②。

总之，无论是从人类发展的长期历史，还是从世界近二三十年的经济走势，尤其是从 2008 年国际金融危机以来的世界经济形势和中国经济发展态势看，一个以经济"新常态"为表征的中长期历史阶段正在到来。"新常态"将成为今后相当长一个时期内中国经济发展的基本性质和主要特征。其实，即使是下行到 7% 或更低一些的经济增长率，相比于全球经济的长程"常态"以及与世界同期的其他国家相比，也完全可以算得上是"高速"或"中高速"的。可见，所谓经

---

① ［英］安格斯·麦迪森：《中国经济的长期表现——公元 960—2030 年》，伍晓鹰、马德斌译，上海人民出版社 2008 年版，第 55—56 页。

② 李扬、张晓晶：《论"新常态"》，中国社会科学院经济学部研究报告系列，No. 2014—004。

济新常态，其实也是一种心境的常态和视野的开阔，是"平常心态"和长期视角下合理预期的经济增长率大趋势。

总之，从中国崛起的长期历史看，从以"量"定"质"的标准来判断，实质上，中国经济发展正在步入一个关键性的历史转折点，即进入接近、达到和超越世界"平均数"水平阶段。国际货币基金组织（IMF）的统计显示，以购买力平价计算，美国 2014 年 GDP 为 17.4 万亿美元，而中国则达到了 17.6 万亿美元，成为全球最大经济体。按照世界银行《2011 国际比较项目发布汇总结果》的报告，中国的经济规模在 2011 年达到美国的 86.9%，比 2005 年的 43.1% 提高一倍多；报告预测从 2011 年到 2014 年，中国经济规模将增长 24%，而美国仅增长 7.6%。据此，中国经济规模将在 2014 年超越美国，成为全球最大的经济体。但是，如果按照实际汇率计算，美国 2014 年 GDP 为 17.4 万亿美元，中国为 10.4 万亿美元，中美之间的差距依然很大。

根据英国经济史学家安格斯·麦迪森的测算，1978 年，中国占世界 GDP 的比重为 4.9%，而人均 GDP 为世界平均水平的 22.1%。也就是说，30 多年前，中国人均产出和收入水平仅为世界平均水平的 1/5 左右。经过自 20 世纪 70 年代末以来的改革开放和超速增长，中国从一个贫弱的国家迅速壮大为世界第二大经济体，也没有人怀疑中国将再次回到世界第一大经济体的地位，而且指日可待。其实，中国人口世界第一，仅达到世界的人均产出和人均收入水平，也理应是经济规模世界第一的国家。相反，如果中国以世界第一人口规模而未能创造出世界最多的产出并形成世界最大的需求规模，那才是一种反常的悲哀。

从这一意义上说，中国经济 30 多年来的超速增长，不过是"平均数法则"下的回归现象。这种超速增长过程，实际上也就是向平均数回归过程中的"追赶"现象，是特殊发展阶段的"一次性过程"。据统计，到 2013 年年底，中国（不包括香港特别行政区、澳门特别行政区和台湾地区）人口为 136072 万人，约占世界总人口的 19%。而无论按哪种方法计算，中国 GDP 占世界的比重都仍然显著低于这一人口比重。这表明，按人均产出和收入计算，中国的发展水平尚未达到世界平均水平，仍属于世界"平均数"之下的国家。若进行国别比较，在世界 200 个左右国家（地区）的 GDP 排名中，中国仅居 80—90 位，也就是说，中国的 GDP 总量无论算世界第一还是第二，其人均 GDP 仍低于世界上大多数国家（地区）。

自 21 世纪以来，中国的人均 GDP 从 2000 年的仅相当于世界平均水平的 17.5%，快速提高到 2014 年的相当于世界平均水平的 70.3%，提高了 52.8 个百分点。在世界主要国家中这属于发展速度最快的国家之一。期间，只有澳大利亚和俄罗斯的相对发展指数（即 2014 年人均国内生产总值相当于世界平均% – 2000 年人均国内生产总值相当于世界平均%）快于中国。其重要原因是，它们作为资源型经济，更大程度上受益于中国工业的快速增长，是中国经济带动世界经济增长的表现。但无论如何，中国的发展水平，以人均国内生产总值计算，仍然处于世界平均水平之下（见表4—6）。

表4—6　　　　　　　　　人均国内生产总值国际比较

单位：美元（相当于世界的%）

国家	2000 年	2014 年	相对发展指数
世界	5453（100%）	10804（100%）	
中国	955（17.5%）	7594（70.3%）	+ 52.8

续表

国家	2000 年	2014 年	相对发展指数
印度	457（8.4%）	1631（15.1%）	+6.7
印度尼西亚	790（14.5%）	3515（32.5%）	+18.0
日本	37300（684.1%）	36194（335.0%）	−349.1
韩国	11948（219.1%）	27970（258.9%）	+39.8
美国	36450（668.4%）	54630（505.6%）	−162.8
巴西	3766（69.1%）	11613（107.5%）	+38.4
法国	22466（412.0%）	42736（395.6%）	−16.4
德国	23685（434.3%）	47627（440.8%）	+6.5
俄罗斯	1772（32.5%）	12736（117.9%）	+85.4
土耳其	4220（77.4%）	10543（97.6%）	+20.2
英国	26296（482.2%）	45603（422.1%）	−60.1
澳大利亚	21667（397.3%）	61887（572.8%）	+175.5

注：相对发展指数＝2014 年人均国内生产总值相当于世界平均%−2000 年人均国内生产总值相当于世界平均%。

资料来源：中国国家统计局《中国统计年鉴（2015）》，"附录二　国际主要社会经济指标，2—5 人均国内生产总值"。转引自世界银行 WDI 数据库。

从世界大势来看，只有当中国的经济发展达到了世界平均数水平，即人均 GDP 达到世界平均水平时，中国崛起和中华民族复兴的正戏才真正拉开大幕。今天，正处于这个好戏即将开场的时刻。安格斯·麦迪森就预测，到 2030 年，中国占世界 GDP 的比重可能增加到 23%。也就是说，从现在到 2030 年，是中国人均产出和收入水平达到和超过世界平均水平的历史性转折时期。在这一时期，中国经济发展的"新常态"必将呈现出显著地区别于以往时代的一系列新现象。

作为一个超级规模的巨大型国家，中国崛起进入这一超越世界

"平均数"阶段，意味着其经济和社会的复杂化程度将大大提高，与世界的互动关系也将彻底改观。在经济研究中，人们总是把"国家"作为一个分析单元，其实，中国作为一个"国家"，同世界上大多数国家是不可同日而语的；中国国内的区域经济关系同大多数国家内的区域经济关系也是不可同日而语的。中国之内的二级区域（省、自治区、直辖市），其经济体量就相当于世界上一个规模相当大的国家，因此，"发达经济""发展中经济""欠发达经济"等各种现象都会在中国各地区间并行存在，甚至在各个区域经济体内长期存在。更重要的是，导致区域经济间差异性的原因是多样的和深刻的，就如同世界工业化国家之间各具特色，希腊未来无论发达到何种程度，都不会成为像今天的德国或法国那样的国家。同样，尽管中国各地区的发展在低于"平均数"阶段可能会有较大的相似性，可以"梯度发展""递次演进"，但当超越"平均数"水平的发展阶段后，也必然将各自走向具有很大差异性的方向。

◇三 中国经济发展新常态的时代特征

据报道，"新常态"（New Normal）的概念最早由美国太平洋基金管理公司总裁 M. 埃里安（Mohamed El-Erian）于 2008 年开始使用，以预言 2008 年国际金融危机之后世界经济增长可能的长期态势。习近平总书记在 2014 年 5 月考察河南时第一次提及经济"新常态"，要求领导干部"从当前我国经济发展的阶段性特征出发，适应新常态，保持战略上的平常心态"。2014 年 11 月 10 日，习近平在亚太经合组织（APEC）工商领导人峰会上所做的题为《谋求持久发展 共筑亚太梦想》的主旨演讲中，较系统地阐述了中国经济新常态问题，认为中国经济呈现出新常态的主要特点是："从高速增长转为中高速增长"，"经济结构不断优化升级"，"从要素驱动、投资驱动转向创新驱动"。新常态将给中国带来新的发展机遇：经济增速虽然放缓，但无论是速度还是体量，在全球也是名列前茅的；经济增长更趋平稳，增长动力更为多元；经济结构优化升级，发展前景更加稳定；政府大力简政放权，市场活力进一步释放。① 这是从与改革开放时期的前30多年相比照而论述的当前和未来一个时期的经济发展新常态。我们还可以进一步将视野延伸到更久远的历史，即从中国近代以来的经济发展走势来认识当前的经济发展新常态的时代方位及其基本特征。

中国近现代的历史处于人类发展工业化的大背景下，迄今为止的这100多年，也是中国工业化进程非常具有"戏剧性"阶段变化的时期。若不求严格，可以将这100多年的历史大致划分为四个阶段：工业化萌发（1912—1949）、工业化初期（20世纪50—70年代）、工业化加速（20世纪80年代至2012年）和工业化深化（2013年至21世纪中叶）。每一历史阶段的时长都在30年左右（见表4—7），各个历史阶段都有其显著的"常态"特征。

中国工业化萌发时期可以从1912年算起，② 到新中国建立的1949年为止，这是寻求民族生存和国家出路的年代。就工业化而言，这一时期主要的社会精神体现为"实业救国"，社会价值取向从保守愚蒙向物质主义过渡，即开始更加关注追求物质成就。西方先行的工业化

---

① 顾钱江、张正富、王秀琼：《习近平首次系统阐述"新常态"》，新华网2014年11月10日。

② 当然，中国工业化的萌芽时期可以追溯到此前的"洋务运动"或更早的时期，本书不作讨论。

表4—7   中国近现代各发展阶段的经济特征概略

时期	1912—1949	50—70年代	80年代至2012年	2013年到21世纪中叶	21世纪中叶—
发展阶段	工业化萌发	工业化初期	工业化加速	工业化深化	后工业化
时代特征	战乱：彷徨探索	苦斗：计划经济	致富：改革开放	富强：国家治理	世界强国
社会精神	实业救国	脱困、节俭	"先富起来"	渴望"分享"	多元、包容
价值取向	向物质主义过渡	朴素的物质主义	亢奋的物质主义	权衡的物质主义	后物质主义
行为目标	基本生计	实物产品	收入、财富，GDP	发展、环境保护与可持续	生活质量、自我实现
行为特征	中体西渐	集体主义，自我牺牲	血拼竞争，求快贪大	主张公平，规避风险	辛劳—闲暇平衡、自主
政策意愿	地权革命，维持民生	先生产，后生活	效率优先，促快扶大	以公平促进效率，法治	遵从民意，福利主义

资料来源：笔者归纳整理。

国家成为中国觉醒者追求救国目标的参照标杆，强烈地激发了中国社会的"求强"意识。因而社会的行为特征表现为"中体西渐"，即倾向于认为既然西方先进于中国，那么中国就必须向西方学习，发展科学、技术以至民主制度，即使是模仿西方也算是进步和时尚。那时，由于中国经济的极度落后，可以追求的经济目标只能是基本生计：不饿死人就算是莫大的幸运。而那时最基本的政策意愿则是地权革命和维持民生：孙中山提出"平均地权"，共产党主张"打土豪，分田地"，首先关注的是作为"财富之母"的土地。

中国工业化初期或者工业化起步时期，一般认为是从1949年新中国成立开始，到 20 世纪 70 年代末。这是期望以计划经济的方式，通过艰苦奋斗，赶超发达国家的年代。这一时期的社会精神是力图摆脱"一穷二白"和以高度节俭为美德。社会价值取向为朴素的物质主义，即以追求实物产量和获取基本的生产生活资料为目标："以钢为纲""以粮为纲"。突出的行为特征是集体主义和自我牺牲，代表性的时代口号是大庆油田工人王进喜的名言："宁可少活 20 年，也要拿下大油田！"这一时期的政策意愿则是"先生产，后生活"。

中国工业化的加速时期从改革开放的 20 世纪 80 年代开始，直到 21 世纪最初的十年，可以 2012 年作划分年代。这是改革开放的年代，明确了走社会主义市场经济道路和全面融入全球经济的方向。这一时期的社会精神是"先富起来"，更通俗的说法就是"发家致富"，连共产党员也应"带头致富"。社会价值取向具有典型的物质主义特征，可以称为"亢奋的物质主义"，追求收入和财富的增长，GDP 竞赛几乎成为"压倒一切"的行为目标和"硬道理"。这一时期最突出的经济行为特征就是"血拼竞争"，求快做大，为此可以不惜付出很高的资源环境代价。而为社会所接受的政策意愿则是"效率优先，兼顾公平"。

中国工业化的深化时期从 2013 年开始，大约将延续到 21 世纪中叶。这是力求通过全面深化改革实现国家治理体系现代化的时代。这就是我们今天所要重点讨论的经济发展的"新常态"时期。这一时期的社会精神将越来越倾向于渴望"分享"。物质成就仍然重要，仍然要"一心一意搞建设"，但物质成果的分配以及非物质性的其他追求也越来越受到重视，甚至可以为此而接受一定程度上降低经济增长速度的代价。这样的价值取向可以称为"权衡的物质主义"，即虽然物质主义时代尚未过去，"富强"仍是主要目标，但后物质主义的价值取向因素正在显现。人们的行为目标不仅要"发展"，而且越来越重视环境质量和发展的可持续性，而行为特征则表现为越来越主张公平正义和规避风险。政策意愿必然转向"以公平促进效率"和以法治保证公平。

预计到21世纪中叶，中国将进入后工业化时代，社会精神将更倾向于多元和包容。社会价值取向将具有显著的后物质主义特征。物质占有欲相对减弱，人们将更加注重追求生活质量和自我实现，行为特征则更注重辛劳—闲暇间的平衡，以及更加强调自主和自决。那时的政策意愿也将更倾向于遵从民意和福利主义。

以上关于中国近现代经济发展各历史阶段的经济特征的简要描述表明，当前所呈现的经济发展新常态的特点具有深刻的历史渊源，是一系列长期性因素所决定的"大时代""大趋势""大逻辑"现象，具有"换了人间"的历史转折意义。人们将发现，这似乎正应了中国"三十年河东，三十年河西"的老话。未来的30年尽管是从前30年以至再前30年的往昔走来，继承了前30年以致数百年的历史，但是，确确实实将是一个有别于以往的新30年。

中国经济发展的新常态处于世界经济的"新全球化"背景中。美国经济学家杰弗里·萨克斯说："新全球化的'新'主要在于它将技术突破同地缘政治变迁结合在一起，并由此创造了一个比以往的经济相互联系紧密得多的状况。新全球化中最重要的技术突破来自信息、通信和运输方面。新全球化是数字时代的全球化。""每一代人都面临着如何将效率、公平和可持续发展结合在一起的新挑战。在200年前的西欧和美国，主要挑战是如何促进第一次工业革命并使之人性化；150年前，主要挑战是如何在大工业城市出现人口爆炸的情况下创造一个安全、宜居的都市环境；75年前，主要挑战是如何超越大萧条。如今，我们的主要挑战是如何利用好新的全球化。我们必须找到新的途径，以使在一个十分拥挤且相互联系的世界中生活得更有效率、更公平且更可持续。"① 每一个新时代都会面临前一个时代已经解决了其主要挑战之后又产生的新矛盾，问题的解决总是意味着新问题的出现和新矛盾的产生。这就是永无终结的人类发展历史——连续性与间断性的统一：一方面历史时空具有连续性即继承性和相关性，每一个时代的"常态"都是前一个"常态"的延续，而并非绝对的间断；另一方面，历史时空也具有间断性即阶段性和差异性，不同阶段的"常态"又显著地区别于前一个"常态"，而呈现为一个很大程度上崭新的历史时空状态和一系列现象特点。

中国经济发展的新常态并非凭空产生，它是在前 30 年经济发展的"腹胎"中诞生，留下了那个时代的印记；也面临着在以往时代取得伟大成就的同时又产生的新挑战和新矛盾，必须有应对新挑战、解决新矛盾的新作为，这就必然表现为社会注意力的明显转移。美国经济学家塞德希尔·穆来纳森和心理学家埃尔德·沙菲尔在其所著《稀缺：我们是如何陷入贫困与忙碌的》一书中写道："稀缺会俘获我们的注意力，并带来一点点好处：我们能够在应对迫切需求时，做得更好。但从长远的角度来看，我们的损失更大：我们会忽视其他需要关注的事项，在生活的其他方面变得不那么有成效。"② 依此逻辑，历史上曾经发生的极度物质稀缺（极度贫劳）使中国社会走向极为亢奋的物质主义时代，极度专注于物质成就，尤其是对 GDP 的超常渴望和追求。这是完全可以理解的：稀缺导致对需求物的过高

---

① ［美］杰弗里·萨克斯：《文明的代价——回归繁荣之路》，钟振明译，浙江大学出版社 2014 年版，第 86 页。

② ［美］塞德希尔·穆来纳森、埃尔德·沙菲尔：《稀缺：我们是如何陷入贫困与忙碌的》，魏薇、龙志勇译，浙江人民出版社 2014 年版，第 17 页。

估价，追求稀缺物的心理偏好具有强烈的边际倾向，即高度敏感于其增长速度。但当我们取得了巨大的物质成就后，GDP 规模已经不是大问题，就很快会发现确如塞德希尔·穆来纳森和埃尔德·沙菲尔所说的那样，由于被稀缺所"俘获"而"忽视了其他需要关注的事项，在生活的其他方面变得不那么有成效"。因此迫切需要"转变发展方式"，要冷却浮躁甚至狂躁的强迫心态，缓解急于求成的心理亢奋，需要更加关注生态环境质量、财富分配平等、公共服务共享以及社会公平正义等正在变得越来越重要的问题。经济学原理和心理学研究均可以说明：稀缺而渴望获得的，总是被高度关注；已经大量获得的，则会适应性贬值。于是，整个社会必将转入一个"新常态"。这可以从另一角度解释：中国在取得了 30 多年的经济发展的巨大成就后，为什么反而产生诸多"不满"，而必须转向新常态，实现新目标。

◇四 经济发展新常态下的改革动力

经济发展新常态的特点之一是在各个领域中全面深化改革，并平衡好经济发展的短期和中长期目标的取舍。"稳增长"着眼近期，"调结构"着眼中期，"促改革"着眼长期。但是，着眼于长期的改革，也需有现实的动力源泉，应有激励相容的机制机理。

过去的 30 多年是中国改革开放的辉煌年代。"发展是硬道理""时间是金钱，效率是生命""一部分地区、一部分人先富起来"等时代话语，不仅体现了那个时代经济发展的动力，而且也标示了改革开放的动力源泉。"谁改革谁得利，先改革先获益"

是那个时代推进改革的激励相容机理，这可以使改革具有"自发性"动机和基层首创能量。在这样的动力机制下，30 多年的改革开放如火如荼，取得巨大成就，但也产生了许多矛盾和问题。因为，任何"推动力"都必然有其"副作用"或"后坐力"；任何成就都须付出代价。

我们可以将推动前 30 年改革的动力称为第一级推动力及其"副作用"（见表 4—8）。

——关于国有企业改革的基本推动力是：趋利化、市场化和建立现代企业制度，使企业成为具有自身利益的经济实体，具有追求利益（利润最大化）的强烈动机。同时，其必然产生的"副作用"是：一些企业关停并转，职工下岗分流，垄断企业依其市场地位而获得自身利益，而且，国有企业的性质和定位模糊化。

——关于产业领域改革的推动力是实行差别性和选择性的产业政策，给改革以各种优惠待遇，激励增长，扶优扶强。其"副作用"则是技术创新不足、产能过剩。因为，既然有政策优惠可争，扩大产量即可立竿见影获利，为什么要吃力地搞原创性技术创新？

——关于土地制度改革的主要推动力是级差设租，以地生财，加快开发。为了招商引资，可以"零地价"优惠；为了聚财也可以"地工天价"。只要做足上地文章，就可以解决许多改革和发展难题。这样做的"副作用"当然就是地价、房价高度扭曲，拆迁补偿失序：高价拆迁者一夜暴富，低价拆迁者生活无依。建设用地大量开发却未能高效利用：一方面是建设用地开发指标紧缺，似乎土地供应短缺；另一方面却是大量"圈地""囤地"后的土地和房屋闲置。

表 4—8　　　　　　　　中国经济改革的第一级推动力及其"副作用"

改革领域	推动力	副作用
国有企业	趋利化，市场化，建立现代企业制度	下岗分流，垄断地位的私利化，国企性质模糊
产业经济	选择性产业政策，差别待遇，激励增长	技术创新不足，产能过剩严重
土地制度	级差设租，以地生财，加快开发	地价扭曲，补偿失序，建设用地耗竭
财税费负	激励超收，相机支出，开发性财政，税费混搭	公共财政薄弱、企业税费负担沉重
金融体制	银行做大，高管激励	脱离实体经济，资金效率下降，融资成本高企
区域经济	GDP 竞赛，招商引资，行政性"加力"	公共服务不足，地方保护主义盛行
政企关系	归属权改为审批权，亲商政策，积极干预	权力失规，腐败滋生，企业行为扭曲
收入分配	一部分人先富，收入制度参照规范各行其是	收入差距扩大，社会认可度下降
资源环境	有水快流，服从发展，有助于支持价格优势	资源约束，资源诅咒，环境恶化

资料来源：笔者整理。

————关于财税和行政性收费制度改革，基本的推动力是激励超收，政府财政如同企业般"增收节支"，超收即可相机支出。地方政府竞相运作开发性财政、纳税收费并存混搭。其"副作用"则是：公共财政薄弱，企业税费负担沉重。

————关于金融改革，主要的推动力是：银行做大和高管收入激励。在垄断性很强的金融经济体制中，银行可以坐享巨大的超额利润，曾经被专家判定为"已经技术破产"的国有银行转眼成为世界级的"巨无霸"和高盈利银行。其"副作用"则是金融活动脱离实体经济，自我循环，"自娱自乐"，资金效率低下，资金成本高企。

——关于区域经济改革，主要的推动力是：GDP竞赛，各地竞相招商引资，政府给企业以行政性"加力"。其"副作用"则是：公共服务不足，地方保护主义盛行。

——关于政企关系改革，主要的推动力是归属权改为审批权，政府亲商和积极干预有利于获得短期性政绩。其"副作用"则是权力失规，腐败滋生，企业行为扭曲。

——关于收入分配改革，推动力是"一部分地区、一部分人先富起来"，各领域各行业确定收入标准的参照规范各异，基本上是"公有公理，婆有婆理"，垄断性行业与竞争性行业各行其是。其"副作用"是收入差距扩大，对于分配状况的社会认可度下降。

——关于资源环境制度改革，主要的推动力是："有水快流"、服从发展、有助于支持价格优势。其"副作用"则是：资源约束、资源诅咒和环境恶化现象日趋严重。

上述各领域改革的"推动力"都有一个基本特点：可以使改革践行者直接获益。也可以说是改革者倾向于以对自己有利的方案进行改革，"摸着石头过河"实际上是"沿着有利处前行"。这符合激励相容的原理，往往动力强劲。

问题是，改革是制度变革和建设，制度属"公共品"性质。如果改革的动力只是沿着"改革者有利"的方向着力，那就相当于采用"私人品"生产的逻辑进行"公共品"的生产。动力确实是强劲的，但不能确保"公共品"的合意性质。而且有可能导致"公共品"的私利化，不同的人可以据此而获得不同的利益，产生突出的利益冲突现象。在现实中则表现为：在体制改革中可能掺杂一部分人的特殊私利，以至形成既得利益集团；当改革有损于特殊既得利益时会受到特殊既得利益集团的抵制甚至抵抗，使改革遭遇利益藩篱的阻碍。

所谓改革的动力问题，即人们出于何种动机而进行改革和支持改革。前30多年的改革动力是"贫穷不是社会主义"，触发改革的心理动机是"脱贫"与"先富"。支持改革的优惠政策、特殊政策往往具有排他性，即适用于一些人或一些地区，而不适用于其他人和其他地区。改革的推进很大程度上基于"有效冲动"而非周全的"理性权衡"："不争论""大胆突破""敢闯敢试"，以成效论英雄。这样的改革成为中国经济发展的强有力引擎，成效显著，成果巨大，有目共睹；但也付出了"不平衡、不协调、不可持续"的代价，并形成了一些实力很大、意志顽固的特殊利益集团。更突出的是，存在大量的制度漏洞和权力寻租空间，腐败现象令人吃惊！实际上是形成了一些领域的制度"私地"。因此，经济发展新常态时期的改革需要有推进改革的第二级推动力，即以更适合制度"公共品"生产的逻辑全面深化改革，这就需要有建设制度"公地"的社会动力。

按照这样的"大逻辑"，经济发展新常态下需要相适应的新体制和新机制，新常态下的改革动力将回归公共品逻辑，压缩制度"私地"，最大限度扩大和完善制度"公地"。全面深化改革的目标是国家治理体系和治理能力现代化，而不仅仅是经济体制改革的单兵突进。基本政策取向从效率优先、兼顾公平、激励增长转变为以公平促进效率，以法治保障公平。形成统一开放、公平竞争、有序规范的市场机制，将取代以选择性突破、特殊政策和增长竞赛为基本特征的改革路径。因此，公共品逻辑的改革动力，取代私人品逻辑的改革动力，是改革"常态"的新变化。

从理论上说，改革的推动力可以来源于"集权""共识"或者"利益"。这大体对应为"顶层设计""公共决策"和"基层首创"。理想而言，推动改革的进程应是这三种动力的结合，而上述三种改革推动力归根结底都必须基于改革红利，体现为释放推动经济发展的动力。简言之，如果说经济发展的新常态需要新动力，那么，释放经济发展的新动力，也要有实行改革的新动力。如果说，在经济发展新常态下，公平竞争是更持续有效的发展动力，那么，改革的动力问题就是要解决什么样的实现力量能够有意愿推动公平竞争的市场经济体制的形成，使之发挥在市场配置资源中的决定性作用并更好地发挥政府的作用。

改革意愿可能产生于两种缘由：法治精神与创新精神。前者基于"法从理出"的逻辑，即改革动因是形成"合理"的体制，需要"顶层设计"。这样的逻辑一般倾向于"集权式改革"。后者基于"义利权衡"的逻辑，即改革动因是形成"有利"的体制，需要"群众欢迎"。这样的逻辑更倾向于"基层首创式改革"。当然，无论是缘于法治精神的改革意愿还是缘于创新精神的改革意愿，在改革推进时都需要有一定的共识基础，要在"合理"和"有利"两方面取得协调。所以在经济发展新常态中推进改革，既要有"壮士断腕"的决心和勇气，也不能不谨慎权衡得失，精心谋划，周全部署。

第一，在经济发展新常态下，由于经济增长方式的转变，以及增长速度的减缓，将发生一系列系统性的机制和利益关系变化。因此，改革推进必须平衡"生产导向"与"分配导向"的体制机理。其中最常见的就是"亲商"和"亲民"的政策权衡，以及鼓励竞争、激励先进与扶助弱势、保障底线的政策权衡。

第二，由于改革红利是改革动力的源泉，所以，改革的实际效应应该直接体现为尽可能扩大改革红利的受益人群面，减少改革代价的承受人群面。改革红利应是具体的和可感受的，而不是抽象的和虚幻的，而且，应有相当程度的获益及时性。理论上说，只有因改革受益所形成的社会动力明显地大于因改革受损所形成的阻力，改革的推进才具有可行性。即使是集权式改革，基于完全合理合法的原则，也必须充分考虑受益与受损的现实利益格局，改革路径即使没有"帕累托改进"的空间，即无法做到在不使任何人受损的条件下使一些人受益，也应遵循利益动力正向性原则，即改革受益的正能量显著大于受损所致的负能量。这也称为"长尔多—希克斯改进"。

第三，审慎对待改革的第一次推动力机制所形成的利益格局，适当承认和保持可接受的既得利益，减少因显著不公平而获取的不可接受的既得利益，坚决遏制和制裁非法获利。反腐获得广泛和强烈的民意支持，是改革突破利益藩篱的强有力正能量。而持续的民意支持还要基于使更多人从改革中获得可以直接感受的切身利益。

第四，改革要积极推动政府、社会、市场关系向适应经济发展新常态的方向转变。尤其是要使"父母官"心态和体制逐渐转变为政府真正承担"公仆"和"裁判员"职能的体制。经济新常态的发展动力基于释放市场和社会的活力，那么，改革的动力也必须来源于让市场的微观主体和广大社会成员成为改革的积极推进者。当前，我们看到一些令人担忧的现象，在一些领域和单位，行政化倾向更趋强化，以"父母官"意识推进改革。改革的"顶层设计"和"规范行为"变成了由行政性系统主导的体制"灌输"（政策语言叫统一"贯彻"）。市场和社会主体成为等待"改革"的被动接受者，改革变成了执行和落实"上级"意图。这是与经济新常态的改革动力逻辑直接相悖的。

第五，体制改革的公共品逻辑决定了改革的动力机制中，需要有体现利益中性的"智库"和"第三方评估"机制。由于改革的具体举措必然涉及敏感的利益关系，通常还会有一定的副作用，尽管在全局上充分合理，但也未必对所有的人都同样有利，甚至会使一些人不可避免地受损，所以，需要有相对超脱的"利益不相关方"或"利益非关联者"参与改革决策。这也是改革的第二级动力机制同第一级动力机制相区别的特点之一。

第六，经济发展新常态的一个显著特点是，逐步消除各种垄断现象，尤其是消除行政性垄断，从而形成公平竞争的市场机制，有效发挥市场在资源配置中的决定性作用。而要消除垄断，就必须有比垄断势力更强有力的改革力量。这种改革力量不可能仅仅来源于经济领域，因此，经济体制改革的成功必须基于各领域的全面深化改革，在涉及重大复杂利益的改革上，需要有"政治决定"的决断机制。

◇五 新常态中的"公平—效率"关系及创新驱动力

如前所述，前30多年的经济发展和改革动力主要基于"先富起来"和"谁改革谁获利"的动力机理，并由亢奋的物质主义所驱动。在刚刚脱离计划经济的改革初期，为了消除计划经济下效率低下和绝对平均主义的痼疾，权且接受和实行了"效率优先，兼顾公平"的政策理念和制度设计思路。尽管这具有一定的历史合理性和现实针对性，也确实取得了解放生产力和推动经济发展的明显成效，但是，这一政策取向毕竟具有很大缺陷和局限性。它不过是在特定历史条件下的一个急于求成的"次优选择"。笔者曾在改革开放初期就撰文指出了这一政策取向可能导致的不良后果。[①]

今天，当中国经济进入了另一个新常态时期，前30年的那种"公平—效率"关系就越来越不适合于新的时代了。如果继续以那样的政策取向来发展经济和处理社会关系，将导致难以克服的"不平衡、不协调和不可持续"的现象和社会矛盾。因为，这样的政策取向意味着默认可以牺牲公平的方式来提高效率，既然效率优先，那么，在实践中必然是公平居后，因而往往不惜采取各种可以获得"立竿见影"短期效果的歧视性政策，厚此薄彼，人为制造等级差别，扩大不平衡性。例如，将市场经济的竞争主体区分为"主导"者和"补充"者、受重点保护的和受限制的、可以获得特殊优惠待遇的和无权享受优惠政策的、严格监管的和放松监管的、受"重视"的和不受"重视"的，等等。

在这样的政策取向下，各类企业都觉得自己处于不公平的地位。国有企业抱怨不能采取非国有企业可以采取的一些竞争手段，非国有企业抱怨不能进入只允许国有企业进入的领域，外资企业抱怨受到各种限制；大企业抱怨社会负担重和受管制严，小企业则抱怨在土地、资金等方面不能得到一视同仁的对待。

一旦可以通过不公平的方式进行市场竞争和资源争夺，特别是如果这种不公平是体制和政策所造成时，企业就不再有心思和精力进行脚踏实地的技术创新，而必然将更大的精力投向争取优惠待遇和向政府寻租上。所以，从长期看，缺乏公平也必然丧失效率，因为它抑制了更多的微观经济主体的活力，扭曲了企业经营决策的方向。其实，

---

① 金碚：《以公平促进效率，以效率实现公平》，《经济研究》1986年第7期。

当竞争不能公平进行时，要"兼顾公平"也是很困难的。所以，在我们取得了巨大的经济成就时，人民的不公平感反而越来越强烈了。

我们可以看到，当前经济发展中存在的许多"不平衡、不协调、不可持续"现象都同过度突出"效率优先"的政策取向有直接关系。在前30多年，人们所追求的"效率"主要体现为短期获益，产量大、获利快、收入高。于是，急于求成、做大规模，即"越快越大就越好"成为最重要的业绩诉求和成功标志。政府也将促进"效率"作为主要的政绩目标，具体表现就是，追求更快的GDP增长、更大的企业生产规模，给大企业提供更多的政策"优惠"和大片低价格的土地。这一方面确实助长了经济的高速增长，做大了经济规模；但另一方面也导致了经济结构失衡、产能过剩严重、囤地大量闲置、环境迅速恶化和资源过度开发。总之，以不公平的方式强行追求"效率"，导致对"效率"的片面理解甚至误解，留下了严重的后遗症。

不仅在经济领域，在其他领域采取"效率优先，兼顾公平"的政策取向也导致了各种难以解决的矛盾。例如，教育领域急于造就"世界一流大学"，以大为"优"，并给"优"者吃偏饭，将更多的公共资源投入少数高校，导致各地中学、小学的办学目标瞄准了向顶尖高校输送尖子学生，于是，地方教育资源向"重点学校"倾斜，使得靠关系和金钱择校等不良现象难以遏制，教学竞争低龄化，导致许多学生产生厌学情绪和失败感，公共教育成为"失败教育"，即以大多数学生的竞争失败（实现不了进国家特别支持的顶尖大学的目标）为代价，制造了少数高分考生。这样的教育体制，不仅是非常不公平地配置公共资源，而且，以高分竞争扼杀了年轻人的创新精神，也并未建成世界一流大学。再如，在医疗领域，政府也将更多的公共资源援助优等（三甲）医院，导致三甲医院人满为患，普通医院却门可罗雀。

公办医院与民办医院更是处于不平等的地位。一些所谓"一视同仁"的政策却如同是让"儿童"与"成年人"进行竞争。于是，一方面是"看病难，看病贵"，另一方面却是医疗资源大量闲置。总之，"效率优先，兼顾公平"的政策取向，催生了揠苗助长式的"扶优"政策和政绩工程，强化了"马太效应"的分化作用，既不利于脚踏实地的技术创新和长期持续的效率提高，也无助于公平的实现。

因此，当进入全面深化改革的新时期，政策取向必须逐渐向"以公平促进效率"的方向调整。我们看到，中共第十八届三中全会《中共中央关于全面深化改革若干重大问题的决定》中的一个重要表述是，"国家保护各种所有制经济产权和合法利益，保证各种所有制经济依法平等使用生产要素、公开公平公正参与市场竞争、同等受到法律保护，依法监管各种所有制经济"。其实，市场机制本身具有优胜劣汰的效应，无须政府再人为强化，即政府不必"扶优扶强"，而是应该"扶弱助小"，改变强者和弱者势力悬殊状况，让强者面对势均力敌的竞争者。这对强者和弱者，包括大中小企业，都有激励创新的积极作用，有助于整体竞争力的提升。

总之，尽管公平与效率确实具有复杂的关系，其中也可能存在某种程度的替代（trade off）现象（所谓"奥肯定律"），特别是在短期，这种替代关系往往具有较强的可显示性，使人容易产生鱼和熊掌不可兼得的印象，但是，从长期看，效率与公平具有本质上的一致性。而且，社会主义主张公平正义，市场经济要求公平竞争，两者统一于"公平"，社会主义市场经济的实质要求构建"以公平促进效率，以效率实现公平"的体制机制。因此，无论是要弥补市场缺陷（包括可能导致过大的两极分化），还是要规范市场秩序（维护公平竞争、公平交易），政府的政策取向都必须是构建和培育公平与效率的一致性和互补性，而不是听任甚至人为扩大公平与效率的替代性和对立性。

因此，在经济发展新常态下，最重要的改革方向和政策取向就是要形成"公平—效率"的新常态关系，这是能否实现经济新常态的特征之———"从要素驱动、投资驱动转向创新驱动"的关键。在现实经济中，技术创新有各种类型，一个经济体要形成创新驱动的发展机制就必须形成使尽可能多的大、中、小型各类市场经济主体都能有动力和机会参与技术创新的制度环境，而能够形成这种技术创新动力机制的最有效制度就是公平竞争。在公平竞争的制度下，各类经济主体就能尽力发挥各自的优势，在不同的技术创新领域和分工环节中心无旁骛地专注于进行技术创新竞争。这样的经济体，就可以形成技术创新层出不穷的局面，而不是主要靠政府的"重视""扶持""评选"或选择性的产业政策来实现个别领域的技术创新突破。这就如同要提高体育水平，最有效的方式就是鼓励全民参与和进行公平的竞赛，没有任何其他方式可以达到更好的效果。总之，经济发展新常态下的创新驱动就是要消除各产业的进入壁垒和市场垄断势力，让更多的经济主体参与竞争，并在公平的竞争规则下实现全方位的技术创新格局。

◇◇六　新常态下的行为特征和规则意识

经济新常态实质上也是经济行为的新常态和规则及规则意识的新常态。正是经济活动中人和企业的行为方式和行为规则的新变化，才使经济发展呈现新常态，而行为方式和行为规则的新变化又总是伴随着人们价值观念和规则意识的相应变化，即人们关于"何为重要"和

"应该如何"的价值选择的优先顺序发生重大变化。可以观察和感受到的显著事实是，改革开放以来30多年同此前的30年相比，中国人的价值观和行为方式发生了极大的变化，几乎判若两种社会。今天，中国又一次进入了重大历史转折期。在经济发展新常态中我们将越来越明显地观察和感受到中国社会的价值选择、行为特征和规则意识的一系列新常态现象。仅就经济领域而言，将会体现在以下方面。

第一，重法治意识。随着市场"决定性作用"的日益强化和显现，"市场经济是法治经济"的观念将越来越为社会接受和遵从。在经济发展新常态下，人治因素逐渐减弱，尊重法规的意识不断增强，要求依法治国、依法经营、依法办事、依法管制，将成为观念、行为和规则新常态的突出表现。重法治意味着重"程序正义"和重"过程管理"，经济发展新常态下，政府实行"无法律授权则不可为"的行为规则，公民和企业实行"无法律禁止皆可为"的行为规则。政府不能以"办好事"和"结果有效"为由就无授权滥作为，也不能以任何借口在执行法律授权的事务中懒于作为。而公民和企业则可以在法律未禁止的领域进行经济活动和各种创新。经济发展新常态将以法治规范下的微观经济更趋活跃为显著特点。

与重法治意识直接相关的必然是更多普通百姓公民权利意识的彰显。人权、财产权、知情权、表达权、共享权、参与权等公民权利，将从纸文走到现实，从抽象原则变为具体行为。公民权利意识的彰显意味着市场经济基础的巩固，也意味着法治经济的逐步形成。在此基础上才能最终实现法治经济的理想状态：一方面，必须"将权力关进笼子里"，不得交易；另一方面，也必须"将市场管在正道上"，不可脱轨。这样，权力不可为所欲为，市场不得超出领地，双方均不越界，市场经济才能发挥其有效配置资源和持续推动经济社会发展的最大积极作用。

第二，透明度意识。中国社会在传统上具有"弱明文性"的特点，即许多"规矩"是没有明确和正式的书面文字（法律文件）表达的，往往"只可意会不可言传"，因此，"潜规则"盛行，信息高度不对称现象十分普遍，并被视为"正常"。例如，在经济活动中普遍实行的行政审批过程中，权利不对等，程序不透明；各种"文件"总是规定只能由一定级别的人查阅，超越范围阅读就是"泄密"，属犯罪行为。即使是公开法律，也往往有属于保密范围的红头文件规定执行细则。而在经济发展新常态下，经济活动尤其是政企关系中的透明度意识将愈加强烈。要求公开透明将成为强烈民意，即人们要求政府政务、企业行为、职业操守等均应提高透明度，放在阳光下；现代信息技术的发展和运用也将有效地助推经济活动和政府行政透明度的提高。这样，中国"弱明文性"的传统将被改观，潜规则显性化，逐步做到凡规矩则明文。这样，社会的低信任度将被高透明度所抵充和弥补，从而达到以增强透明度来提高自律性和文明度的效果。甚至，"透明度就是竞争力"也会成为一种新常态，"透明者强，掩盖者亡"，将成为一种常规的竞争手段。

第三，非歧视意识。经济新常态趋向于形成统一开放、竞争有序的市场体系新格局。这样的市场体系应具有主体权利平等、参与机会均等的基本特征。因此，各种身份歧视现象均不符合公正的市场竞争原则。在经济发展新常态下，城乡居民户籍歧视、就业性别年龄歧视、公共服务身份歧视、公务消费等级歧视等现象将为社会诟病。"公平考试"和"公开竞岗"等非歧视制度将成为人力资源配置的主要方式，以"择优录用"和"职业特点"为由的歧视性用人标准将日益受到限制。

第四，新关系意识。重视人际关系是一个突出的中国传统特色。办事先找"关系"，成事依赖"关系"，几乎成为一种思维定式。人们相信，有关系和没关系结果大不相同。因此，经济活动中如何"打通"关系、"润滑"关系，成为投放和耗费人力、精力、财力的极大"交易成本"，有经济学家干脆称之为"关系税"或"腐败税"，即在办事时必须支出的一种特殊的"租税"，具有"润滑"关系的作用。这样的现象在经济新常态下将发生很大的变化。在中国文化氛围中，完全不讲"关系"恐怕不符合一般人思维，没有"礼尚往来"者被视为"不食人间烟火"，"不粘锅"者通常难成大业，而且，互联网的发展大规模地扩展了社交关系网络，关系现象无处不在。但在经济发展新常态下，以腐败方式"润滑"关系则不为法纪所允许。随着"腐败"空间的被压缩，新的关系意识和人际沟通方式将摆脱"权钱交易"的强腐败桎梏，简化关系沟通方式，减少"润滑"关系的交易成本，将形成"关系营销"的新常态。这是中国经济中的一个虽然难以明言，但却影响深刻的现象，在经济发展新常态下将会有广泛而深远的变化。

第五，去等级意识。庞大而较有效率的政府行政系统曾是中国两千多年来所形成的最显著的"中国特色"或"中国国情"之一。即使是30多年的市场经济发展和财富增长也没有动摇行政等级的权位，行政级别仍然是衡量身份地位的"一般等价物"。在未来更强调社会公平正义，以及市场发挥资源配置的决定性作用的经济新常态下，中国经济有可能会开始形成去等级化的趋势，尽管短期内不可能完全消除。因为，泛行政等级现象已经走到它的反面，导致等级"通胀"现象，即行政等级贬值。特别是如果通过全面深化改革，确实"把权力关进笼子里"，行政等级的"权力幻觉"和"牟利想象"空间将大大弱化，加速权力净化和等级贬值。这样，行政等级意识干扰市场公平竞争的现象将逐渐减少，这可能成为经济发展新常态的又一个深刻变化。

第六，合理成本意识。可以预期，在经济发展新常态下，人们的成本/绩效观念将发生很大变化。如果说在过去的 30 多年，为达某项目的可以"不惜一切代价"，血拼竞争，那么，在经济发展新常态下，没有什么是可以"不惜一切代价"的。社会必须权衡利弊，才可审慎决策；个人也得掂量得失，才会决定付出。这是社会从"亢奋的物质主义"转向"权衡的物质主义"的一个突出的行为方式和规则意识变化：发展不能恶化环境，工作不会不讲待遇，征地必须合理补偿，辛劳得有假期休闲，奋斗也要生活质量，优胜劣汰也不能没有安全保障……总之，社会行为方式和行为规则将变得精于权衡，规避风险。该付出的成本就得付出，不该付出的成本必须节俭，不要过度指望"动员性"和"运动式"的冲动效果，更要依赖"可复制""可推广""可持续"的常规体制。要有实现发展目标的雄心，也得有持久战略的平常心。任何政策举措都不能不顾将会付出的代价和可能承受的风险，必须避免发生重大的"颠覆性错误"。这也将成为经济发展新常态下经济发展战略思维的一个显著特点。

◇七 从急于求成到新常态战略思维

经济常态不仅是一种客观形势，而且是一种战略思维和战略心态，即以何种主观意识来判定经济态势的正常和合意与否。在新中国成立之前，尽管中国早已出现了资本主义工业化的萌芽，但长期处于发展迟缓、国家衰弱状态。新中国成立以后，开始追赶发达国家。改革开放更是以极为亢奋的精神发展经济，奋起直追，创造财富，越来越多的人希望加入"先富起来"的行列，各地区各行业都希望创造"世界一流""世界最大"的政绩。在取得高速增长的过程中，"急于求成"成为这个时代的社会心理副产品，人人争先恐后，越发缺乏耐心。政绩短目标化成为时代特征。而进入经济发展的新常态，社会心理会将转向更具战略平常心，更倾向于长期理性、公共思维和持久耐心。这也许将是一个不易做出"立竿见影""惊天动地"的辉煌政绩的时代，但却可以获得国泰民安的长久昌盛，在可持续发展的道路上一步一个脚印地实现中国复兴之梦。

——长期理性，意味着改变短期理性的急功近利心态，以更长远的眼界和视野（horizon）来观察世界、判断成效和评价政绩。对世界上任何事物和人类成就的价值评估都是以一定的时期或坐标时点为前提的，近期内评价高的业绩成就未必长期价值也很高，甚至可能是未来的损失（负值）。相反，今天只是"润物细雨"的努力很可能会功效长久并造福后代。战略心态决定了战略眼界的时间定位。如果说，在前30年由于面对可能"被开除球籍"的贫困落后压力，必须"只争朝夕"地争取现时现报的成就和获益，那么，在中国已经获得了巨大的物质成就后，有条件以更长远的眼界来构想未来的经济新常态下，就可以平下心来，谋划中华民族伟大复兴的世纪战略。例如，"一路一带"战略就绝非一时成效之策，而是长期理性思维勾画出的世纪战略和中华民族复兴之道。

——公共思维，意味着改变急求小利而不谋大局、重利己而不思利他的狭隘心理。改革原本是全社会的公共事业，为了构建公共制度空间，但如果缺乏公共思维而以局部利益驱动改革，就很可能成为狭隘的逐利行为，甚至以操纵"改革"来设租寻租："有利于我就改，无利于我就抵制""守权有责，垄断牟利"。所谓改革的"思想障碍"和"利益藩篱"实质上就是谋改革却缺乏公共思维，将制度"公共品"据为利益"私人品"，将制度"公地"割据为利己"私地"。从本质上说，正确的改革不可能是"经济人"的产物。美国哲学家和伦理学家约翰·罗尔斯主张，正义的制度应是"无知之幕"下的产物，即人们只有在不知道自己的私利所在的条件下才能安排符合正义精神的社会制度，这似乎过于理想化而缺乏现实可行性，但是，至少在顶层决策上遵从公共思维的逻辑，确实是实现社会公平正义，尤其是进行社会制度改革、建立体现公平正义精神的体制机制所不可缺少的必要前提。一个只有自利行为而没有公共意识的"经济人"社会，即使是在逻辑上也难以确立能够完成合意改革的理由。正如美国学者埃里希·弗洛姆于1976年出版的《占有还是存在》一书中所说，工业化时代"在人类历史上第一次出现这样的情况，即人类肉体上的生存取决于人能否从根本上改变自己的心灵。只有在经济和社会发生深刻变革的情况下，人的'心'才会转变。因为经济和社会的变革使人有机会去转变以及获得为达到这种转变所需要的勇气和想象力"。而所谓"心"的转变，就是从利己思维转变为公共思维。总之，在经济发展的新常态下实现全面深化改革的目标，公共思维、大局观念、社会理性等超越自利动机的社会意识和人类智慧，将具有越来越重要的意义。

　　——持续耐心，意味着克服轻浅浮躁、求快贪大、"栽树不如搬树"、"育人不如借人"的揠苗助长心态。要认识到，有些发展过程可以加快，适度"压缩"，但必经的阶段难以略过；有些业绩可以竞速获取，但必须依靠长期积累才能获得的成就不能不"慢工细活"。

中国前 30 多年的发展，具有"加速追赶"的性质，主要依赖模仿性创新，确有可能"快鱼吃慢鱼"，"只争朝夕"。但在经济发展的新常态下，增长动力更多依靠全方位的原创性创新，就更需要有执着持续和"甘于寂寞"的不懈努力。中国经济创新驱动力不足最大的障碍不是缺乏资源和技术源泉，而是缺乏持续的耐心，急功近利，见异思迁，甚至以投机取巧、抄袭取胜为荣。明明落后数十上百年，却认为可以与发达国家"站在同一起跑线"；以为创新就是"爆发"，可以平地而起，一夜间就能"成效巨大"；只要通过"资本运作"就可以进入"500 强"行列；不够大可以合并，以规模论英雄，而且，速成者最受推崇，这等心态是技术创新之大敌。中国经济发展如果要转向创新驱动，就必须培育创新的耐心和执着。"日久见人心，路遥识马力"才是原创性技术创新的基本逻辑。创新未必每次都成功，失败也是创新的一种"常态"。没有千千万万的创业创新的失败者，就不可能有成功创新的辉煌。如果认为政府可以选择可能成功者，给予特殊政策优惠，供应"小灶偏饭"，就能扶持其快速成功，实际上就是以揠苗助长的急切心态在毁坏大众创新的环境。我们可以看到，世界上凡是创新型国家必定是视创新为"平常"的国家。政府不轻易实行选择性政策，不主观判定输赢，但却是各类创新成果层出不穷的国家，也是创新行为极具韧性耐力的国家，通常并无社会急不可耐地翘首以待其尽快成功的创新项目。既然是大众创新万众创造，创新活动成为经济常态，那么，创新必不为稀罕之事，不是非常的惊世之举。有研究表明，人类历史上发生的重大技术创新，都是科技"生命体"进化过程中的必然产物，而不是某个天才发明家突发奇想的结果。技术进步的连续性远远强于其间断性，继承性强于其革命性。就如同生物体的生命进化，技术革命实际上是长期创造性过程中由技术积累所导致的技术进步和重大突破的"涌现"阶段。技术创新活动及其成果的基本特征是持续耐久的，而不是偶然突发的。因此，在一定意义上可以说，创新的平常心是创新的耐久力的基础，支撑着大众创新的社会环境。这也应成为国家创新政策的理念基础：主要以促进公平竞争和普惠政策的方式激励原创性技术创新，而非主要靠政府选择创新项目并给予特殊优惠来追求"短促突击"式的创新表现。因为，破坏公平竞争就是鼓励投机取巧，销蚀创新耐心，扭曲创新方向。创新型国家需要全民族的持续耐心和长期专注精神，这是经济发展新常态下，能否实现创新驱动的一个深刻问题。

　　总之，正在形成中的中国经济发展新常态是在经历了 30 多年的高速增长、规模扩张和 GDP 竞赛，摆脱了中国极度物质贫乏和活力不足的状况，获得了巨大成就，同时也产生了一系列"不平衡、不协调、不可持续"现象的经济发展阶段之后，进入了以中高速增长、结构调整、创新驱动、素质提升和公平分享为主要特征的新的经济发展阶段。这是中华民族实现伟大复兴过程中的一个更需要历史耐心和持续奋斗的年代。在经济发展新常态下，国家发展将更加体现战略思维的"平常心态"：长远眼界、长效目标和长治久安。

第五章

创新之道：技术路径与结构升级

关于中国经济增长与创新的关系，是一个仁者见仁、智者见智的问题。一般认为，中国工业化主要是由资源和资本投入所驱动，技术创新尤其是原创性技术创新的作用不强，因此，必须从要素和投资驱动转向创新驱动，才能实现可持续的增长。这一观点是目前得到官方认同的意见。但也有专家和研究机构，特别是有国外的研究者认为，中国经济的创新性其实非常强，只是选择了独特的创新路径。如果一方面承认中国经济发展取得巨大成就，另一方面否认中国经济发展的创新性，那是矛盾的和悖理的。没有创新何来高速增长？即使不考虑熊彼特所定义的广义"创新"①，仅限于运用新技术这一狭义创新，中国工业化的创新性也绝不输于任何发展中国家。显然，关于中国经济发展是否具有创新性的认识和判断首先取决于关于创新的定义。我们的论述将不拘泥于学理争论，也不着意于对中国工业化是否具有创

---

① 美籍奥地利经济学家约瑟夫·熊彼特认为，所谓创新就是要"建立一种新的生产函数"，即"生产要素的重新组合"，就是要把一种从来没有的关于生产要素和生产条件的"新组合"引进生产体系中去，以实现对生产要素或生产条件的"新组合"，"创新"是资本主义经济增长和发展的动力，没有"创新"就没有资本主义的发展。"创新"有五种情况：（1）采用一种新的产品；（2）采用一种新的生产方法；（3）开辟一个新的市场；（4）掠取或控制原材料或半制成品的一种新的供应来源；（5）实现一种工业的新的组织。

新性的评估，而是主要从技术进步路径选择的角度，讨论和理解中国工业化的进程和轨迹。

◇ 一 工业技术的来源

工业的物质技术实质是通过采掘、加工、制造等方式实现物质形态的转换，使无用之物变为有用之物，这一转换方式和过程即为工业技术。工业化就是工业技术进步以及其所推动的人类物质生产的巨大发展进程。工业技术进步是工业化的物质基础，中国工业化令人瞩目的辉煌业绩，实际上就是中国工业技术进步的体现。由于中国是一个发展中国家，中国近现代工业化进程落后于西方工业革命 200 年左右，所以，中国工业技术进步必然在很大程度上是对发达国家已有技术的模仿和从发达国家进行技术转移。尽管这种技术模仿和转移不可能是完全照搬和简单移植，其中也包含了一定程度的技术创新，但从技术路线上看，毕竟是发达国家工业技术的扩散。而从新中国成立以来的具体历史看，主要的工业技术来源体现为三个方面，一是 20 世纪 50 年代从苏联的经济援助中获得一些基础工业尤其是重化工业的技术资源；二是由于无法获得国外技术转移而国家又必需的工业，特别是关系国家安全和国防的工业，例如核工业、舰船（核潜艇等）、航天工业等，自力更生进行自主研发；三是 20 世纪 70 年代同西方国家缓和关系实行对外开放政策以后，大规模引进技术和外资，获取了各类中低端的加工制造技术。这三类技术总体上属于发达工业国工业技术向中国的扩散，是中国工业采取的模仿创新技术路线。即使上述第二种自力更生的技术进步路径，实际上也是跟随性的技术创新，即在发达国家封锁技术转移的条件下摸索和追寻他们的技术方向，可以称为"阻断性"或"禁交易"的模仿创新；而第一、第三种情况可以相应称为"给予性"或"可交易"的模仿创新。

随着中国工业化的不断深化和工业技术越来越接近发达工业国的水平，技术模仿创新的空间必然越来越窄，原创性技术创新的关键性作用将日益突出。一方面，尽管从国家关系来说，像20世纪70年代以前那种因国家"敌对"而成为"阻断性"或"禁交易"的工业技术并未增加，但因商业竞争而导致的"阻断性"或"禁交易"技术也越来越多地成为中国工业发展迫切需要的技术。这类技术对于中国仍然属于追赶性，但无法通过给予性或通常的交易方式获得，而必须走原创性创新的道路。另一方面，中国工业发展所达到的技术水平在一些领域已逼近世界工业技术前沿，属于发达国家也需要攀登的制高点，这些技术也许属于"可交易"的技术，甚至可以通过国际竞争来突破，但已不再是可给予性的，不妨称为"锦标性"技术，即将来的技术优势"鹿死谁手"，谁会成为技术优胜者将取决于国际科技和国际工业竞争。这样，工业技术创新活动的动力释放和工业技术创新能力的增强将成为中国工业化进程中的一个越来越重要的战略问题。因此，从21世纪初，中国就提出了要成为创新型国家；到进入21世纪第二个十年，进一步强调要将中国经济发展模式从资源和投资驱动转变为创新驱动。也可以说，中国工业化的技术进步路径将从以模仿为主，逐步转向原创创新为主。2016年5月19日，中共中央国务院印发公布了《国家创新驱动发展战略纲要》，提出了三步走目标：第一步，到2020年，中国要进入创新型国家行列；第二步，到2030年跻身创新型国家前列；第三步，到 2050 年建成世界科技创新强国，成为世界主要科学中心和创新高地。

中国工业技术进步或技术创新路径的上述演进过程体现了工业化基本的物质技术特征。工业化是一个科学发现和技术发明不断推动产业发展和大规模创造物质财富的过程。科学发明和技术进步不仅使工业生产工具和方式不断革新，而且使工业发展空间日益拓宽。每当现有的工业生产工具和方式被普遍采用，工业产品需求空间趋于饱和，即在现有技术层次上已有的工业部门已经成熟，增长动力减弱时，就产生了对新的技术革命的需要。必须以革命性的技术进步推动工业结构和产业体系升级，大幅度扩展产业空间。正如前述中国工业化的技术进步历史所展现的那样，世界各国工业化进程中，工业技术进步的来源大致分为两类：一类是原发性技术创新，即技术进步主要依靠本国的自创，表现为拥有大量的自主知识产权特别是核心技术；另一类是扩散性技术，即技术进步主要依靠对其他国家已有技术的模仿和学习，当然也可以购买，通常表现为拥有较少的自主知识产权，特别是不掌握产业的核心技术，但可以通过接受其他国家的产业技术来实现本国产业的增长。

当然，我们说"某某国家的技术"，其实是非常不严谨的。科学技术有其自身的发展规律和进步轨迹，并非可以国籍进行分类，甚至可以说"科技没有国界"，因为知识没有国籍，思想不可阻挡。因此，工业技术的国别划分其实是一种十分粗陋的认知模式，即以非常不严谨的概念来刻画极为复杂的现实。在各国的工业化过程中，任何国家都不可能完全依靠本国的原发性技术而不接受其他国家的技术扩散。中国经济是世界经济的组成部分，中国工业化是人类工业化进程的组成部分，中国工业化的技术进步也无疑要依靠上述两个来源。工业技术的主要载体是实体产业，而在当代，产业是以国界划分的，即可以认为组成产业的企业是有"国籍"的，"无国籍"企业即使存在也不是当代世界的主流。因此，工业技术进步同产业发展的全球布局及其演化密切相关。在中国工业化过程中，产业转移是推动技术进步的强大动力。迄今为止，中国大多数产业的"原创国"是西方发达国家（以及 20 世纪 50 年代的苏联），从这一意义上说，中国工业的技术来源主要是西方发达国家的产业技术扩散。也就是说，西方现代产业的转移和西方产业技术的扩散，是现阶段中国产业发展和产业技术进步的主要内容。尽管在产业转移和技术扩散的过程中，中国企业并不是完全被动，其中也包含着大量的技术创新活动，即消化、吸收、再创造，但承接发达国家的转移产业和吸收发达国家的已有技术确实是现阶段中国工业技术进步的基本途径。

发达工业国向发展中国家包括中国进行产业转移，并不是简单的产业空间移位。产业转移的技术依托是产业分解和产业融合（重组），即发达国家的企业通常是将生产流程的产业链进行分解，以生产分工的方式将一部分生产环节转移到发展中国家（具体的形式有直接投资、生产外包、设备供应、技术交易等），以实现国际生产再分工和资源再配置。同时，被分解的有关产业链环节又可以同发展中国家的产业链连接，实现产业融合和流程重组，以提高效率、降低成本、扩大生产规模，开拓更大的市场空间。所以，当中国以承接发达国家的产业转移的方式加快工业化进程的时候，也就日益深入地参与进全球产业分工体系，并对世界产业发展做出巨大的贡献。

一个国家在全球产业分工体系中的地位，决定了其技术进步路径和技术路线选择的基本特征。目前，中国经济虽然总体规模很大，但按人均水平计算，仍然属于中等收入的发展中国家，在国际产业竞争格局和国际产业分工的条件下，中国的人均收入水平和要素资源禀赋状况决定了在现阶段，中国在中低档产品生产以及在加工制造业的中低端生产环节上仍然具有优势，这不仅体现为成本价格优势，更体现为技术获得的可能性上。过去二三十年，中国制造的许多产业在进入国际市场中低档产品领域时几乎是"所向披靡"，在未来一个时期内，在工业制成品以及装备制造业市场的占有率上，中国工业仍然会保持份额上升的态势。

不过，中国工业不能长期处于低端产业、低附加值的国际分工地位，因为中国的收入水平显著提高，要素禀赋的国际比较格局也正在发生根本性变化。实际上，在国际竞争过程中，许多中国企业已经越来越感受到，随着传统产业和传统技术向中国的大量转移，市场饱和和利润摊薄是不可抗拒的趋势。要形成持续的竞争力并保持持续增长的势头，就必须在技术创新上有新的作为，即把产业发展的基点放在技术创新特别是发展具有自主知识产权以至拥有核心技术的基础之上。各类产业（无论是成熟产业还是新兴产业）都面临着必须加快实现技术升级的紧迫任务。中国工业化的进程已经走到了必须更多以原创性技术创新为持续动力的深度推进阶段。近年来可以看到，在中国特别是工业较发达的东部沿海地区，越来越多的产业正在出现逐渐向高层次、高技术价值链推进的趋势。中国产业的技术创新活动越来越活跃，这可以从专利申请量的增长看出来。据有关部门分析，目前中国已经跨入专利申请大国行列（见表5—1）。

表5—1　　　　国内外三种专利申请授权年度状况（1985—2014）　　　　单位：项

		发明	实用新型	外观设计	合计
合计	1985—2009	586643	1368634	1127257	3082534
	2010	135110	344472	335243	814825
	2011	172113	408110	380290	960513
	2012	217105	571175	466858	1255138
	2013	207688	692845	412467	1313000
	2014	233228	707883	361576	1302687
国内	1985—2009	256367	1357209	1030276	2643852
	2010	79767	342256	318597	740620
	2011	112347	405086	366428	883861
	2012	143847	566750	452629	1163226
	2013	143535	686208	398670	1228413
	2014	162680	699971	346751	1209402
国外	1985—2009	330276	11425	96981	438682
	2010	55343	2216	16646	74205
	2011	59766	3024	13862	76652
	2012	73258	4425	14229	91912
	2013	64153	6637	13797	84587
	2014	70548	7912	14825	93285

资料来源：国家知识产权局，备案文号：国统办函字〔2015〕83号，表号：专授表1。

◇二　高技术产业的地位和发展态势

20世纪80年代以来，中国工业发展主要体现为加工组装业的迅速增长，产业技术的进步首先表现为发达国家加工制造业技术向中国的大规模转移和扩散，使中国加工制造业生产能力迅速提高，产量大幅度增长。进入 21 世纪，中国装备制造业的发展也出现了许多非常积极的现象。装备工业被称为整个工业的母机，是一个国家现代化的基础和经济实力的集中表现。依托重大工程，大力振兴装备制造业，提高重大项目的国产化率，是一个突出现象。而同中国的特殊国情密切相关的一些产业，例如高速铁路、特高压远距离输电等，中国工业的技术水平已居世界领先地位。

香港南华早报网站 2015 年 12 月 8 日报道，亚洲开发银行公布的《2015 年亚洲经济一体化报告》称，中国在亚洲高科技产品（如医疗器械、飞机和电信设备）出口中占有率，已从 2000 年的 9.4% 上升到 2014 年的 43.7%。日本 2014 年占有率则从 2000 年的 25.5% 下滑至 7.7%。2014 年低科技产品占中国出口的 28%，而 2000 年占 41%，这也在一定程度上反映了中国工业技术水平的显著提高。

当然，统计上的技术创新和高技术产业增长同实际上的工业技术创新可能不尽相同，因为归于高技术产业的工业产品，既包括复合性工业品的高技术零部件，也包括一般技术水平的零部件。在中国工业化的进程中，产业快速增长和发展本身就表明广义的产业技术创新取得了显著的成就，但是，不可否认，严格意义（狭义）的技术创新（以自主原创性技术创新为主的技术进步）的不足却是中国产业技术进步在短期内难以根本解决的问题，需要有持续的耐心再奋斗数十年才可能解决。

在工业化进程中，逐步实现向高层次、高技术的产业价值链的推进和升级，不仅是产业发展和市场空间拓展的需要，也是世界经济秩序的利益格局特征使然。因为，在现行世界经济体系中，高技术产业的高附加值利益将得到不断强化：传统技术和传统产业的规模竞争和利润摊薄，使得其附加价值和利润率趋向降低；而高技术产业的高增长和高附加值（以及垄断利润）倾向则将长期保持。也就是说，发展高技术产业就有可能获得更大的经济利益。因为，一般来说，传统产业具有的竞争态势是："你会我也会，只是我的成本比较低，所以可以更低的价格占据份额优势。"而高技术产业的竞争态势却是："我会你不会，所以我可以高价格高附加值保持盈利优势。"

进入 21 世纪，全球产业竞争更为激烈，从主要表现为价格竞争、规模竞争，转向更大程度上的技术竞争、创新竞争，即从以价格争市场、以规模求增长，转向以技术求生存、以创新求发展的方向。直到 21 世纪第二个十年开始的年代，中国在参与国际竞争中还主要依靠以价格争市场、以规模求增长的竞争方式来实现产业发展和市场扩张，成为经济规模仅次于美国的第二大经济体。而从那时起，由于一系列新现象和新矛盾的凸显，中国开始越来越清晰地认识到，如果长期停留于这样的产业发展阶段，不仅将难以实现新的飞跃，而且将导致产业升级受阻，甚至可能对国民经济产生严重的不利后果，陷入"中等收入陷阱"。

由于当代的主要产业技术都产生于西方发达国家，大多数产业的技术特征和生产技术路线都会带有其所产生的那个经济社会条件的烙印，例如，在发达国家劳动力价格较高的经济社会条件下，工业技术倾向于更节约人力而更多使用资本，即以资本替代劳动。而中国的国情则是，众多的劳动资源必然要求产业技术在总体上具有吸纳更多劳动力的性质，即以劳动替代资本，同时又不失其经济效率；而且由于劳动力素质的提高须经一定的过程，所以高技术工业对传统工业技术的替代也得适应现实的人力素质状况。因此，在相当长的一个工业化时期，适应中国国情的产业技术和产业体系将是多层次的技术，既有引自西方发达国家的先进技术，也有符合当前中国经济资源条件的传统适用技术，更有体现新工业革命方向的高新技术。这意味着，在这样的工业技术基础上，面对多层次的消费群体，中国工业品也必然是多档次的。例如，既需要生产几十万元甚至上百万元的高档轿车，也需要生产十几万至二三十万元的中档轿车，同时，几万元甚至四五万元的经济型轿车也有非常大的市场；而发展新能源汽车也将有很大的空间。总之，中国工业必然表现出"多元化、多技术、多层次"并全方位提升素质的显著特征。

在这样的经济社会条件下发展高技术产业，一方面，比较利益格局形成了使资源配置向传统产业倾斜的压力，即从近期看，将资源投向传统产业往往更具有经济有利性；另一方面，中国高技术产业的发展也可以获得从传统产业转移过来的竞争优势。在许多地区都可以看到，中国许多高技术产业的发展都是从其中的加工制造及组装环节起步的，而在这些生产环节上，中国在高技术产业中具有同传统产业类似的比较优势。例如，中国电子计算机产业的发展就是从生产技术含量低的外围零部件生产开始，然后进入组装环节，进而逐步向技术含量高的零部件生产环节扩展，并且从台式电脑向移动电脑发展。所以，在中国现阶段的工业化进程中，一方面，需要发展高技术产业以拓展产业空间和提升产业结构，在这一过程中，高技术产业链的分解以及各产业间的融合使中国工业在整体技术水平不高和工业素质较低的条件下也能在高技术产业领域中获得很大的发展空间；另一方面，必须实现高技术同传统产业的结合，将高科技注入传统产业，以提高传统产业的竞争力，使得高技术的运用成为推动传统产业发展的重要力量。当然，更重要的是，中国将集聚越来越强的科技实力和工业生产的综合配套能力，形成对高技术产业更为有利的孵化环境的成长条件。数十年来所形成的强大工业制造能力，使中国工业技术进步的条件具有制造能力和研发机构可近距离结合的特点，所以更有望成为真正的创新型国家和高技术产业发展的优势国。

除了面临大多数国家工业化进程所面临的共同问题之外，中国工业化过程中还有一系列新问题和突出矛盾需要解决，这对中国的高技术发展提出了一系列新课题，也使高技术产业发展在中国拥有更大的需求空间。例如，中国巨大的人口数量和经济密集度决定了绝不可以重走发达国家工业化走过的高污染道路，已经被严重污染了的地球无法再承受13亿人口的环境破坏行为。但是，在技术水平低下的情况下，低污染往往是同低成本、低价格相矛盾的。环境保护的高标准在短期内会影响工业品的市场竞争力，但从长期看，以高污染为代价的低成本、低价格是不可能持续的，而且是没有出路和得不偿失的。这就对中国产业发展提出了技术创新和技术进步的迫切要求，并形成对发展高技术产业的巨大需求和紧迫性。

当然，中国的特殊国情也为高技术产业提供了许多优越条件。例如，中国巨大的市场空间，使得高技术产业发展所需要的高投入可以有巨大的消化空间。由于高技术研究、开发和产业化需要投入巨额资金，必须要有相应的经济回报，才能实现高技术投入的良性循环和高技术产业的经济合理性，只有充分大的市场空间才能消化高技术研究开发的巨大投资成本。很显然，中国在这方面具有非常巨大的优势。大多数高技术产业的发展是由市场机制进行资源配置的，中国巨大的市场空间具有吸纳企业研究开发资金的强烈吸引力，面向中国市场的高技术研究开发投入有可能获得可观的经济回报。因此，中国不仅能够成为扩张制造能力的巨大投资场所，也会成为研究开发活动的巨大投资场所。

　　高技术的发明和发展是科学进步的产物，而在市场经济制度下，高技术的产业化主要由企业来实现。一般来说，由企业以商业资金实现的高技术产业，可以有效地保证市场竞争力的提升和研发—产业化过程的可持续良性循环。在高技术产业的发展过程中，大、中、小型企业各有优势。鼓励大、中、小型企业在不同的产业价值链环节上实现更能体现各自优势的高技术研发和运用，可以最有效地实现高技术产业的市场效率，包括正确的项目选择和达到其经济性目标。基于庞大的工业制造体系的国情，中国发展高技术产业不仅仅是为了实现高技术产业自身的发展，而且要有助于普遍地提高各类产业的技术水平，提高产业的整体素质和国际竞争力。所以，形成企业技术进步特别是发展高技术、投资高技术产业的市场竞争秩序，激发开发和运用高技术普遍的积极性，比由政府单纯地进行高技术项目选择意义更大。国家重视高技术发展是非常重要的，但重要的事情并不等于国家就要直接投资，也不等于国家直接进行项目选择。由企业根据市场状况进行项目选择，承担开发风险，是保证项目选择较高成功率的正确道路。在这方面，中国高技术产业发展既有成功经验，也有失误的教训，曾经为此付出了很大的代价。例如，光伏产业是一个有前途的高技术产业，但是，由于政府不适当的直接干预，以"优惠"政策和财政援助，揠苗助长，反而导致了严重的产能过剩和企业经营陷入严重的财务困境。

　　中国产业所具有的多元化、多技术、多层次性质，使得各类高技术产业发展也具有不同的现实路径。其中，有的是"水到渠成"，也有的是"开渠引水"。前者的特征是，随着产业自身的发展轨迹，特别是在西方先进技术转移扩散、中国企业承接先进技术的过程中，形成中国的高技术产业，一般来说，"水到渠成"是经济有效性所主导的；而后者即"开渠引水"的产业发展路径，则是由技术先进性所主导的，其特征是通过高投入的技术研发形成具有未来前景的独特技术源泉，然后将其推广到产业领域，实现规模化和经济有效性目标。有些高技术项目的开发和产业化，必须具备相应的经济条件，只有"水到"才能"渠成"，而不能"揠苗助长"；而有些高技术项目的开发和产业化，则必须集中力量"开渠"，才能实现"引水"，否则就可能丧失发展机会。中国大多数高技术的研发运用特别是高技术产业的发展（例如电子、通信产业）是沿着"水到渠成"的道路发展起来的，"揠苗助长"只会导致很大的决策失误和经济损失；但也有一些产业（例如航空航天产业）是通过"开渠引水"的道路发展起来的，充分发挥了中国特殊政治经济体制可以"集中力量办大事"的突出优势。简单地说，"水到渠成"是产业发展引致技术进步的过程，而"开渠引水"则是原创技术的开发推动产业发展的过程，这两条道路对于中国高技术产业发展都具有重要的意义。

与上述两种发展路径的选择相关的是，中国高技术产业发展往往遇到决策过程的体制问题。例如，高技术研究项目的选择应是竞争性的，而不能单靠对其是否"重要"的理解和政府领导人的"重视"程度来进行科研项目的决策。有些高技术产业的发展往往是以"强调重要—引起重视—政府决策—国家投资"的思维模式和科技资源配置方式来决定，而未能处理好"政府选择""专家选择"与"市场选择"的关系，因而导致决策失去科学性。一般来说，政府选择适用于少数特别重大的项目，专家选择适用于技术前瞻性非常强的项目，市场选择适用于大多数具有产业化条件的项目。专家选择、政府选择、市场选择，本身并无优劣之别，而是一个不同的适用范围问题。一般来说，市场选择最能体现经济效率，专家选择可以反映科学方向，政府选择更多地体现非经济目标（通常为了达到重大政治目标）。

高技术研发和高技术产业发展决策往往涉及不同性质的资金投入和资源配置问题。政府财政资金及其他非商业资金应主要用于科学研究和产业前端技术的研究，而且，政府资金的投入和政府参与项目选择不应破坏公平竞争秩序。而由企业投入的商业资金应成为高技术产业化的主体资金。无论是传统技术还是高新技术，以竞争求发展是根本的道路，企业商业资金的运用通常具有更高的效率和更有效的竞争性。因此，国家高技术发展政策的重要内容之一是构造高技术运用和高技术产业发展过程中的公平竞争秩序，这是中国发展高技术产业所涉及的体制改革的基本方向。当然，也不否认一些特殊产业和特殊项目，尤其是关系国家安全的战略性高技术产业，需要国家直接参与决策，但也必须建立科学的决策程序和相关制度，避免决策失误、资源错配和腐败现象。

任何国家的高技术开发研究都是在一定的国际分工和资源配置格局中实现的，总是有所为、有所不为。一般来说，高技术产业的生存和发展，必须具备先进性和经济性两个基本条件。不具先进性就没有前途，而不具备经济性就缺乏效率，同样没有前途。在高技术研究的前端，要有决策的前瞻性，通常更注重技术的先进性；而在高技术产业化过程中，则要决策的可行性，通常更注重项目的经济性。如前所述，由于政府、专家和企业在高技术产业发展中的职能差异，前者通常更倾向于考虑高技术的前瞻性和先进性，而后者更倾向于考虑高技术的可行性和经济性。这也是中国发展高技术产业过程中常常遇到的需要正确把握的现实问题。

◈三 对外开放条件下的技术进步

中国实现产业技术创新的一个突出特点是实行对外开放政策，外商投资企业发挥了非常重要的促进作用，同时也产生了许多值得重视的问题。中国从 20 世纪 70 年代以前的对外封闭，转向 80 年代以后的不断扩大对外开放，经历了一段十分独特的大转变历史，伴随着激烈复杂的政治变革过程。从 20 世纪 70 年代末确立了对外开放政策，中国就一直没有动摇过。同经济发展处于相当水平的其他国家相比，中国的对外开放是相当激进的。由于实行了高度开放的工业化政策，从"国际贸易导向"的国际分工方式（即主要通过商品的国际交换实现的国际产业分工），向"国际投资导向"的国际分工方式（即更大程度上通过资本的国际流动实现的国际产业分工）发展，比较优势的经济实质发生了根本性变化。从经济实质看，中国全方位地参与国际分工体系，大规模引进外资，实际上就是允许和鼓励国际资本和跨国公司大规模地在中国"采购"劳动、土地等廉价资源，直接享用中国的资源优势，并在中国市场展开"世界大战"。由于存在巨大的市场潜力和商业机会，中国成为跨国公司绝对不可不进入的"战场"，在一定意义上甚至可以说，不到中国"参战"的公司称不上是世界级企业。由于外国企业的大量进入，在中国市场上形成了中中、中外、外外之间的立体交叉竞争格局，即中国企业同中国企业的竞争、中国企业同外国企业的竞争、外国企业同外国企业的竞争，构成了中国制造业市场竞争的独特画面。而中国决策者的意图是，希望通过开放市场，更快地获得先进技术，这被称为"以市场换技术"。而这一政策意图是否如愿以偿，成为颇具争议的问题。

外国跨国公司进入中国，而且往往能够享受到特殊政策的优惠，享受"超国民待遇"，越来越多和越来越便利地获取中国市场的资源优势，显著地增强了其自身的竞争力。有些案例甚至显示，某些原先已走向业务衰落的国外公司，在中国市场上实现了重振。从这一意义上说，中国市场的全方位开放，特别是投资领域的大幅度开放和巨大销售市场的开放，"哺育"了全世界的跨国公司，使之成为规模扩张更快、经济实力更大、国际竞争力更强的超级经济实体。当然，在这一过程中，中国企业也在激烈的竞争中成长起来，力争通过国际合作和国际竞争，逐步提高在全球产业价值链上的地位，实现产业升级，并且发展出了一批拥有较先进技术和民族品牌的本国企业，有的中国公司已成功地进入世界市场。在这样的国际经济条件下，深度参与国际竞争和国际合作成为中国工业化的重要技术来源之一和实现技术创新的重要途径之一。尤其是对于全球化产业，中国企业同外国企业的战略性合作，参与跨国生产和跨国经营的全球体系，加速了先进技术在中国的扩散，也促进了中国产业技术的加速进步，使中国有可能用几十年的时间走过发达国家几百年才走完的工业化路程。

在利用国际技术资源促进中国产业技术进步，特别是通过企业合资合作实现技术进步的过程中，常常遇到的一个问题是，如何在传统技术或传统产业和高技术或高技术产业之间进行合理选择。工业化进程中所要实现的最重要目标之一就是提高产业和企业的国际竞争力。那么，选择怎样的技术和采取怎样的技术创新路线最有利于中国产业和企业增强国际竞争力呢？在大多数情况下，最有发言权的是参与国际竞争的企业。特别是，现代产业分工的深化，使得各个产业都已高度分解，"传统产业"中也有许多高技术的环节，并分解为含有高技术因素的"次产业"；高新技术产业中也有不少一般技术环节，也可以分解出许多一般性技术的"次产业"（例如高技术的电脑产业可以分解出机壳、键盘、鼠标等的生产环节和"次产业"），所以，什么是传统产业，什么是高技术产业，在现实经济活动中并无绝对的界限，在各个产业的各个生产环节以及产业分解所形成的各个"次产业"中，都有技术创新的空间。产业的高度分解和分工，形成了跨国生产和跨国经营的物质技术基础，鼓励中国企业进入跨国生产和跨国经营的全球体系，就有可能进入产业技术进步的巨大创新空间。在这一技术创新空间中，中国企业一定能找到实现技术创新的可行路径，包括引进技术、学习技术、购买技术，以及形成具有自主知识产权的技术。

一般来说，对本国企业和国外企业同样开放市场，实行相同的国民待遇原则，是遵守 WTO 规则的总体要求，但是这绝不意味着，民族国家的政府对本国企业和外国企业没有或不可以有任何利益倾向。世界上没有哪个国家的政府不会比关注外国企业更多地关注本国企业的发展，甚至可以说，忽视本国企业发展和利益的政府是不能存在的（因为政府归根到底代表的是本国国民的利益）。而关注本国企业的技术进步和技术创新状况，支持本国企业的技术研发，是政府最重要的经济职能之一。即使是在原则上必须维护所有类型企业之间的公平竞争，也绝不意味着政府对本国企业的技术进步的关注是同对外国企业完全"一视同仁""不偏不倚"的。从根本上说，政府对本国企业的技术进步和技术创新负有国家责任，一国企业在总体上的技术进步状况在很大程度上反映了政府经济政策的成功与否。当然，在开放经济的条件下，政府对本国企业的关注包括对本国企业技术进步的关注和支持，又绝不能变为政府直接参与和包办企业的技术研究和开发活动，或者在政策上不合理地偏向本国企业，实行歧视性的产业技术政策，以至破坏市场竞争的公平秩序。实际上，这同样也将削弱本国企业自主技术创新的动力和压力，使之成为坐享其成的技术"消费者"，而不是技术创新者，最终还是"扶不起的阿斗"，永远没有能力同外国企业进行有力的技术创新竞争。总之，国家如何有效地实行支持本国企业技术进步和技术创新的措施，既能起到充分利用对外开放促进产业技术进步的积极作用，又必须避免或减少因破坏公平竞争秩序而对本国产业技术进步造成的抑制性影响，以推动本国产业的技术创新和技术进步，增强民族产业的国际竞争力，特别是其中的技术竞争力因素，这是中国工业化进程中的一个不易把握的重大战略和政策问题。

随着中国产业技术水平的显著提高，以自主知识产权为基础的产业技术变得越来越重要。一味的技术模仿和长期放弃技术控制，即使可能获得短期的经济利益，但从长期来看，也将丧失技术创新的能力。特别是重要的战略产业和核心技术，实际上很难从国际转移中直接获得。对于这样的战略产业和核心技术，必须树立进行自主研发的决心，加大投入，优化技术研发投入的资源有效配置，积聚力量，冲击产业技术的制高点。为此，在中国工业化进程中，国家制定过多种经济发展和产业发展规划，以及科技发展规划，2014 年还颁布了《中国制造 2025》发展规划，力争用三个 10 年的时间，到 21 世纪中叶进入世界制造强国第一方阵的前列，即成为世界最先进的工业化强国之一。

中国经济的巨大市场空间加之对外开放为中国企业开拓了广阔的国际市场，使得许多中国工业企业往往更倾向于进行扩大生产规模的投资，快速占据更大的市场份额，以获取近期的经济回报。中国工业发展在一定时期内突出地表现为"平推式"增长的特点，即在相同水平的技术层面上向市场"开阔地"推进，实际上就是最大限度地扩张中低端技术和产业领域。而对于具有重大意义的技术创新项目，即产业技术高地，则趋于谨慎，往往是绕道而行，寻求低标准替代的"捷径"，民间称之为"山寨"产品。特别是当一些产业高增长、市场需求快速膨胀时，企业追求扩大生产能力的欲望非常强烈，往往忽视技术创新，甚至更倾向于以低技术、低成本的生产设备和生产方式（而且往往以牺牲环保和大量消耗资源为代价）迅速扩大产量，占领市场空间，获取最大的短期经济收益。

在扩展产能、大规模占据国内外市场的争夺战中，企业之间的竞争行为往往过于简单，总是在相同的领域中以低价格策略进行同类竞争，缺乏市场细分意识，而且技术模仿意识强烈，企业之间的竞争不是差异化超越，而是同类企业间以价格竞争为主要手段的"血拼"，使得技术创新活动局限于狭小的空间。激烈的竞争虽然在一定程度上也能促进技术进步，但技术路线雷同，创新意识不强，这不仅有损于本国企业竞争者的整体利益，而且常常在国际贸易中遭遇其他国家的反倾销调查，并往往败诉而被排除出国际市场。

在对外开放中，设立经济特区和各种高新技术产业开发区，是吸引外资和国外先进技术的一项被广泛实行的政策。各地竞相制定优惠政策，力图以各种"让利"和"补贴"及提供低价格资源特别是土地的方式，吸引投资项目。同时，一些企业的技术创新项目对投资的依赖性过强，使得技术创新活动在更大程度上成为争取投资资金和"优惠政策"的行为。企业在寻求优惠政策和争取政府融资支持上的热情和精力投入往往高于对技术创新本身的积极性，甚至演变为资本市场和信贷市场上的"圈钱"行为，似乎争取到投资资金或者信贷资金本身就是"成功"，最常见的表现就是为股票能在国内或国外证券交易所公开上市而欢欣鼓舞，为获得贷款而兴高采烈。股票上市（或增资扩股）或者获得贷款成为目的，而技术创新反倒成为说给投资人和信贷机构（银行）听的"故事"，这可能使得投资人和信贷机构对企业声称的"技术创新"缺乏信任和信心，反而破坏了企业技术创新的融资条件，真有技术创新项目需要资金投入时反而得不到及时的资金支持。所以，尽管从统计数据看，中国的储蓄率畸高（这表明国内投资资源充足）、货币发行量增长很快、吸引外资不少，但"融资难"仍然是企业技术创新过程中的一个长期未能解决的问题。

以上现象和问题的存在，大都具有深刻性和长期性，冰冻三尺非一日之寒，需要企业、社会、政府共同努力来逐步解决。同时，也可以看到，随着社会主义市场经济体制的不断完善和经济发展水平的提高，中国企业的技术创新正在走向更健康的道路，上述现象和问题的解决具有良好的前景。特别是改革开放以来，中国工业的技术水平有了很大的提高，技术创新能力也不断增强。企业作为市场竞争主体的地位已经确立，技术创新的动力机制逐步形成，因此，中国工业的技术创新总体上表现出比较良好的势头。中国工业的总体技术水平同国际先进水平的差距逐步缩小，中国经济发展的内在机制正在实现从资源和投资驱动型向创新驱动模式的转变。

◇四　产业技术创新中的国有企业

中国经济的一个突出特点是，国有企业占有很大的比重。由于国有企业所具有的各种特殊性，国有企业是否有助于技术创新一直是一个有很大争议的问题，对是否能够期望依靠国有企业使中国经济走上创新驱动的道路更是见仁见智。

关于国有企业与技术创新的关系不能泛泛而论，必须将分析对象置于现实之中。现实中的企业是高度多样化的，尽管可以分类为"国有企业""民营企业"，或采用其他标准加以分类，但都不可能同现实中的企业状况严格对应。任何企业分类都具有主观性。

仅就"国有企业"这个群体而言，对于它的数量和结构状况的判断，也取决于所设定的统计口径和方式。按现有的统计资料，中国现有15.5万家国有企业。这个数字是指法人单位数还是合并报表的单位数？其"国有"的统计口径如何确定？例如国有资本占多少股份算是"国有企业"？上市公司是否还算"国有企业"或"国有控股企业"？所谓国有股份是否包括拥有国有股的法人单位的持股部分？即使国有股份不是绝对控股份额，但如果处于相对控股地位，如何确定其性质？是否按照"实际控制人"来界定？总之，目前中国的国有企业群体状况非常复杂，讨论国有企业的任何问题都不能一概而论。

另一方面，各类企业的技术创新情况也是多种多样、千差万别的。尤其是中国经济发展阶段和基本国情决定了各个产业和各类企业都有很大的技术创新空间，其创新方式各有特点，所涉及的领域和产业环节是全方位的。其中，有的是"连续性创新"，有的是"破坏性创新"或"颠覆性创新"。而且，"创新"与"模仿""学习"等技术进步行为也未必能绝对区分开来。各个产业、各个企业在不同的发展时期、处于不同的市场地位、面对不同的挑战和机遇时，会采取不同的技术创新路线。

认识企业群体的复杂性和技术创新的多样性及全方位性，对于研究国有企业同技术创新的关系是至关重要的。因为，不同的企业适应不同的技术创新，多样性全方位的产业技术创新需要各种类型的企业来实现。在这里，我们主要讨论典型国有企业的技术创新问题。所谓典型国有企业是指国家为实现某种重要目的而投资设立，规定了特定的经营领域，由国家选定的企业管理者经营，其行为还要受除法律法规之外的其他特殊法规（或政策）调节的营利性组织。实际上，正是这类国有企业同技术创新的关系受到了国家和社会的特别关注。

许多人认为国有企业存在不太有利于技术创新的弱点，大致有这么几个理由：第一，国有企业缺乏创新动力。因为国有企业由国家投资设立，是没有企业家的企业（由政府替代企业家功能），而创新是企业家的功能。相反，民营企业是企业家设立的企业，没有创新就不称其为企业，所以，国有企业天然不具有民营企业那样强烈的创新动力。第二，国有企业往往有垄断性，有特殊的任务、特殊的经营领域。既然可以享垄断之利，何须费力创新。第三，国有企业的决策由企业高管主导，国家对企业高管进行业绩考核。国企高管的行为通常倾向于规避风险，因为国家对国企经营中的"失败"比"成功"更敏感，而且通常是"功不抵过"，不能容忍"拿纳税人的钱去赌未来风险"。

如此说来，难道在技术创新上国企就没有任何优势了吗？其实也不尽然。理论上说，各类企业都是既有优点也有弱点，凡现存的企业制度必有其存在的合理性，也有一定的局限性，没有十全十美的企业制度。国企在技术创新上是有其优点的，这至少包括：第一，国企聚集资源的能力通常比民营企业强，融资条件往往比民营企业有利。例如，银行通常更放心给国企贷款，特别是经济形势不好的时候更加如此。第二，国企有国家信誉做背书，尽管也实行有限责任制度，但破产的可能性很小，如果发生重大困难，解救的方式显然强于民营企业。第三，国企通常有跟政府对话的特殊渠道，也有获得政府特许的更多机会。正因为国企有一般企业不具有的优势，所以几乎所有的国家都存在国有企业。

如前所述，由于现实经济中所面临的技术创新任务是全方位、多种类的。不同的技术创新适合于不同类型的企业。例如，可将技术创新分为两类：一类是技术路线基本明确的，另一类是技术路线具有很高不确定性的。第一类技术创新的成功主要取决于投入强度，包括资金和人力资源等，比如高铁、大型飞机、航天航空等，技术路线基本明确。国有企业具有聚集资源的优势，也有人才和组织优势，在这类技术创新上大有用武之地，可以集中力量实现创新突破。中国工业发展的现实成就中这类情况多处可见，并非个别。

对于第二类技术创新，由于技术路线不明确，有很大风险性和前景不确定性，难以进行成功概率较高的投资决策和技术路线选择，因此如果进行这类技术创新，国家对国企高管业绩的考核就难以把握标准，国企可能不具优势。其实不仅是国企，大型民营企业也往往缺乏这方面的优势，中小企业却通常具有高风险投资的优势。在美欧等发达国家，这类技术创新往往是中小企业率先突破，然后才有大企业大规模进入，或者是小企业在技术创新中获得成功而成长为大企业。

总之，站在中国实际国情的角度来看，既不能否定国企的优点也不能否认其弱点。各类企业各有各的用处。在技术创新中，国有企业和民营企业可各居其位，优势互补，相辅相成。

国有企业技术创新不仅仅局限于商业目标，其还具有公共价值。国有企业的特殊性质决定其不仅具有营利性组织的一般职能，而且具有实现国家意志的特殊职能。在技术创新上，国企要体现国家科技创新战略的总体意图，要肩负国家的使命，整个行业要因为国企的存在和表现而具有更强的技术创新能力和成就，整个国家、各个行业的技术创新也要因为国企的存在而更具有创新能力。

例如，各产业的技术创新需要很多基础性的、共用性的技术，这是中国产业技术进步中一个很大的薄弱环节。基础性、共用性的技术进步具有相当程度的公共品性质，可以成为其他技术创新的支撑，从而决定了国家整体的产业技术水平和技术创新前景。在这方面国有企业大有用武之地，也有显著的竞争优势。再如，有很多连续性的技术创新，包括工艺技术创新，国有企业也有一定优势。因为在中国，民营企业只有二三十年的历史，大都缺乏技术积淀，而国企的历史长、技术实力强、实验设施较完备，产业专注性也比民营企业高。所以，在累积性的技术创新上，国企具有现实的优势条件。这类技术创新的技术路线选择风险性（不确定性）也较小，基本属于前述的第一类技术创新，国有企业可以有优势。

再有，中国具有独特的国情，面临许多其他国家所没有的特殊经济社会现象和挑战，因此中国必须通过技术创新来解决特殊国情下的许多特殊问题，这往往需要国有企业来承担。例如，中国人口众多，地区之间的经济不平衡导致交通运输业务的季节性很不均衡（例如春运），对交通运输设施提出了许多特殊需求，满足这样的需求成为国家的战略性问题，这就需要国有企业来实现，例如高速铁路建设就是一个突出的例子。

总之，国有企业的技术创新具有明显的公共价值和国家使命性，这不仅基于国企的特殊性质，而且缘于中国的特殊国情。有些技术创新在其他国家可以由民营企业完成，在中国却由于缺乏可担此任的民营企业而只能由国企来承担。此外，由于现有经济体制尚不完善，在现实中还缺乏有效的机制将资源及时配置给民营企业，有些技术创新具有国家竞争性质（例如关系国家安全的技术突破），因而不得不让国企率先进入若干重大技术创新领域，"杀出一条路"或"打开一道口"，就如同当年进军核工业、航空航天等领域那样。

尽管国有企业是特殊企业，是中国企业群体中举足轻重的部分，负有实现若干重大技术创新的特殊使命，可以在工业化的技术创新中发挥特殊作用，但是，国有企业技术创新也应体现公平竞争，也要遵循公平竞争的一般规律。归根到底，公平竞争是促进技术创新最有效的机制。

国有企业的市场地位往往具有一定的垄断性，所以，除了那些直接体现了国家间竞争的特殊行业之外，大多数行业中的国有企业均要通过减少垄断性的改革，来激发其技术创新的动力机制。特别是要弱化行政性的科技资源配置方式，使国企在公平竞争中形成持续的技术创新机制。

对国有企业技术创新贡献的评价不仅要看其自身的技术进步状况，还要看其对整个行业以至整个国家技术进步的影响。国企技术创新一方面应体现在其所承担的创新职能上，另一方面也要防止其对其他企业技术创新的"挤出效应"。国企技术创新的目标主要不是"击败竞争对手"，而是夯实国家的技术创新基础，促进全方位的产业技术创新。这就要有公平竞争的"国企胸怀"，尤其是在国企占据了很大份额而具有垄断性的产业，应有主动减弱"市场势力"，促进形成公平竞争市场格局的社会责任心和全局意识。

国有企业还要做好参与国际竞争的准备。当前，国际贸易和国际投资的竞争规则正在发生很大的变化，许多竞争规则将超越WTO原则。这对国有企业在经济全球化条件下参与国际竞争，尤其是高技术领域的国际竞争产生了一系列新的挑战。因此，国企在实现其技术创新战略目标时，也必须适应国际竞争的公平性规则，例如"竞争中立"原则。

◇◇五　在不断创新中构建现代产业体系

工业的本性决定了其历来具有自发推动革命性转变的特点，即在连续发展一定时间后发生突变性演化进程，在新的科学发现和技术发明的基础上，整个工业技术性质特征和工业结构随即发生巨大变化，称为"工业革命"，实际上就是传统工业技术发展到巅峰阶段，新的工业技术被全面采用，成为经济增长新的动力以及国民经济新的主导产业和支柱产业。在中国工业化进程中，人们常常发问：我们当前是否处于又一次新工业革命变革的历史关头？传统工业发展到今天，是否还有前途？到了21世纪第二个十年，当出现一些产业较严重的产能过剩现象时，人们开始怀疑：中国越来越多的工业部门或者工业制造环节将成为"夕阳产业"而不得不转移到其他国家，而中国的产业体系将走向"去工业化"的方向吗？一些发达工业国家曾经就是这样认为的，即当建立了发达的工业体系，产业结构向后工业化时代转型时，一些人就认为，后工业化时期具有工业逐渐萎缩、服务业在国民经济中占据绝大部分比重的产业结构特征。但是，这些发达国家也始终有一种忧虑，即工业特别是制造业的萎缩是否会导致国家产业竞争力的衰弱，出现"产业空洞化"现象？在2008年爆发的国际金融危机中，美国"再工业化"和"重振制造业"的呼声再次强烈，并且成为政府经济政策的重要战略意向。它们的教训是否值得中国汲取？中国工业已经发展到一些工业部门成为"夕阳产业"的阶段了吗？当建立了庞大而完整的工业经济体系后，下一步的方向是放弃工业（去工业化）还是继续发展新兴工业？

所有的统计数据和可以观察到的经济现象都表明，就全国而言，目前，中国工业没有"夕阳产业"，从最传统的工业部门到先进制造业的各个部门，所有的工业部门在中国仍然有很大的发展空间。在以现价计算的三次产业结构中服务业的比重已经上升。当然，由于土地资源稀缺和要素价格上升等原因，有些地区可能已经没有一般加工制造业的扩张空间，必须"腾笼换鸟"。但是，这些制造业却正是其他地区极为需要和欢迎的产业。例如，作为代工企业的富士康，在深圳地区没有进一步发展的空间，却受到中西部地区的极大欢迎，在四川、重庆、河南等地投资建立了更大规模的生产基地。可见，现在谈论中国的"夕阳产业"、制造业向其他国家大规模转移，还为期过早。所以，中国工业转型升级的意义绝不在于"放弃"，而是在于"强化"。向更加发达的工业体系发展，使各工业部门（包括传统产业和高技术产业）都进入世界先进水平，是中国工业体系变革的迫切要务。

放弃工业意味着放弃技术创新的产业载体和工业技术路线极点延伸的前景，中国最发达的地区也不应放弃工业作为，而是应该成为高技术产业和先进装备制造业的增长极。所以，当传统工业发展到发达水平，市场需求扩张空间有限，特别是当经济增长缺乏新的主导和支柱产业时，发展战略性新兴产业就成为尤其重要的任务。这实际上是各个发达国家也正在面临的难题。当工业扩张到较大规模，工业制造成为高度发达的产业，必然进入现代服务业加快发展的阶段。但即使那样，作为一个大国，也不能走上"去制造业"的道路。先进制造业是一个大国永远不能消亡也不该衰落的产业，放弃制造业就将失去技术创新的载体，必然会导致整个国家失去竞争力。

中国从 21 世纪开始就提出了建立现代产业体系的任务。向现代产业体系转型升级，绝不是简单放弃传统工业而另搞一个新产业飞地，即使是发生新工业革命和颠覆性技术创新，工业化进程也必然保持一定的连续性。在现阶段，中国发展现代产业体系实质上是要在基本完成初期工业化之后，建立向工业化中后期推进所要求的更先进和发达的产业体系，其中，传统工业的各个部门都有很大的技术升级空间。当然，进入工业化后期，中国工业发展和产业体系演化的技术路线也必须适时转换。中国工业转型升级既有连续性，也有非连续性。连续性主要体现为工业化将继续以中高速的态势推进，各工业部门将实现全面技术升级；非连续性则主要表现为将走向新型工业化的道路，并寻求重大核心技术创新基础上的工业技术路线优化，以致产生新的产业发展领域。所以，所谓建立现代产业体系，也就是走新型工业化道路，形成体现新型工业化性质的产业体系。这突出地表现在以下几个方面。

第一，实施资源战略的重大调整。（1）能源战略。实现能源生产结构和消费结构的调整，即推动能源生产和利用方式变革，构建安全、稳定、经济、清洁的现代能源产业体系。一方面在确保能源安全供应的基础上推进传统能源清洁高效利用；另一方面加快新能源开发，逐步推进可再生清洁能源对化石能源的替代。（2）土地和矿物资源战略。更有效和有节制地发挥"土地是财富之母"的作用，做到土地资源的科学规划、集约开发、兼顾各方、合理利用。同时，更科学和合理地开发利用战略性矿物资源，使现代产业体系具有长期稳固的物质资源基础。（3）发展海洋经济，为工业化拓展更广阔的地理空间和资源条件。坚持陆海统筹，制定和实施海洋发展战略，提高海洋开发、控制、综合管理能力。科学规划和合理开发利用海洋资源，发展海洋油气、运输、渔业等产业，保护海岛、海岸带和海洋生态环境。保障海上通道安全，维护海洋权益。

第二，形成更加合理的三次产业结构并实现三次产业之间的有效互动。（1）提升和优化工业特别是制造业结构。加强制造业的集约化、清洁化和精致化程度，并且形成大、中、小型制造业企业有效竞争、分工和合作的产业组织结构。（2）加快发展服务业，包括生产性服务业和生活性服务业。在建立发达制造业的基础上，逐步提高服务业在三次产业中的比重，提高现代服务业在整个服务业中的比重，提高生产性服务业在现代服务业中的比重。推动特大城市形成以服务经济为主要构成，以高端制造业特别是高端制造业的核心技术创新实体为精髓的产业结构。（3）形成一、二、三次产业之间的合理分工和有效互动。第一产业是第二、第三产业发展的重要物质基础，而且第一产业的现代化也是第二、第三产业现代化的前提；第二产业要为第一、第三产业提供技术支持，同时也是第一、第三产业市场需求的重要来源之一；第三产业不仅是第一、第二产业的基础条件，而且要为第一、第二产业提供高效率的综合运输体系和信息传送系统，更要为第一、第二产业的高效化、品牌化和延伸化提供必要的支持条件。

第三，培育发展战略性新兴产业。重点培育发展新一代信息技术、节能环保、新能源、生物、高端装备制造、新材料、新能源汽车等产业，加快形成先导性、支柱性产业，拓展产业发展的更大空间和更广阔前景。目前，不仅中国这样的新兴工业化国家需要培育发展战略性新兴产业，而且美国等发达国家也迫切需要发展新兴产业。可以说，全世界都在盼望着一个关系到能否实现持续经济增长的最关键问题的答案：哪些新兴产业，而且是在多大程度上，可以接替传统产业成为未来的主导产业和支柱产业。在应对这一战略问题的严峻挑战上，中国和发达国家站在十分接近的起跑点上。因此，中国工业通过转型升级，将向着世界最先进的工业高地迈进。这正是从"十二五"时期开始，并延续到"十三五"时期，以至更长时期，中国工业转型升级的重大历史任务，并有可能成为中国工业化历程中又一个具有标志意义的里程碑。

第四，自主技术创新将具有更重要的战略地位。产业转型升级和现代产业体系建设是一个深刻的系统性变革过程，涉及技术、体制、利益、观念等各个方面。而其中最关键的因素是要形成自主创新，特别是有利于实现核心技术创新的体制机制。工业转型升级的实质就是要从资源驱动、资本驱动的工业增长方式，转变为创新驱动的增长方式。这是工业化初期与工业化中后期的重要区别之一。进入工业化中后期，中国的工业技术水平越来越接近国际先进水平。特别是，现代工业产品的生命周期显著缩短，即使是高技术产品甚至产业链的高端环节，也越来越成为充分竞争的领域。这就使得成本价格竞争与技术创新突破的关系密切相连，技术创新不仅是为了进入高附加值的产业，获取更高的收益率，而且也是为了实现高效率优势。工业生产的本质就是通过技术创新，使科学发明成为大众产品，即昨天的奢侈品成为今天的高端产品，今天的高端产品成为明天的大众消费品。汽车的普及、电视的普及、电脑的普及、手机的普及等就是现代工业发展的逻辑。而支撑这一逻辑的关键就是不断的创新：以不断的创新进入新的生产领域，并且以不断的创新获得生产成本优势和高效率优势，以不断的创新寻求增强国际竞争力的新源泉，形成更加发达的现代产业体系。

现代产业体系的一个重要特征是更具有结构协调性。产业结构的平衡和合理是绝大多数经济体期望实现但又总是难以获得令人满意效果的目标。即使是被发展中国家视为判断产业结构状况参照系的发达经济体也常常不满自身产业结构的不合意性。中国产业结构调整更具有迫切性，因为，不平衡、不协调和不可持续的问题已经成为中国经济的突出矛盾。

产业和产业结构是对复杂现实进行抽象定义的经济学概念。在现实中，各种经济活动是连续的，其间并无截然分明的界限。为了进行经济分析，可以按照一定的分类原则将具有替代性或共同特点的一些生产活动定义为某类"产业"，产业内各生产单位之间的关系称为"产业组织"；不同产业之间的关系就是狭义的"产业结构"。而广义的产业结构除了包括以上两种关系之外，还可以从技术特征上对生产活动进行分类，例如划分为"传统产业""高技术产业""新兴产业"；或者从生产要素特征上进行分类而划分为"劳动密集型产业""资本密集型产业""技术密集型产业""资源密集型产业"等。所以，产业分类尽管有其客观基础，但终究是主观构建的概念，而且，所有概念都不可能绝对精确地对应于客观，现实中永远会存在着介于各种概念之间的模糊空间。

观察和讨论产业体系必须对产业结构进行认识和定义。所谓产业结构，实际上是按照一定的分类原则对各种各样的生产活动进行理论归类，进而观察和分析各类生产活动及其主体之间的关系，例如供求关系、竞争关系、投入产出关系等，还可以延伸到观察和分析各类产业活动同自然资源及环境之间的关系等。也就是说，观察和分析产业结构，实际上是对复杂现实进行抽象化分类和概念化构建，并借助于此而对经济活动关系进行观察和研究。实际上，当我们说"各类"经济活动时，就已经假定纷繁复杂的经济活动是可以依据一定的主观性的划分标准而进行分类的。也就是说，"产业结构"因而"产业体系"是人们从一定的视察角度观察经济活动而形成的认识。

在不同国家的不同经济发展阶段，出于某种目的，人们对产业结构的关注角度和重点是不同的。例如，发达市场经济国家最关注的是同一产业内各企业之间的关系，表现为对垄断、竞争、集中度、企业行为、市场绩效、大中小企业间的关系等的重视。计划经济和发展中国家、新兴经济体等往往更关注不同产业之间的关系，表现为对工农业与服务业之间、轻重工业之间、不同分类行业之间的比重变化及其不平衡现象等的重视。

总之，不仅对产业结构的任何分类方法都是相对的、不精确的，而且采用不同的统计方法可能得到不同的分析结果。例如，采用第一、第二和第三产业分类方法来分析产业结构，可以选择各种统计指标，例如就业人数、资产存量、产出流量等。而如果以产出流量作为计量产业结构的统计指标时，又可以选用不同的价格，既可以选用当年现价或某一年度的价格（不变价），也可以采用购买力平价或国际价格等。采用不同的统计指标和统计方式会得到关于三次产业结构（比例）状况的不同分析结果。所以，进行产业结构分析时，必须了解所采用的产业分类及统计方法的有效性和局限性。目前尚没有一套能够精确反映产业结构真实状况的指标体系，因为，这实质上是采用"间断性"概念（定义明确的界限）描述"连续性"现实（没有确实的界限），是采用静态数据计量动态的流体。所以，在分析研究产业结构问题时，必须有科学认识，即承认认识的局限性。由于缺乏科学认识，在实际经济工作中，人们往往将追求某种统计指标（例如，硬性要求某种产业达到一定的数量比重）作为产业发展和产业结构调整的绝对化政策目标，并依此衡量政府政绩，所以往往发生产业结构似乎永远也调不合理，而且总是"剪不断，理还乱"的现象。在中国工业化60多年的历史上，从来没有过产业结构合理的时候，每一次政府经济计划或规划中，都将产业结构不合理作为"问题"，而把实现产业结构合理或优化产业结构定为"目标"；而这种目标似乎总是没有达到过。其实，产业结构是一个复杂而具有密切内在联系的复合有机体，而不是拼图式的板块，调整产业结构的实质是对复合有机体的调理和培育，而不是对板块式组成部分的任意组合拼装。

进一步说，所谓产业结构的"合理"也没有确定的目标，即使是在经济学理论上也难以对"合理的产业结构"做出确切的刻画。在各国经济发展的现实中，判断产业结构是否合理尽管须基于一定的客观现实，但也取决于发展目标的选择。客观现实主要包括经济发展阶段、市场供求关系、环境资源条件以及国际竞争关系等；而发展目标选择则可以是增长速度、强国意愿、福利水平等。在以客观现实中的相对关系作为判断准则时，也会涉及优先顺序的目标选择和路径选择，例如，或者更优先于（倾向于）平衡路径或者非平衡路径。而在以发展目标选择为准则时，也必须考虑到各种客观条件和相对关系的平衡性，否则，欲速而不达。

在工业化时期，产业结构处于急速变化之中，产业结构是否合理更不是简单的静态比例关系，而是一个在动态中体现的过程现象。一定的产业结构有其形成和演变的历史缘由和现实条件。在不同国家的工业化时期，产业结构的特征和变动趋势尽管可能有一定的规律性或"正常"轨迹，经济学家可以通过对发达国家工业化时期的产业结构变化的归纳，形成所谓"标准型式"，作为判断后发国家的产业结构是否"合理"或"正常"的参照，但是，这种"大多数发达国家平均的产业结构就是合理的产业结构"的判断逻辑显然并非严谨。各国国情千差万别，所处的世界发展的大时代也有别于发达国家的工业化时代，而且各国基于发展目标选择而实施的战略和发展方式以及政治经济体制性质也不同，所以，什么是合理的产业结构确实是一个没有标准答案的问题。

中国现阶段的产业结构是在从计划经济向市场经济转轨过程以及工业化加速时期形成的。20 世纪 70 年代末以来，中国选择了渐进式改革和级差式发展的工业化路径，一度将尽快摆脱贫穷落后作为首要目标，所谓"发展是硬道理"，因而经济体的各个局部进行体制改革有先有后，而且，渐进式改革总是配合有各种特殊政策和优惠待遇，允许和鼓励一部分人、一部分地区"率先改革""率先发展""先富起来"。所以，经营环境不能保证均等的竞争机会。与之相应的是，经济体的各个局部发展进程高度级差化，即一部分率先发展和先富裕起来，其他部分则只能相随其后。发展过程的这种级差性在产业结构上的表现是，各产业的获利性（利润率）是非常不均衡的，各地区产业发展的政策条件也具有很大差异性。

这样的改革和发展路径一直持续到 21 世纪的第二个十年才开始调整，它决定了在工业化加速推进过程中，政府在各个局部（产业和地区）之间的竞争中可以大有作为。地区发展表现为政府提供优惠政策，以及差别性产业政策尤其是以投资审批制度为诱导（获得政府批准意味着可以获得进入优待和政策补贴），各市场主体进行特殊待遇争夺攀比。享有优惠政策的地区率先发展，得到产业政策推动的产业高速增长。经济资源潮涌式地流向高盈利性行业，推动这类产业喷薄式扩张。其中，政府实施的选择性政策具有顺应市场干预，即给市场调节加力的性质，市场竞争主体（企业）进行寻租式创新（在生产函数中引入政策优惠因素）。这种非均衡的发展道路创造了中国经济奇迹，但在加大增长的推动力的同时也必然导致更大的结构不平衡。

在这样的体制机制下，中国工业化路径具有显著的平推式增长特征，即在具有资源比较优势和政府助推的领域，在扁平的技术层面上大规模投资，大力度招商引资，形成巨大生产能力，快速占领国内外市场。这推动了中国经济在短短二三十年里就成长为世界第二大经济体，但也表现出很大的局限性，即技术层次低、产品差异性小、创新活力弱。企业行为倾向于"争取优惠政策"和占据资源优势，而无心于扎扎实实的技术创新，行为短期化，严重缺乏持续创新的耐心和意志。在此过程中政府的行为倾向则是在可以平推增长的产业，以优惠政策推动企业进行生产投资，做大规模。地方政府更倾向于在具有平推空间的产业强力进行招商引资，最大限度地提供低价土地和财税优惠，实际上是以直接或间接补贴的方式，助力平推式产业增长。

数十年的平推式增长迅速扩大了中国工业的产出规模，也导致了潮涌式产能过剩现象。政府给市场顺向加力，创造了经济成就和政府政绩，同时也往往"好事做过头"，鼓励和补贴了难以被市场消化的产能。当产业不平衡现象凸显时，政府又总是期望采取直接的调控手段来扭转产业失衡，鼓励一些产业，限制一些产业，以致采取行政性手段强制淘汰落后产能。而调控结果往往是"越限越多""越调越过"。产能过剩现象到2013年表现得极为突出，以致"去产能"成为政府紧迫性经济应对政策的首要目标。

中国产业结构的现状有其深刻成因。产业结构优化并不是简单地调整各分类部分的比例就可以完成，而是一个类似生态圈那样的流变和演替过程。具有多样化、变化活力和适应性强的产业结构才能实现动态优化。中国产业的结构性矛盾一方面表现为过度的同质性和单调化，产品同质、产业同构、园区同形、城市建设缺乏特点，同质和单调的产业必然是低附加值和产能过剩；另一方面中国产业结构具有明显的人为安排的板块特征，缺乏有机体的活性适应力。因此，产业结构调整，绝不能以抑制个体活力为代价而人为追求统计数字的比例目标。2015 年，中央提出要更加注重"供给侧结构性改革"，是切中了问题的要害。

从根本上说，只有当渐进式改革完成其历史使命，级差式发展路径转变为均衡路径，政府作用转向更注重于创造公平竞争和机会均等的环境而不是实施差别化待遇时，产业结构变动才可能真正走上更趋平衡的协调发展路径。客观说，中国目前的发展阶段离这一时期尚有一段距离，产业结构的较大不平衡性仍然会持续一个时期。但是，这绝不是说当前对解决和缓解产业结构不平衡现象是无可作为的。2015年 10 月，《中共中央关于制定国民经济和社会发展第十三个五年规划的建议》中，提出了"创新，协调，绿色，开放，共享"的经济发展新理念，这一新思维标志着一个新时代的开始。

第 六 章

寻求平衡：资源环境与工业发展

热衷于讨论养生知识的人常常会告诉我们，吃什么有利健康，吃什么有害身体。其实，人类经数百万年进化而来，什么没吃过？最重要的真理恐怕只有一条：少吃是营养，多吃是毒药。水中的物质，多了叫"重金属污染"，少点就叫"矿泉水"或"温泉水"，而完全没有杂质的"纯水"人类难以消受。环境中声音大了叫噪声，有害健康，但在完全静音的环境中人类根本不能生存。据说，可以毒死人的砒霜（三氧化二砷），其实也是医治白血病的良药，中国医学科学家将因这一发现而获得世界医学大奖，甚至可能再次获得诺贝尔奖。20世纪50年代的小学教科书中有一段赞颂工业化的课文："工厂烟囱里冒着水墨画似的大牡丹"；今天，冒黑烟的工厂不被停产也得被罚款。城市中人口少了叫"鬼城"，没人气；人太多了叫"城市病"，"不宜居"。城市人见多了高楼，要到农村寻找青山绿水的清静；农村人整日在清静的乡间，特羡慕高楼大厦和车水马龙的城市繁华。人类总是在"太多"和"太少"间困惑：缺什么想什么，多什么嫌什么。在工业化进程中，人类更是始终在纠结：得到了一些同时也失去了一些，而且，对失去的评价往往高于得到的，总在疑惑是否得不偿失。那么，什么才是恰到好处，什么才是左右逢源，怎样才能心满意足？也许只能有一个权且可以凑合的答案：在不断权衡中保持大体平衡。

◇一 工业化是资源创造和资源消耗的过程

工业化是人类对自然资源的大规模深度开发和利用。发达国家已经完成了工业化过程，成为基于工业化所创造的丰富物质成果之上的现代国家。发展中国家走上工业化的道路，必然表现为工业化资源路线在世界的更大范围中延伸扩展。中国工业化进程中传统工业化资源路线的性质和特征以极为突出的形式表现出来。工业化资源路线的成就和代价都是客观规律的表现，即使可以从发达国家过去的"错误"中吸取教训，也不可能找到一条完美无缺的道路，只享用工业化资源路线的利益而完全避免付出一定的代价。工业化的前途的确既可能是"天堂"，也可能是"地狱"，也就是既可能创造更发达的物质基础和美好生活条件，也可能毁坏自然环境和资源基础，最终使人类无法生存。因此，工业化的资源路线既受制于不以人的意志为转移的客观规律，也是人类所面临的一个严峻的命运抉择。

在工业化进程中，可以成为"资源"而进行大规模工业利用的自然物质主要有四类：土地、水源、能源和原料（包括矿物和生物），其基本经济性质通常有三点：第一，在地球上储量大；第二，比较容易获取和进行物质形态转换；第三，在现实的技术条件下具有开发利用的经济性，不存在大量更经济的替代物质。工业生产就是通过勘探、采掘、储存、运输、加工等工业过程，实现物质形态转换，将"自在之物"变为"为我之物"。人类所面临的资源问题，实质上是工业技术路线、资源路线和工业发达水平的问题。

中国工业化不可能逾越世界工业化过程所须经历的各主要发展阶

段，也难以另辟蹊径实行完全不同于西方发达国家的工业技术路线和资源路线。另一方面，中国工业化有一个非常独特的现象，将在几十年（最多不超过100年）的时间内，使占世界人口接近20%的巨大经济体迅速地实现工业化，进入工业社会。在这一过程中，必然发生许多在迄今为止的世界工业化历史中从来未曾遇到过或者从来没有表现得如此突出的现象、问题和矛盾。所以，中国工业化必须具有更大的创新性，以解决难以回避的更大的内部不平衡性和外部不协调性所产生的种种难题。

中华人民共和国国务院新闻办公室曾在2007年12月发布的《中国的能源状况与政策》白皮书中，勾勒了中国能源资源的以下主要特点。

第一，能源资源总量比较丰富。中国拥有较为丰富的化石能源资源，其中煤炭占主导地位，剩余探明可采储量约占世界的13%，列世界第三位。已探明的石油、天然气资源储量相对不足，油页岩、煤层气等非常规化石能源储量潜力较大。中国拥有较为丰富的可再生能源资源。水力资源理论蕴藏量相当于世界水力资源量的12%，列世界首位。

第二，人均能源资源拥有量较低。中国人口众多，人均能源资源拥有量在世界上处于较低水平。煤炭和水力资源人均拥有量相当于世界平均水平的50%，石油、天然气人均资源量仅为世界平均水平的1/15左右；耕地资源不足世界人均水平的30%，制约了生物质能源的开发。

第三，能源资源赋存分布不均衡。中国能源资源分布广泛但不均衡。煤炭资源主要赋存在华北、西北地区，水力资源主要分布在西南地区，石油、天然气资源主要赋存在东、中、西部地区和海域。中国主要的能源消费地区集中在东南沿海经济发达地区，资源赋存与能源消费地域存在明显差别。大规模、长距离的北煤南运、北油南运、西气东输、西电东送，是中国能源流向的显著特征和能源运输的基本格局。

第四，能源资源开发难度较大。与世界相比，中国煤炭资源地质开采条件较差，大部分储量需要井工开采，极少量可供露天开采。石油天然气资源地质条件复杂，埋藏深、勘探开发技术要求较高。未开发的水力资源多集中在西南部的高山深谷，远离负荷中心，开发难度和成本较大。非常规能源资源勘探程度低，经济性较差，缺乏竞争力。[①]

◇二　资源约束下的工业化进程

世界工业化的历史表明，资源技术路线的选择总是倾向于更多地使用地质储量丰富而且获取和加工成本较低的物质，避免使用储量稀少或者获取和加工成本较高的物质。因而，真正会发生工业性"短缺"现象通常是自然界储量丰富的物质资源。例如，石油、煤炭、水都是地球上储量最多的物质，只是工业生产的巨大扩张力量，使得任何进入工业消耗的物质，无论储量多么丰富，都可能成为地区性或世界性的短缺资源。不仅能源和矿物如此，即使是长期以来人们认为可以取之不尽的水资源，也会因短缺而令人担忧。相反，世界上真正稀少的物质，通常不会发生工业性短缺，因为根本就不会产生需要大量

[①]　参见中华人民共和国国务院新闻办公室：《中国的能源状况与政策》，2007年12月。

使用稀缺物质的工业技术路线。总之，任何自然物质，只有相对于一定的工业技术路线，才会成为工业资源。而工业发展的强大力量，可以使任何无节制消耗的物质发生供应短缺现象。[①]

工业资源的短缺与否表现为供求关系，而供求关系总是同一定的价格相关的。从工业生产资源路线选择的可能性上说，储量丰富并且比较容易获取的物质往往成为工业生产的重要资源。而正是由于供应充分，其价格往往比较低甚至可以免费。低价格总是导致更大的需求，当需求量超过一定水平，就会发生短缺现象。由于短缺总是相对于一定的价格而言，所以从理论上说，只要价格具有无限的浮动弹性，就不可能出现普遍性的工业资源短缺现象。而问题恰恰在于，由于种种原因，可以大规模开采利用的自然资源往往并不具有价格浮动的充分弹性，或者社会难以承受其价格的大幅波动。就其价格特征而言，工业资源可分为以下几类。

第一类：相对于有效需求可以无限供应的物质，可以称为非稀缺性资源。这种资源的价格为零，即可以免费获得，例如，阳光、空气、海水等。在前工业化时期，大多数国家和地区的淡水资源也属于这样的资源。这类资源是无限供应资源。

第二类：完全由市场价格调节的有限供应物质，可以称为稀缺性资源。理论上说，这类资源不会发生普遍性的"短缺"问题，即使是储量非常稀少的物质，也只会表现得非常"昂贵"而不会发生短缺危机。这类资源是充分弹性供应资源。

第三类：必须普遍保证供应的稀缺性资源。由于这种资源对生活和生产活动的正常进行不可缺少，必须保证普遍供应，所以其价格就

---

① 参阅金碚《资源与环境约束下的中国工业发展》，《中国工业经济》2005 年第 5 期。

不可太高。国家往往迫于种种压力而控制或者干预这类资源的价格。这是由于价格调节机制受限，就会发生可强烈感知的"短缺"现象，即在一定的价格水平上供不应求。如果国家失去对这类资源价格的调控能力，其价格上涨超过社会承受力，就可能发生严重的社会危机。可见，资源供应短缺与价格控制有关，或者与对价格变动的可忍受度有关，而价格变动的社会忍受度低往往就是价格控制的直接原因。

可见，所谓资源短缺，归根结底是价格现象以及对价格变动的承受力问题。这主要涉及两个基本问题：第一，某种可以普遍利用的工业资源的供求在多大程度上是由市场价格调节的？第二，社会能够承受多大程度的价格变动（通常是向上的浮动）冲击？在现实中，这两个问题相互制约，往往是由于社会不能承受资源价格的过大变动冲击，因而不能让市场价格不受任何干预地充分发挥调节供求的作用；或者是由于必须把价格控制在社会能承受的水平，某种资源发生了供不应求现象。这就是为什么一般工业制成品通常不会发生普遍性"短缺"，而资源产品供应则有可能发生普遍性短缺现象的主要原因之一。因为，一方面，一般工业制成品的供给弹性大，受自然物质条件的直接约束较小；另一方面，绝大多数工业制成品没有不可容忍的价格浮动界限，只要供不应求就提高价格，不会因此而产生严重的社会经济问题。而对于普遍利用的资源性产品，由于是生产和生活的基础性条件，社会对其价格波动的敏感性很高，价格浮动（通常是价格上涨的）超过一定的社会容忍限度，社会（国家）就将以种种方式进行干预或限制。

某种工业资源属于上述哪一类型并非一成不变，同一种物质在不同的国家和不同时期可能具有不同的类型特征。在现实经济中，某种资源的短缺与否，可能处于不同的状况。第一是本国的自然储量或可获取量的多少，这取决于自然资源禀赋及国际贸易条件。第二是不可再生资源的探明储量或可再生资源的潜在供应量的多少，这取决于资源勘探的投资量和勘探技术。第三是资源性产品的现实生产量和供应量的多少，这取决于产能和运输能力的大小，由技术、投资以及发挥生产能力的各种因素所决定。第四是资源产品的实际供求关系，这取决于市场价格。简言之，储量、投资、产能（包括运输能力）、价格（机制和承受力）是工业资源问题的四个基本层面，其中，不同资源产品的价格特征又是资源供求问题的核心。

中国工业化所面临的资源约束，首先是与供求直接相关的价格问题，其次是产能和投资问题，最后才是自然储量问题。中国工业化的资源路线具有以下显著特点。

1. 以低价格资源支持工业生产的大规模扩张

中国工业增长所依靠的国际比较优势，除了丰富的劳动力之外，突出地表现为向工业企业特别是外资企业提供了大量的低价格资源。一方面，由于在工业化初期，各类资源相对丰裕，无论是土地资源、水资源、矿产资源，还是能源，都具有很大的现实供应能力，其市场表现就是在一定时期内国内资源产品价格显著低于国际水平。另一方面，为了竞争相对短缺的资本特别是境外资本和技术，中央政府和各级地方政府都实行了以"优惠政策"为特点的工业化促进战略。其基本经济性质就是以政策手段压低资源价格，例如，以低价格、零价格甚至补贴价格提供工业用地，保证低价格的水、电供应，实行各种减免税收的特殊制度，以提高工业投资的吸引力和工业产品的价格竞争力。在低价格资源供应的推动下，中国工业高速发展，生产能力和生产规模大幅度扩张。问题是，这种高度依赖低价资源的发展模式尽管具有其历史的理由，却是不可持续的。目前，各种工业资源成本价格上升的压力越来越大，人们已经强烈地感受到，工业生产必须摆脱对低价格资源的依赖。实际上，在许多领域，中国的低价格资源优势已经不复存在。

2. 中国工业化必须面对一次能源结构与从西方国家转移过来的工业技术路线之间极大偏差所产生的问题

由资源禀赋条件所决定，中国一次能源结构以煤为主（见表6—1），而以西方工业国为主导的工业技术路线的能源需求结构则是以石油、天然气为主（见图6—1）。当中国沿着世界工业的既定技术路线推进工业化时，以煤炭为主的能源禀赋特点与当前世界处于"石油时代"的工业技术路线之间的偏差就会凸显出来，产生矛盾甚至对能源安全构成威胁。作为后发的工业化大国，中国大多数工业生产部门和交通运输方式都不可能完全脱离西方工业化国家的工业技术路线，另搞一套同中国的资源禀赋相适应的工业技术路线，所以，受本国资源禀赋条件的约束，中国的工业化必然受到资源供给结构的很大约束。工业生产主要使用二次能源（电力），而中国电力工业主要消耗煤炭，这是中国工业的能源生产结构同现代工业技术路线的"妥协"。而由工业技术路线所决定的工业产品，特别是交通运输业等，所受到的资源禀赋条件约束十分显著，突出表现为石油供应的约束，即石油供求矛盾的压力。当然，这一能源结构性矛盾可以通过国际贸易方式得以克服，只是需要付出相当的代价。

表6—1　　　　　　　　中国能源生产总量和构成　　　　　单位：万吨标准煤

年份	能源生产总量	构成			
		原煤	原油	天然气	水电、核电、风电
1978	62770	44127	14876	1820	1946
1980	63735	44232	15169	1912	2422

续表

年份	能源生产总量	构成			
		原煤	原油	天然气	水电、核电、风电
1985	85546	62277	17879	1711	3678
1990	103922	77110	19745	2078	4988
1996	133032	99774	22482	2661	8115
1997	133460	99161	22955	2803	8675
1998	129834	95168	22981	2856	8829
1999	131935	97500	22825	3298	8312
2000	138570	101017	23280	3603	10670
2001	147425	107031	23441	3980	12973
2002	156277	114238	23910	4376	13752
2003	178299	134972	24249	4636	14442
2004	206108	158085	25145	5565	17313
2005	229037	177274	25881	6642	19239
2006	244763	189691	26434	7832	20805
2007	264173	205526	26681	9246	22719
2008	277419	213058	27187	10819	26355
2009	286092	219719	26893	11444	28037
2010	312125	237839	29028	12797	32461
2011	340178	264658	28915	13947	32657
2012	351041	267493	29838	14393	39317
2013	358784	270523	30138	15786	42336
2014	360000	263520	30240	17280	49320

资料来源：《中国统计年鉴（2015）》；2014 年的数据为国家统计局数据库数据。

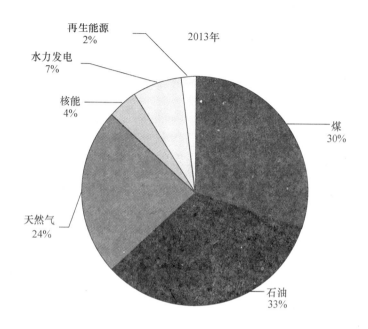

图6—1　世界能源结构

3. 实现能源替代须有可行路径

当前，由于世界仍处于化石能源的巅峰时期，石油、煤炭等化石能源仍然是最经济、易得和安全的能源，还有相当一段可开发利用的时间。实现能源替代的历史变迁，是一个非常艰巨并充满矛盾的过程。中国工业化进程中，必须解决三个关键问题。

第一，发展新能源必须跨越两道门槛。其一，实现"能源净收益"为正，即新能源产出要大于为此而消耗的化石能源及其他资源。其二，接近并最终超越化石能源的经济效率，即新能源的成本比化石能源低。在跨越第一道门槛之前，新能源开发是得不偿失的；而在跨越了第一道门槛而未跨过第二道门槛之前，新能源产业是缺乏竞争力的。因此，为了促进新能源产业快速发展，应以财政补贴等方式进行必要的政策扶持。但也要避免由此诱发的政策性寻租行为，从而导致实质性技术创新不足而虚耗社会资源。

第二，发展新能源必须着力于核心技术进步。迄今为止，新能源的许多关键技术及其产业化的技术路线问题尚未解决，如果缺乏有效技术支撑就盲目投资，风险很大。在新能源开发利用领域，只有真正掌握了最先进有效的技术，才能获得能源替代的实质效果。中国在发展新能源的过程中已经屡次出现事与愿违的现象，在核心技术缺乏、市场需求不确定的情形下就进行大规模投资，政府也盲目"加力"，这不仅导致了严重的产能过剩和财务困难，而且可能会破坏实现实质性核心技术进步的市场条件，误导能源替代的技术路线方向。

第三，建立发展新能源合理承担成本的激励约束机制。能源替代是一个必须付出巨大成本并具有较高投资风险的创新过程，新能源开发应以有效的激励约束机制为基础，并以合理的成本承担（分担）制度为保障。特别是，能源替代的技术创新具有非常高的效益外溢性，如果没有合理的体制机制和政策安排，就难以实现能源替代的实质性技术进步，甚至可能导致严重的行为扭曲和资源浪费。

4. 重化工业的发展具有重要的意义

在加工制造业经历了10—20年的高速增长后，重化工业进入强劲增长期，形成强大的资源需求和环境压力；同时，解决中国的资源、环境瓶颈又有待于建立发达的重化工业基础。一般来说，同轻工业和大多数加工制造业相比，重化工业具有消耗更多资源的特点，所以，重化工业的高速增长需要消耗资源。为此，有学者认为，中国工业化进程应越过重化工业的发展阶段，直接向高技术产业和现代服务业跨越，以避开资源短缺对经济发展的制约。但是，现实的国情却是，作为一个人口众多、幅员辽阔的巨大发展中国家，中国正在面临和将要面临的几乎一切重大和长远的经济社会问题的解决，都高度依赖于重化工业的长足发展。只有发达的重化工业，才能解决中国的城市化、交通运输、国土整治、资源开发，水利工程、环境保护和国土治理，以至国家安全、民生福利等问题。而且，高技术产业和现代服务业的发展也需要重化工业为其提供基础设施、办公设备、通信交通工具，并形成需求空间。换句话说，高技术产业和现代服务业的发展也都需要重化工业的发展为其提供条件，无法脱离重化工业而独立发展。同时，中国城乡居民的生活质量逐步提高，无论是交通（汽车）、住房等资产投资性需求，还是教育、旅游、卫生等服务需求，都直接或间接地依赖于以重化工业为基础的产业供给能力的增强。可见，在工业化的一定阶段，重化工业的高速增长具有不以人们的意志为转移的客观必然性。重化工业当然会消耗资源和影响环境，但解决中国的资源和环境问题又必须要有发达的重化工业。

5. 工业密集地区的水资源、土地资源和生态环境承载力成为突出的制约因素

中国工业发展的资源禀赋总量条件是丰厚的，自然资源储量和潜在供应量并不构成中国工业化的绝对障碍。实际上，相对于传统农业，工业对于水资源和土地的利用效率更高，即相对耗水量少，用地量更节约，我们的研究表明，尽管工业用水的比重有一定的提高，但万元工业增加值用水量却显著下降。万元工业增加值耗能量和单位 GDP 耗能量均逐年下降。全国土地的可开发空间也非常大。从长期和总量上看，水、能源和土地都不应成为中国工业发展不可克服的瓶颈。问题是，不同资源的可流动性是不同的，一般来说，可流动性越弱的资源，越可能产生地区性的瓶颈现象，而流动性越强的资源，约束性则主要

受制于供求总量关系。具体说：（1）在各类资源中，能源的可流动性最强，化石能源可直接进行长距离运输，一次能源还可以转化为二次能源进行长距离输送；矿物资源的可流动性次之，可进行直接运输或粗加工后运输。（2）水源的可流动性较弱，除非是河流顺势自然水流或较近距离的人工水利工程调水，远距离调（江河）水的成本很高，代价较大，而地下水的远距离调运缺乏经济可行性，所以富水地区和缺水地区的自然状态较难改变。（3）土地资源和环境资源在物质形态上基本上是不可流动的，即使是通过"造地"和"环境工程"来改变地区的土地和环境资源供应状况，也只是资本对土地及环境的替代，而土地资源地区间"置换"和环境"交易"，则只是经济意义上的资源流动。所以，同能源和矿产资源的总量供求关系不同，水资源、土地资源和环境生态承载力的供求具有高度的区域性，因而在工业发展的高密集地区，可能成为严重的制约因素。① 这种情况在一些工业密集城市和地区已经表现得越来越突出。中国城市中工业布局的密集程度已经非常高，有资料显示，美国城市建设用地中工业用地仅占 7.3%，而中国城市建设用地中 21% 以上用于发展工业。所以，可以看到越来越多的地区工业生产密集布局已经导致土地资源和水资源超量利用、水资源短缺和水源水质破坏严重，生态环境承受极大压力。

6. 高速工业增长对资源形成特殊的压力

自 20 世纪 70 年代末 80 年代初开始实行改革开放以来，中国经济发展经历了持续 30 多年的高速增长，具有十分明显的"压缩性"

---

① 许多地区不仅生产用水紧张，甚至饮水安全都受到严重威胁。有资料显示，全国农村饮水不安全人口约占全国农村人口的 34%。其中，因水量、取水方便程度或者保证率达不到饮水安全标准的为 30%，而因水质不达标的不安全饮水人口占 70%（郭凯：《站在世界，看中国引水》，《南风窗》2007 年 12 月 1 日总第 347 期）。

和"急速性"特征。同时，在其他国家的经济发展中表现为较长时间的阶段特征，在中国工业化的很短时间内就接连地甚至是重叠地表现出来。例如，有的经济学家将各国经济发展划分为"资源驱动""投资驱动""创新驱动"和"财富驱动"四个阶段，每一阶段都有其特殊的现象特征。而在中国现阶段的经济发展中似乎这四个不同阶段的现象特征都普遍地发生，大规模的资源开发（资源性产业的高增长）、资本投入（高储蓄、高投资）、商业创新（尽管技术创新不尽如人意，但商业模式层出不穷）和财富增殖（资本运作频繁、资产价格上升、虚拟经济活跃），使得中国工业化在较短的时期内就从低成本资源推动阶段向资源成本普遍上升阶段过渡，但同时仍然保留着"资源驱动""投资驱动"的许多特征。正是这样，中国工业化的资源约束才表现得极具特殊性和紧迫性。

7. 巨大的人口规模对中国工业化资源路线产生非常特殊的影响

仅从统计数据就可以看到，中国工业化过程存在着巨大的不平衡性：如果从国内生产总值构成看，可以说中国已经是一个工业化国家，至少是已经进入了工业化中后期，有些较发达地区已经进入工业化成熟阶段，出现后工业化现象；但是，如果从人口构成看，或者从就业人口看，那么，中国仍然是一个农业人口为主的国家，很难称为工业国。"以农民为主的工业大国"是中国经济的一个显著特点和巨大矛盾，必然导致很大的城乡人均收入差距和经济社会发展水平的极大不平衡。特别是，要依赖非农产业（二、三产业）继续快速发展来实现更多的农业人口的非农化和城镇化，就必须进一步加快城市建设，这必然要求大力发展电力、能源、冶金、建材、化工、装备制造、交通设备制造等重工业，这就可能导致"投资过度""资源制约""环境破坏""房地产涨价"等现象的反复出现。

面对这样的国情，中国的经济发展政策长期在"城镇化"（鼓励农民进城）和"农村非农化"（把农民留在农村）之间徘徊。20世纪50年代实行"人民公社"制度，希望把农民稳定在农村；70年代以后，鼓励发展乡镇企业和乡村工业，希望农民"离土不离乡"；80年代，鼓励小城镇建设，还是希望农村居民不要过多进入大中城市，以避免大中城市的过分拥挤和供应不足。但是，工业化和城镇化对乡村居民改变身份成为"城市居民"具有极大吸引力，城市建设和经济发展也需要大量的农业人口转变为城市人口；所以，鼓励农民进城，直至彻底改变身份，放松城乡居民户籍管理，成为缩小城乡差距的重要政策。到21世纪，实行工业化、信息化、城镇化和农业现代化"四化同步"的政策，是中国经济社会发展政策的明确方向，并且这被认为是中国解决农业人口非农化问题最有效可行和对环境破坏最小的有效方式。当然，如果城市建设滞后，那这条道路的不利后果就是大中城市的拥挤和"大城市病"的出现。无论如何，在中国工业化进程中，"落后的农村"和"拥挤的城市"是一对相互牵制的难题。所以，继续推进工业化、城镇化进程和进行新农村建设，是由中国的资源条件和现实国情所决定的必然选择。总之，中国工业化的产业产出结构变迁是一个相对容易达到的目标，而就业人口结构和城乡人口结构变迁则是一个相当困难的目标。

中国工业化的资源约束绝不意味着应该放弃工业发展，试图以减缓工业化进程甚至回避工业化发展的方式来实现资源节约和解决资源短缺的问题；恰恰相反，中国的资源问题只有通过尽快推进工业化的方式才能解决。尽管资源稀缺对工业增长具有一定的约束性，但对整个经济增长的约束性更大。① 突破资源稀缺对增长和发展的障碍，正

---

① 例如，我们的研究表明，土地资源约束对中国工业增长的"阻力"为0.47%，而对整个经济增长的"阻力"为1.53%。

是工业化的历史使命。换句话说，人类在一定的发展阶段（中国正处于这一发展阶段），必须以推进工业化的方式来缓解和解决资源阻碍问题。工业化确实会遭遇资源约束，但是，如果不实现工业化，则资源短缺的问题将更难以解决。在前工业化时期，世界人口不足10亿，而现在已达70亿；新中国成立前，中国人口4亿多，而现在已超过13亿。如果没有工业化，地球资源无法养活那么多人口，而工业化不仅能够解决养活更多人口所需的资源问题，还能够不断提高他们的生活质量。所以，问题的本质并不在于要不要加速工业化，而在于如何以最科学的方式来加速工业化，通过更高效率地利用资源来解决资源问题。工业化资源路线实质上就是实现工业经济效率和资源开发利用方式的科学选择，即以经济有效和可行的资源利用方式来推进工业化，并通过不断深化改革来建立与一定的资源技术路线相适应的制度和政策安排。

8. 政府资源能源规管制度和政策安排的阶段性

当进行关于资源规管的制度和政策安排时必须认识到，在经济和社会发展的不同阶段，各种目标的优先顺序可能是不相同的。例如，在经济发展的初期，工业发展的重要性先于资源效率和环境保护，而随着工业化进入更高阶段，资源效率特别是环境质量的价值越来越高。所以，在工业化初期，制度和政策安排往往更倾向于激励工业发展，而随着发展水平的提高，制度和政策安排将更倾向于激励资源效率和环境质量。也就是说，在不同的社会发展阶段，社会的基本价值准则是有差异的，政府政策目标也是不完全相同的。传统的工业技术路线和资源路线，具有高消耗倾向，是与当时的发展阶段相关的，但是，不能因此而忽视传统工业化资源路线所产生的问题。当前，中国已进入工业化中期，有些地区已进入工业化后期，社会价值基础已经显著地倾向于更重视资源效率和环境质量，而在技术激励和制度激励的有些方面却仍然倾向于低估资源效率和环境质量的价值，在许多情况下，企业和地方政府仍然倾向于以更高的资源投入和环境代价来获得市场竞争和企业竞争的优势地位。这是观念滞后和改革滞后所导致的现实矛盾，许多制度和政策安排仍然具有同节约资源和保护环境激励不相容的性质。这是当前中国正在致力于克服的"短板"。

总之，工业化的技术实质是对自然资源更高效率的开发利用，将其加工制造为符合人类需要的产品的过程。工业化是工业生产方式成为人类主要的和居主导地位的生产方式的社会发展过程。工业化需要大规模地开发使用自然资源，地球物质是否成为"资源"取决于工业技术路线以及由其决定的资源路线。工业化的资源路线决定了地球物质可以区分为"资源"和"废物"，任何"废物"在一定的工业技术路线下都可以成为"资源"，而任何"资源"在一定的工业技术路线下也可以成为"废物"。工业化的强大创造力量（同时也就是巨大的物质消耗量），使得即使是非常丰富的地球物质也可能成为稀缺以至短缺的资源。

现实问题是，在一定时期，工业技术水平总是有限的，因而自然物质被区分为可以利用的"资源"和暂不能利用的"废物"。在工业化过程中，尽管越来越多的废物在变为资源，但工业生产所必需的自然资源总是稀缺的，特别是大规模的工业生产所形成的巨大需求，使得某些资源的供应严重短缺。同其他国家一样，自然资源的大规模开发利用是中国工业化的初始条件，但并不是中国工业化的唯一条件。说到底，工业化过程的主要决定因素不是资源投入的数量，而是有多大的技术能力能使地球物质更多地成为资源。一个国家即使资源再丰富，如果选择单纯依赖资源的工业增长道路，也是没有出路的。特别是，相对于巨大的人口规模，没有人认为中国工业化可以长久地走依赖自然资源优势的道路。在中国工业化道路问题上，工业技术水平和创新能力比资源更具根本性意义。由于技术水平的提高和产业结构的升级，资源的利用效率也在不断提高，例如在中国工业化加速时期，尽管包括重化工业在内的工业生产规模大幅增长，但单位 GDP 的能源消耗量却呈持续显著下降的趋势（见图6—2）；其中，很大程度归因于单位工业增加值能耗的下降（见图6—3）。

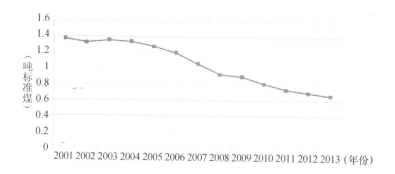

图6—2　中国单位 GDP 能耗（2001—2013 年）

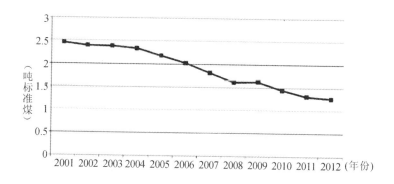

图6—3　中国单位工业增加值能耗（2001 —2012 年）

◇三　工业发展与环境保护的权衡

在世界各国的工业化过程中，环境问题都曾非常突出。如上节讨论工业发展与资源消耗关系的权衡中所涉及的：工业发展与环境保护也是一个目标权衡问题。工业生产是对物质形态的转换，不可能不影响生态环境。如果工业对生态环境的改变有利于人类，称为"改善环境""优化环境"；而如果工业对生态环境的改变不利于人类，称之为"污染环境""破坏环境"。这至少涉及两个基本问题：第一，如何判断和评估工业活动对环境的改变是有利于还是有害于人类，或多大程度有利于及多大程度有害于人类，以及有利于哪些人及有害于哪些人？第二，工业发展与生态环境保护两个目标如果发生冲突，应优先考虑哪个目标，以及哪些人更倾向于优先考虑哪个目标？可见，工业发展与环境质量的关系本质上是一个权衡利弊的问题。

18—19 世纪，西欧工业化所导致的环境破坏就开始引起广泛的关注和尖锐的批评。1962 年美国作家蕾切尔·卡逊出版的《寂静的春天》一书唤起了对工业化所导致的环境污染的严重关切。1972 年 6 月 12 日，联合国在斯德哥尔摩召开了"人类环境大会"，并由各国签署了《联合国人类环境会议宣言》，开始了世界环境保护事业。20 世纪中后期以来，随着工业化向全世界更多国家的扩展，自然资源的更大规模开采和利用，以及一些国家工业集中地区环境的过度破坏，人们越来越强烈地感觉到环境保护与工业增长的矛盾日趋突出，要求节约和保护自然环境的呼声越来越强烈。一些人甚至认为，只有实现经济"零增长"，才能将人类经济活动（主要是工业生产）控制在自然资源和生态环境可以承受的限度内。而另一些人则主张，必须放弃传统的工业化道路，即彻底改变两三百年以来的发达国家工业增长技术路线，另辟蹊径，例如，主张采用所谓"中间技术"（既不是传统技术，也不是工业化国家的先进技术），才可能应对资源环境问题的严重挑战，否则，整个人类终将无法在这个"又平，又挤，又热"的地球村中生存下去。

但是，无论主张零增长或者另辟增长路线的呼声如何强烈，世界工业化的步伐仍然我行我素，不可阻挡。问题的实质是，推动工业化的根本经济机制是市场经济制度，自由放任的市场经济显然难以自发地解决资源环境与工业增长的矛盾，于是，必须求助于政府的干预。其中，实行资源环境规管是政府干预的重要方式之一。问题是，从经济学意义上说，管制是必须付出成本的，规管对象（主要是企业）实际上必须承担由于政府规管而产生或者转移的成本。那么，各类规管方式所产生或者可能产生的成本（包括因规管而转移给企业的成本），将对工业发展和工业企业产生怎样的影响，进而对各国工业竞争力产生怎样的影响，就成为工业化进程中的一个极为重要也极具争议的问题。

如前所述，工业化的技术实质是对自然资源更高效率的开发利用。在人类几千年的历史中，近两三百年是经济发展和财富创造最伟大的时代，这一时代被称为"工业化时代"。工业化和工业社会，不仅实现了高速经济增长和物质财富的巨大涌流，而且极大地提高了生活水平和社会福利。"在工业革命以前，即使是最富有的消费者所能拥有的商品种类，事实上也没有超出古罗马时期就已经存在的商品范围。"[①] 而自工业革命以来，人的消费水平和生活质量大幅度提高，

---

① ［美］威廉·鲍莫尔：《资本主义的增长奇迹——自由市场创新机器》，彭敬译，中信出版社 2004 年版，第 3 页。

其最终标志就是人的寿命预期显著提高。"1300—1425 年时期的英格兰人的预期寿命为 24 岁左右，可能与罗马帝国时代相当，而到了 1801—1826 年，英格兰人的预期寿命已经提高到 41 岁，到 1999 年达到 77 岁。"① 从这一角度看，工业化对环境的改变总体上是有利于人类的。按照定义和"用数字说话"，应该判定工业化是"改善环境"和"优化环境"。

环境是工业发展的条件，同时也是工业改造的对象。工业生产活动不仅要消耗自然资源，而且也必须以一定的环境为基础。由于环境容量是有限的，工业活动超过一定的限度，并大量排放污染物质，无论是气态、液态还是固态物质，都会对环境造成破坏性影响，甚至导致不可逆的严重后果。随着工业化的迅速推进，特别是像中国、印度这样的人口大国，工业对环境的负面影响，尤其是工业集中地区的环境污染和破坏，正越来越引起广泛关注。

正如一些学者所指出的："许多环境学家看到了工业发展与环境质量之间的矛盾。以历史为鉴，他们相信，如果为追求更高的生活水平，第三世界国家沿着传统的工业化道路前进的话，这就造成一场环境噩梦。最后，作为解决发展与环境之间矛盾的办法，'可持续发展'的概念出现了，可持续发展是一种追求不污染增长的幻想，它基于环境质量优先的价值观，同时反对传统的工业价值观，诸如物质主义、追求高消费和高耗能等。但到目前为止，可持续发展与其说是一种可实现的概念，不如说只是一个理想。""总之，工业行为是不可避免污染的，各种各样的污染总会强加给全球生态系统巨大的负担，尽管这

---

① ［英］马丁·沃尔夫：《全球化为什么可行》，余江译，中信出版社 2008 年版，第 36 页。

个负担的严重程度还有争议。"①

　　可见，工业化对生态环境影响的意义是双重的：一方面，发展工业的初衷是提高生活水平，包括提高环境质量，将原本不宜人类居住甚至难以达到的地方，建设成宜居宜业之地，所以，工业越发达，环境质量应该越高，更适于人类生存。确实，可以看到的事实是，人口总是倾向于向工业发达的国家和地区移动。另一方面，工业活动也会污染甚至严重破坏生态环境，从这一意义上说，环境也是工业生产必须"消耗"的一种资源，在一些情况下，或者超过一定的限度，环境也具有不可再生资源的性质。可以看到的事实是，在一定的工业发展阶段，人们宁可承受较大的环境污染代价来换取工业成就；而到了工业发展的较高阶段，环境的重要性变得越来越重要，人们宁可减少工业生产也要保护环境。在工业化进程中，保护环境和发展工业的关系从来就是一个颇难抉择的两难问题，尽管抽象地说，两者都十分重要，都不可或缺。

　　《环球时报》的一位记者写道："笔者参加了在波兰波茨南举行的联合国全球气候变化大会。会场内唇枪舌剑，会场外，绿色和平组织也与当地工人'掐'了起来。当时，该组织在当地煤矿旁进行一些和平示威活动，包括写标语、挂旗子等，劝告当地关闭煤矿，停用火电厂，改用清洁能源。出乎意料的是，他们遇到的最大阻力不是当地警察和厂矿保安，而是当地工人。双方发生严重肢体冲突。"这位记者评论说："要说干净整洁，穷人和富人都喜欢。但问题是，不论是风能还是太阳能，设备的投入都非常惊人，得花巨资，谁来买单。但是，'绿色和平'负责人只是说：钱并不重要，关键是要保护环境。

---

① ［美］乔治·斯蒂纳、约翰·斯蒂纳：《企业、政府与社会》，张志强、王春香译，华夏出版社 2002 年版，第 500—501 页。

真是不当家不知柴米贵。有钱的人可以说，钱不重要，但对穷人来说，却要一分钱掰成两半花。'绿色和平'可以从发达国家募得大笔经费，但对于以解决人民温饱为首要目标的发展中国家来说，哪个能说一句，钱不重要？"① 其实，十分常见的现象是，贫穷地方的人，可以毫不犹豫地离开被城市人誉为"宜居之地"的乡村，而涌入绝对不可能被评为"宜居之地"的工业城市。他们并没有觉得失去了什么，至少是深信自己的选择是充分理性的。但是，富裕起来的人，却宁可远离拥挤和繁华的城市，付出交通成本的代价，到山清水秀的远郊甚至乡村居住，去享用未被污染的环境。这说明，环境质量在不同的发展阶段，甚至对不同的人群是有不同的价值和需求的。是工业化所实现的人类生活水平的提高，使得环境质量的价值和需求不断提高。从这一意义上也可以说，正是工业化才使得环境成为具有更高价值的"资源"；而如果没有工业化，环境并不是什么值得人特别珍惜的"资源"，即使是环境优美、风景如画之地也非适合居住，甚至可能是难以到达之处。

如果不发展工业，地球上"环境"最优美的地方，正是那些人类无法生存或者生存条件极为艰难的地区；而如果是人类集中居住却没有工业基础，则再好的"环境"也必然变成环境恶劣的地区。例如，如果没有煤、油、电、气，人们只得砍伐树木用作薪材，青山绿地终将成为荒山野地，根本不可能保持良好的生态环境。因此，从人类发展的长过程看，工业化是在本质上解决资源环境问题的根本途径。如果没有工业化，人类生存和居住的地球环境将不可避免地趋向恶化，这是几千年的人类历史已经证明了的。所以，从本质上说，工业化绝

---

① 任建民：《要环保，也要通世情》，《环球时报》2009 年 1 月 7 日。

不是导致环境恶化的罪魁祸首，而是人类摆脱环境困境的必由之路。

当然，现实的情况并不如理论认识那么"纯粹"，工业活动无视环境破坏，掠夺式地损害环境资源的现象绝不少见。如果不节制自己的行为，没有环境友好的绿色发展观念，工业化真的可能成为人类的灾难。人类要根本性地摆脱工业化的环境困境，唯一可行的选择是，一方面要坚定高效率地走过工业化历史，以发达的工业应对环境挑战；另一方面也必须约束自己的行为，以清洁方式进行工业生产，最大限度地减少对生态环境的不良影响。中国工业化就是在这一工业发展和环境质量的不断权衡中持续推进的，对生态环境的保护意识也从无知逐渐变为自觉。

尽管中国在总量意义上完全可以称得上"地大物博"，但在人均意义上却是一个土地和资源缺乏、环境承载压力巨大的国家，众多人口所进行的大规模工业生产与有限的资源和环境承载能力难以平衡，中国必须以发展来实现环境保护。但这不是一条平坦而轻松的道路，为此必须付出很大的代价。中国工业化过程中环境污染治理投资和工业污染治理投资逐年增长，尤其是 21 世纪以来，由于环境污染问题的突出以及社会对环境质量的敏感度大幅增强，用于环境治理的投资额也大幅增长。2001 年，环境污染治理投资总额 1106.7 亿元，而到 2014 年达到 9575.5 亿元，增加了 8 倍多（见表6—2）。

表 6—2　　　　环境污染治理投资总额与工业污染治理完成投资　　单位：亿元

年份	环境污染治理投资总额	工业污染治理完成投资	年份	环境污染治理投资总额	工业污染治理完成投资
2014	9575.50	997.6511	2007	3387.30	552.3909

续表

年份	环境污染治理投资总额	工业污染治理完成投资	年份	环境污染治理投资总额	工业污染治理完成投资
2013	9037.20	849.6647	2006	2566.00	483.9485
2012	825.46	500.4573	2005	2388.00	458.1909
2011	7114.03	444.3610	2004	1909.80	308.1061
2010	7612.19	396.9768	2003	1627.70	
2009	5258.39	442.6207	2002	1367.20	
2008	4937.03	542.6404	2001	1106.70	

资料来源：国家统计局数据库：国家数据—年度数据。

在各地区的发展中，环境保护也成为越来越受重视的问题。例如，在"十三五"以至更长一些的时间内，在中国区域经济发展的全国性战略部署中，除了涉及国际战略的"一带一路"之外，国内战略主要是京津冀协同发展和长江三角洲经济带发展两个重点，在制定这两个区域发展规划时所确立的新思维和新要务，标志了中国经济发展的新态势和新时代。

在对京津冀协同发展进行顶层设计和规划编制过程中，国家发改委首先于2015年12月30日发布了《京津冀协同发展生态环境保护规划》，并突出地将京津冀地区 PM 2.5 平均浓度控制作为关键指标之一，明确提出，到2017年 PM 2.5 平均浓度要控制在73微克/立方米左右，到2020年 PM 2.5 平均浓度要控制在64微克/立方米左右，比2013年下降40%左右。而"疏解非首都核心功能"成为京津冀协同发展的重点内容之一。

2016年3月25日，中共中央政治局召开会议审议通过了《长江

经济带发展规划纲要》，发改委将据此在 2016 年编制出台长江三角洲
城市群发展规划、成渝城市群发展规划等。而在此之前的 1 月 5 日，
习近平总书记在重庆调研期间召开推动长江经济带发展座谈会时指
出，"当前和今后相当长一个时期，要把修复长江生态环境摆在压倒
性位置，共抓大保护，不搞大开发"。这是长江经济带发展新思维、
新要务的画龙点睛之笔。

可以看到，在这两个最重要的区域发展战略中，突出的是生态环
境保护以及对不平衡现象，例如大城市病、非首都功能过度集中于北
京等问题的治理。也就是说，在新的发展理念下，对于经济发展特别
是工业化过程中有可能产生的负效应给予了更大的重视，在发展的各
项目标的优先顺序中，生态平衡和环境质量被置于前列。这是中国经
济发展进入新阶段的一个突出的标志现象。

其实，工业的本质是将无用之物转化为有用之物，将有害之物转
化为有益之物。因工业的发展反而使得有益之物（绿水、青山、蓝
天）变成污水、荒山和雾霾天而有害于人类，这是工业的异化，是违
背工业本性的反理性现象，即追求财富的过度工具主义倾向，走到了
不择手段地掠夺自然的极端，成为没有理性和良知的疯狂。制止这种
掠夺和疯狂，让工业化回归其理性道路，规范其行为方式，正是中国
当前的历史性要务。

各个国家和地区在其经济发展过程中，都可能经历过一段"镀金
时代"，无度地追求物质财富的欲望，可能将世界引入歧途，而置自
然环境、生命安全、道德规范于不顾。但人类终会觉悟，镀金不是真
金，财富未必幸福，失范的大开发是对工业化本性的根本背离，是对
作为人类共同家园的自然生态和生存环境的根绝性恶行。

当然，保护生态环境并不是不要经济发展，相反，发达的经济是

保护生态环境的重要手段和必要基础。经济贫困、技术落后，不可能保持长久的生态环境质量。对各地区状况进行比较分析不难看到，从总趋势看，经济发达水平同环境质量具有高度的正相关性，其最终表现就是人类预期寿命的不断延长和生活质量的持续提高。世界各国的历史都表明，以发展停滞谋求环境良好，是走不通的路。各地区经济发展与生态环境保护，是工业化过程不可分割的同一块硬币的两面。在中国区域发展中，京津冀和长江经济带将成为彰显这一客观规律，体现区域发展新思维、新要务的首善地区。

◇◇四 资源环境规管的政府政策取向

不仅化石能源的生产和消费，而且许多工业品生产和消费过程都会产生污染物排放或废弃物污染现象。如果污染所造成的所有损失都可以计入工业企业成本，那么，一方面与其他要素的消费一样可以由企业自行消化成本；另一方面，企业既然支付了全部成本，也就不产生需要特别解决的问题。也就是说，如果工业企业可以支付所有的资源和环境成本，则化石能源的消耗也好，工业环境污染也好，都不成其为特殊问题，完全可以由市场价格机制自行解决。但是，现实的情况却是，这样的条件是难以实现的，所以，几乎所有国家的政府都采取了一定干预措施，进行对资源特别是化石能源使用和环境保护的规管制度。其理由主要是三个：第一，化石能源是非清洁能源，对环境的影响大，尤其是二氧化碳排放导致全球气候的温室效应，必须进行全球性合作规管。第二，工业活动所造成的污染具有外部不经济性，使用者没有充分承担成本，所以，必须限制其消费，并以规管方式将其外部成本内部化。第三，环境是一种"公共品"，自发的价格机制难以发挥有效调节作用。

以上三点其实都可以归结为"市场失灵"的表现，可以推论出政府干预的必要。这就是实行资源环境规管制度的一般理由。通常认为，政府干预的方式主要分为三类：第一类是命令—控制方式，即由政府规定哪些行为须禁止或被限制；第二类是经济方式，即将外部非经济性（外部成本）内部化，例如，征收环境污染税或罚款；第三类是产权方式，即将产权边界清晰化，从而可以产权交易的方式实现市场功能，例如，实行碳排放权交易制度。

这三种规管方式各依据不同的理论逻辑。第一种方式的理论逻辑是，由于对资源环境实行政府规管属于"社会性管制"，而不是"经济性管制"，所以，规管目标的设定主要取决于对社会价值的判断而不是经济的成本—效益计算。也就是说，为了保护环境质量完全可以而且必须在一定程度上牺牲经济效益，作为获得社会效益的成本。在具体实施中，通常采取技术准入标准和政府行政审批等措施，即不达标准或者未被许可就不得进行生产，如果产生环境污染的严重后果，将进行行政处罚或法律惩治。第二种方式的理论逻辑是，政府"帮助"市场机制发挥作用，将个体行为的外部性成本转而计入其内部成本，让行为人为其所造成的外部非经济性影响即环境污染充分付费。第三种方式的理论逻辑是，政府"制造"出市场经济可以有效发挥作用的条件和运行机制，使"公共品"具有类似私人产权的明确界定，这样，原先既不可交易也无价格发现机制的污染行为（主要是温室气体排放）具有了私人品的产权边界，即"排放权"，这也就可以进行市场交易并具有了价格发现机制，从而可以由市场机制（排放权交易所）进行"配置"而达到合意的均衡状态。

从市场经济的理论逻辑看，第三种规管方式是最理想的；第二种规管方式是较可取的，且具较普遍的适用性；第一种规管制方式是迫不得已的。但在现实中，第一种规管方式恰恰是最易行的，且容易产生规管机构的权责和利益，因此，往往成为政府部门进行环境规管的首选方式。第二种方式体现了市场经济的效率和责任原则，即谁污染谁付费，谁消耗谁承担。但是，外部成本的内部化可能超过企业承受能力，而企业却难以进行机会选择。而且，这种方式的价格发现（成本确定）往往是行政性的（或者是法律规定的），所以，很难真正实现有效的"污染—付费"和"消耗—承担"的对应性。第三种方式是精巧的，特别是，可以保证行为人（企业）的可选择性和"公共品"（环境）的可交易性，而且，节约资源和保护环境的社会性目标的实现是由低层次的决策者（企业）来达到的，而不像第二种，特别是第一种方式需要依靠高层次的规管结构决策来实现节约资源和保护环境的社会性目标。

在政府环境规管方式的选择中，可以看到两种相反的思路：一种思路认为越是重要的尤其是强调社会价值的目标，越应该依赖于高层次决策者，越可能保证"正确性"和"区位性"，直接获得规管效果。例如，凡重要的事务，就由市政府审批；更重要，就由省政府审批；最重要，就由中央的部门审批。按照这一思路，规管内容越重要，被规管的行为越严重，就越是应提高规管机关的行政级别，例如将环境保护部门从副部级升格为正部级；或者将原由较低级别的机构进行规管的行为"上收"由更高级别的机构来规管，例如将一些项目的原市级或者省级行政部门的审批权"上收"到中央的行政审批部门。另一种思路则认为只有形成了可以由尽可能低层次的决策者（企业）进行自主选择的机制，才能最有效地实现所要达到的规管目标，包括社会性目标，所以，规管制度设计和改革的方向是尽可能减少行政性审批，特别是高级别的行政性审批。一般来说，中国文化更倾向于前一种思路，西方文化尤其是英美文化更倾向于后一种思路。不成熟的市场经济条件下，更倾向于前一种思路；成熟的市场经济条件下，更倾向于后一种思路。中国实行环境规管的实践常常在这两种思维方式中徘徊。一旦发生重大环境污染事故，往往"上收"规管层级；而当规管效率不高、程序烦琐导致决策拖延，又往往"下放"规管层级，即审批权下放给较低一级的规管机构。

没有人怀疑对环境保护实行政府规管是必要的，特别是受损害的民众总是要求政府出重手进行环境规管，严厉制裁破坏环境的行为人。但是，政府规管也有局限性。要保证政府规管的充分有效，就必须满足十分严格的条件，而实现这些条件可能比实现市场有效运行的条件更困难。所以，当按照强化政府规管的思路不断强化政府规管力度达到一定程度后，影响效率的弊端日益突出时，几乎所有国家又都走向放松规管的方向。因此，环境规管制度改革似乎是一个永远没有终结的过程。有时候，改革倾向于强化政府规管；另一些时候，管制改革又倾向于放松规管，或下放规管权。就像是钟摆从右边摆到左边，太左了再摆向右边，然后，又再向左边摆动，似乎总是找不到恰到好处的"最优"状态。

有效的政府环境规管制度，需要满足一个最基本的条件：负责规管的政府部门是"利益中性"的，即完全以社会利益为其行为目标函数，而没有自己的个体（部门）利益。也就是说政府规管部门不得有自己的特殊利益，规管执法人员完全体现规管制度的职务行为要求，确保所有的规管行为完全出于实现社会所期望的环境保护目标。很显然，这一条件往往是难以完全达到的。在现实中，政府规管执法部门总会在一定程度上产生自身的利益偏向，使规管执法偏离正确方向，而甚至很难完全杜绝执行规管中发生腐败现象。这也是规管制度必须不断改革完善，社会公众总是呼吁深化政府规管制度改革的重要原因之一。

关于环境规管制度的理论，通常假定规管政策会无差异地涉及所有的相关被规管对象（企业）。其实，现实情况往往远非如此，即使是在中国这样的中央集权国家，各地政府实行环境规管制度和政策也总是存在很大的差异性。

第一，环境规管在不同的地区间不仅实施细则不同，而且执法强度以及执法过程中的自由裁量权掌握都存在差异性。即使执行由中央政府制定统一标准的环境保护规管政策，仍然可能发生有的地区规管强度高、有的地区规管强度低的现象。由于存在这种差异，就可能出现这样的情况：规管对象企业倾向于从规管强度高的地区转移到规管强度低的地区，特别是高消耗、高污染的企业在选择进入地区时，各地环境保护规管制度的差异性是重要考虑因素之一。地区之间的这种情况也会发生在不同国家之间，而且表现更为明显，因为国家之间的环境保护标准本身就存在较大差别。

第二，环境规管的企业类别差异，即对有些企业实行较强的环境规管，对另一些企业实行稍弱的环境规管。例如，有些地区对大企业实行更高标准的环境规管标准，而对小企业实行较低一些的环境规管标准。其实，实行较低的环境规管标准，实质上就是进行一种援助性补贴。这种补贴强度取决于该地区的环境承载容量。

第三，规管措施可及性差异。由于政府规管能力或其他可能的原因，在同一地区可能发生对所有的规管对象（企业）难以实行一视同仁的规管强度的情况，因而有些企业受到较严格的规管，有些企业可能违犯了规管制度却没有受到相应的处罚。这种现象可能造成企业之间的不平等待遇，而影响企业间竞争的公平性。

环境规管的差异性会对不同地区及不同企业的竞争力产生不同的影响，因此，人们担心，各地区是否会发生规管（或监管）竞争现象，即实行地方保护主义，导致地区间环境规管的恶性竞争。因为较低的环境保护标准有可能提高本地区产业和企业的竞争力，故有些地方政府会有意或无意地放纵本地企业污染环境的行为。但有学者指出："所谓环境监管发生恶性竞争的证据不足。研究显示，发展中国家的环境监管正变得越来越严格，部分是来自政治压力。实际上很明显，污染的大气和水源在吸引跨国公司的时候是很不利的条件，因为这会导致外国的职业人员不愿意前来工作和居住。""在高收入国家，同样确定无疑的是，环境保护标准在过去二三十年正在竞相提高，而不是恶性竞争。随着监管的加强，地方的空气和水源的质量大有提高。"① 这种情况在中国的一些地区也确有存在，一些地方政府将保护和改善环境，即以创造更高环境质量的方式作为竞争优质要素和优质企业的积极手段和发展策略。

这涉及一个关键性问题：环境规管与产业竞争力之间是什么关系，较高标准的环境保护标准是有利于还是有损于产业竞争力？从统计分析看，在一个相当长的时期内，环境规管和产业竞争力都表现为不断提高，这种相关性是否反映了两者间的因果性呢？我们的研究表明，中国工业发展过程中，工业生产的"清洁度"不断提高。可以确信，环境保护与改善同产业竞争力提升之间存在长期的正相关关系。但是，这种正相关关系是否表明两者之间具有正向因果关系，则是更

---

① ［英］马丁·沃尔夫：《全球化为什么可行》，余江译，中信出版社 2008 年版，第 160 页。

值得研究的问题。

关于环境规管与产业竞争力的关系有两种不同的观点：一种观点认为："某个国家的环境成本通过税收体制'内部化'了，强迫企业加入自己的生产成本，但在世界市场上，其他国家的企业可能没有负担类似的环境成本。如果它们之间出现竞争，那么环境监管严格的国家的企业就必然要面临系统性的劣势。"① 地区之间的情况也是如此。

另一种针锋相对的观点是：假设某个国家的所有企业都必须为污染行为缴税，再为了简化分析，我们假设资本回报率和所有产品的价格都是由国际市场决定，那么，这些企业就必须支付较低的工资，污染越严重的企业支付的工资水平就越低。但问题是，在一个国家内部，同样技能的人得到的工资是相同的。于是，这个国家的经济就必须因为污染税的实施而进行调整，这会带来三方面的变化：这个国家整体上的真实工资水平将下降，以补偿环境改善的收益；该国的企业将更多采纳有利于减少污染的技术设备；污染较严重的企业将会萎缩，向国外转移。但实际上，后一种效应并不明显。总之，这些变化对于国家的竞争力都没有影响。相反，污染税和监管政策将取得计划中的成果——降低污染——部分是通过改变产业结构，部分是通过改变技术特征，从而增进全体国民的福利。只不过作为这种福利提升的部分代价，相对于产品和服务的真实工资水平将下降。地区之间的情况也大致如此。

我们的研究表明，在中国，从总体上来看，环境规管强度的提高并没有影响中国制造业的国际竞争力。至少是，经过 30 多年的长足发展，较低的环境标准对中国产业国际竞争力的影响已经十分有限。

---

① ［英］马丁·沃尔夫：《全球化为什么可行》，余江译，中信出版社 2008 年版，第 221 页。

也就是说，中国制造业国际竞争力的提高不仅是与环境规管强度的提高同时发生（两者具有正相关关系），而且，中国制造业已经有能力接受更高的环境保护标准，甚至可以把提高环境质量作为提升竞争力的一种重要方式，即两者间确实存在企业可以感觉到的正向因果关系。

尽管如上所述，环境规管与产业竞争力之间具有长期的正相关性，而且，也可以观察到两者间的正向因果关系，但是，对于规管对象来说，在短期内环境规管毕竟可能增加企业的成本，实际上，如果规管可以对企业完全不增加成本的话，也就没有必要实行规管了。如果达到环境规管的目标或更高标准本身就能直接提高企业竞争力，那么，企业就会自动去实现，而没有必要让政府采取规管措施来促使企业执行。所以，至少是在短期内，政府实行的环境规管措施总是会增加企业的内部成本。企业必须有能力消化这样的成本，并且不使其竞争力受到难以承受的不利影响，如此才能生存下去。而企业以及整个相关产业是否有能力消化环境规管在短期内所导致的成本上升，取决于企业竞争力的强弱。

一般来说，如果实施一项环境规管措施，例如提高环境保护标准或者增加环境税，对于竞争力较强的企业，不仅在短期内可以承受成本提高的压力，而且有能力尽快实现技术和管理调整，以适应高标准的规管要求。而且，如果环境保护标准的提高能够淘汰一些达不到标准的竞争者，反而可以减轻优势企业面临的竞争压力。但竞争力较弱的企业则可能因难以承受成本提高的冲击而难以为继。所以，环境规管强度的提高，特别是环境保护标准的提高，对产业和企业群体都是一种强制性的"精洗"，可以产生优胜劣汰的作用。这样的情况在中国工业化进入中后期阶段后，在各地都有较普遍的出现。

一般来说，对于处于公平竞争中的产业和企业，尽管环境规管在短期增加成本，但长期却是促进技术进步的，关键在于从短期影响为主到长期影响为主的过渡期路径。也就是说，在一定时期内，环境规管所导致的成本增加既不能过高，让许多企业难以承受；也不能过低，而使规管所产生的技术进步激励强度过低。从理论上说，既要让大多数企业能够承受，又要让企业有相当的压力来提高技术水平，这就是环境规管的适当强度。其中的关键是必须实行规管的一致性和有效公平竞争。

环境规管不仅关系到环保目标的实现以及产业和社会的承受能力，而且，关系到市场竞争的有效性和公平性。不适当的规管可能因过分减少市场竞争主体的数量，导致实际上的市场垄断而影响市场竞争的有效性；也可能因过分淘汰市场竞争中的弱小者（例如小型企业），而影响市场竞争的公平性。特别是，如果规管措施的实施具有不合理的非一致性，即执行人自由裁量权过大，实施规管政策有严有松，"睁一只眼闭一只眼"，或者管得了的管，管不了的不管；甚至因执法者腐败而导致规管一致性的严重破坏，则必然严重损害市场竞争的有效性和公平性。

应该看到，在相当长一个时期内，由于各地区发展不适当地偏向于追求 GDP 指标，不仅环境保护执法失之过松，而且在一些地区非正常的规管差异的存在，导致了严重的环境破坏问题。其突出表现有三：其一，由于没有实现规管的一致性，使得环保目标无法实现，违反环境保护标准的企业从严格实行规管的地区转移到不严格实行规管的地区。其二，发生逆向竞争现象，即严格执行环境保护标准规管的企业反而不如不严格执行甚至完全不执行规管政策的企业，后者的存在可能是由于有某个"后台"关系的保护；这样前者竞争不过后者，导致优汰劣胜，即"劣者驱逐良者"的后果。其三，环境规管制度和政策的实行蜕变成为"寻租"领域，企业不仅可以向监管者行贿而获得豁免，而且，监管者也可以对被监管对象进行要挟而获得不当利益，因此，环保规管成为腐败多发领域。中共十八大以来，加大反腐败力度，对于净化环保规管领域、增强环境规管制度和政策实施的有效性，具有非常积极的作用。

第 七 章

区域递进：超大型国家的复杂话题

中国工业化的地区差异和地区递进是一个非常独特的"中国特色"现象。世界主要工业化国家，尽管也存在地区经济发展不平衡的现象，但是，真正的不平衡性压力通过外部化而大大疏解了。大多数工业化国家在工业化过程中产生的空间不平衡现象主要表现为国家之间的不平衡，例如，欧洲工业国的经济发展水平同非洲的差距。中国工业化的空间不平衡压力是根本不能外部化的，这就必然表现为国内地区间经济发展不平衡现象十分严重。因此，中国工业化过程长期面临着"两大差距"并存的矛盾：一是中国经济发展水平同世界发达国家之间的差距；二是国内较发达地区与不发达地区之间的差距。中国的区域经济发展政策是更倾向于尽快缩小前一个差距，即追赶发达国家的先进水平，还是更倾向于尽快缩小后一个差距，即实现区域经济发展的均衡化，是一个重大的战略抉择问题，也是一个必须协调好的公平—效率关系问题。

◇一　工业化过程中的地区经济关系

工业化是生产要素结合过程，即实现资本、土地、劳动、技术的生产性结合。如果生产要素的初始空间分布是相分离的，那么，生产要素的生产性结合就必须通过空间流动来实现。各种生产要素中，有的是可流动的，有的是不可流动的；在可流动要素中，有的流动性较强，有的流动性较弱。工业化进程中的区域间竞争关系实质上就是各地区以不可流动或流动性较弱的要素，吸引可流动特别是流动性较强的要素。而在经济全球化背景下，必须通过生产要素的全球配置来实现工业化。

中国国内生产力空间分布基本格局和动态趋势是，东部地区相对发达，是中国参与国际产业竞争最具优势的地区。中部和西部地区的发展相对滞后。形成东、中、西三大地带（见图 7—1）。在现行的国际经济秩序中，一般来说，劳动在不同国家间流动障碍较多，比较困难，中国廉价的劳动不可能大量输出国外去同发达国家的资本结合，而只能是海外资本进入中国，首先是东部地区，同那里的廉价劳动结合。同时，由于劳动人口在国内地区间流动障碍相对较小，而且自实行改革开放政策以来，西部地区的劳动流向东部地区的障碍越来越小，所以大量的西部劳动可以流向东部，同东部资本及流入东部的海外资本相结合，很快形成生产能力。特别是，一般来说，流动性强的劳动是相对素质较高的，这不仅表现为较高文化和专业素质的劳动更容易转移，而且表现为同等文化和专业素质的劳动中，综合素质较高、市场适应能力较强的劳动更倾向于地区间转移，并且更容易在新的地区站住脚，成为劳动人口中竞争力较强的新移民。

在中国加速工业化的相当一个时期，东部地区率先发展并积累了相当数量的资本，其中大部分当然再投入在本地区；也有一些向西部地区转移，但开始时相对数量不大。相反，即使东部地区的部分资金通过政策引导流向中西部地区，例如财政转移支付、国债投资、国有

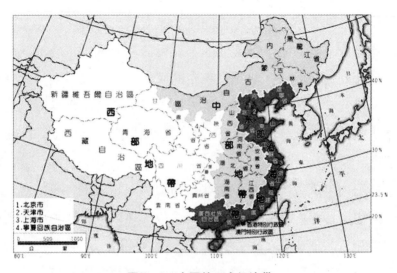

图 7—1　中国的三大经济带

银行政策性贷款等，投资到西部地区，但其中相当大的一部分又会通过市场渠道，例如东部地区的企业承担中西部开发工程项目、向西部地区出售产品、银行在中西部地区的存贷差等，又流回到东部地区。

同时，随着劳动市场的发展和劳动在区域间流动障碍的消除（例如户口管制的放松），中西部地区的劳动特别是较高素质的劳动，具有向东部地区流动的更强烈倾向，一度出现"孔雀东南飞"的局面。东部地区的资本不仅能够获得流入劳动的不断供应，而且在相当一个时期还能遏制劳动价格尤其是"农民工"工资的上升，从 20 世纪 80 年代直到 21 世纪初期，中国劳动工资水平几乎处于超稳定状态，这更有利于东部地区的工业发展。特别是东部沿海的长江三角洲、珠江三角洲等地区，成为世界少有的加工制造业集聚地区，其比较优势和竞争优势都将极为突出。

所以，从 20 世纪 80 年代到 21 世纪初期，以东部地区产业为代表的中国产业同世界发达国家及地区之间差距缩小的速度，要远快于中国东、中、西部地区之间差距缩小的速度，东、中、西部地区之间产业发展水平的差距在这一时期进一步扩大。直到 21 世纪初期以后，特别是进入第二个十年时，这一趋势才发生明显改变。那时，随着东部地区发展水平和收入水平的提高，一些生产要素主要是劳动力、土地等的成本正率先上升，工业化进入中后期时必然会有一些产业开始形成转移要求，出现向中西部地区转移的趋势，并表现为中西部地区的经济增长率持续性地高于东部地区。

　　20 世纪 90 年代末至 21 世纪初期，中央提出了西部大开发战略和中部崛起战略，加快缩小上述第二个差距的速度成为区域发展战略的主要方向。1999 年 6 月，中央主要领导人提出，加快中西部地区发展步伐的条件已经具备，时机已经成熟。1999 年 9 月，中共十五届四中全会明确提出：国家要实施西部大开发战略。1999 年 11 月，中央经济工作会议部署，抓住时机，着手实施西部地区大开发战略。2000 年 1 月，国务院西部地区开发领导小组召开西部地区开发会议，研究加快西部地区发展的基本思路和战略任务。2001 年 3 月，九届全国人大四次会议通过的《中华人民共和国国民经济和社会发展第十个五年计划纲要》对实施西部大开发战略再次进行了具体部署。西部大开发总体规划可按 50 年划分为奠定基础、加速发展和全面推进现代化三个阶段。

　　中国西部大开发区域图中西部大开发的范围包括重庆、四川、贵州、云南、西藏自治区、陕西、甘肃、青海、宁夏回族自治区、新疆维吾尔自治区、内蒙古自治区、广西壮族自治区等 12 个省、自治区、直辖市，面积 685 万平方公里，占全国的 71.4%；2013 年末人口 3.6637 亿人，占全国的 26.92%；2013 年国内生产总值 126002.78 亿元，占全国的 22.15%。由于自然、历史、社会等原因，西部地区经济发展相对落后，人均国内生产总值仅相当于全国平均水平的 2/3，不到东部地区平均水平的 40%，迫切需要加快改革开放和现代化建设步伐。西部大开发战略的主要举措如下：第一，加快基础设施建设。以公路建设为重点，加强铁路、机场、天然气管道干线的建设。加强电网、通信、广播电视以及大中城市基础设施建设。尤其要把水资源的合理开发和节水工作放在突出位置。要抓紧做好若干重大骨干工程的研究论证和前期准备工作，争取早日开工。第二，切实搞好生态环境保护和建设。要加大长江、黄河上中游天然林保护的实施力度。陡坡耕地要有计划、有步骤地退耕还林还草。第三，根据当地的地理、气候和资源等条件，着力发展有自己特色的优势产业，有条件的地方要发展高新技术产业。第四，大力发展科技和教育。加快科技成果转换，积极培育各级各类人才，全面提高劳动者素质。第五，进一步扩大对外开放。改善投资环境，积极引进资金、技术和管理。

在提出西部大开发战略不久，即进入 21 世纪时，中央又提出并开始实施中部地区崛起战略。中部地区是指包括山西、安徽、江西、河南、湖北和湖南六省在内的区域，是中国重要粮食生产基地、能源原材料基地、装备制造业基地和综合交通运输枢纽。中部地区土地面积占全国 10.7%，人口占全国 28.1%，GDP 约占全国 20%。2009 年 9 月 23 日，国务院常务会议讨论并原则通过《促进中部地区崛起规划》。根据规划，到 2015 年，中部地区经济发展水平显著提高，粮食生产基地、能源原材料基地、现代装备制造及高技术产业基地，综合交通运输枢纽"三个基地、一个枢纽"地位进一步提升；经济发展活力明显增强；可持续发展能力不断提升；和谐社会建设取得新进展，城乡居民收入人均增长率均超过 9%。

西部大开发与中部崛起是中国工业化地区间梯度推进的必然趋势，是顺势而为的战略取向。尽管从中国区域经济结构的总体特征看，由于东部地区和中西部地区经济发展水平呈梯度差异，社会生产力从东部地区向中西部地区的逐级扩散、梯度推进，是一个自然过程，但是，中西部地区发展的条件与东部地区当年加速工业化时的情况是有很大差别的。

第一，从20世纪70年代末开始加速的东部地区经济发展主要依靠传统产业的大规模数量扩张，中国经济的整体规模和产能已经非常庞大，中西部地区经济如果继续沿着数量扩张路径发展，将遇到障碍：外需增长减缓，内需水平较低，大多数传统产业的发展进入成熟阶段，市场趋于饱和。因此，中西部地区的工业化不可能仅仅依靠数量增长模式来实现。

第二，东部地区的工业化初期，依靠比较优越的自然条件，以农业高产量增加收入，形成资本原始积累，为地区工业化奠定了基础；而中西部地区的农业发展不再能够依靠高产量获得高效益，农产品结构问题（品位低）十分突出，如果不调整农业结构，很可能发生增产不增收，甚至农业越增产财政越困难的情况。

第三，东部地区主要通过一般技术的扩散和模仿来实现高速工业增长，加上生产要素的低成本供应，而且，东部地区具有制造业的较长历史，商业文化条件有利于较快实现农业向工业特别是制造业的转移。而中西部地区一些经济发展水平相对较高的地区，经济增长主要依靠自然资源（例如煤炭）的开发，商业文化条件同制造业发展存在一定的距离，当资源开发成本上升，以资源开发和资源初级加工为基本特点的单调工业结构可能使中西部地区的比较利益关系和贸易条件趋于恶化，如果加工能力的扩张缺乏经济效益的支撑，则向先进制造业的升级往往会遭遇一定困难。

第四，东部地区的加速工业化时期，整个国民经济还属于短缺经济，市场需求空间大，大多数产业处于成长阶段，可以依靠填补各类产业中供不应求的缺口获得增长空间。而当中西部地区进入加速工业化时期，已经面对相对过剩经济，大多数传统产业已进入成熟阶段，往往出现产能过剩现象，后来者的产业发展必须通过挤入饱和的市场来寻求生存和扩张机会，市场竞争的加剧对中西部地区的产业发展形成了更强的压力。

第五，东部地区的加速工业化依靠沿海区位优势，获得了有利的交通运输条件和便利的对外开放条件。而中西部地区虽然靠巨额投资进行基础设施建设，改善交通、通信条件，一定程度上弥补了区位劣势，但较高的交通运输成本毕竟是对中西部产品竞争力的不利影响。特别是随着对外开放的不断扩大，中西部产品（特别是资源产品）同外国产品进行竞争，其区位因素所造成的成本负担成为不可忽视的问题。

第六，从对外开放的态势看，东部地区的加速工业化时期，国内市场尚处于较高的贸易保护状态，一些先行开发的地区可以通过实行变通（优惠）政策实现对外开放，参与国际分工，幼稚产业的发展则处于被保护状态。而中西部地区进入加速工业化阶段时，国内市场已经相当开放，国际竞争压力越来越大，贸易保护政策越来越不可行，各类产业都处于国际竞争的"暴露状态"之下。

总之，中西部地区的开发与崛起同东部地区加速工业化时期所面临的经济环境具有明显的差别。中西部地区虽然也有许多优势，但面临的挑战更为严峻，因此，必须探索适应新情况的新战略，归根结底是必须根据中西部地区经济的自身优劣势条件，培育自我发展的竞争力。其中，最突出的一个问题是，中西部地区的传统优势产业往往是资源型产业。在经济发展的初级阶段，充分利用当地资源，"靠山吃山，靠水吃水"，有其必要性和合理性，因而往往自觉或不自觉地走上资源依赖型的工业化路径。资源依赖型战略通常存在突出的缺陷：一方面，资源产业往往具有成本递增的特点，随着资源的深度开发，低成本优势渐趋消失，而且，资源产品的差异度低，进入低平均利润状态后，难以通过技术（产品）创新提高效益水平；另一方面，资源需求的增长弹性低，资源产业的价格风险和汇率风险大，因而产品价格波动大，产业效益受价格变动的影响大，汇率变动对其价格和效益的影响也很大，所以，资源产业进入国际竞争后，不稳定性较强。这样，经济增长高度依赖资源开发的地区往往会受到市场景气波动和国际市场动荡的不利影响。

资源依赖型战略的合理性在于可以充分体现地区比较利益原则，发挥地区比较优势的积极作用。尽管有效利用地区资源可以奠定经济发展的基础，"有水快流"，但从长远看，国家或者地区经济的发展水平同其（自然）资源的丰裕度并没有显著的相关性。也就是说，资源丰裕度高的国家或地区经济发展水平未必高，而资源丰裕度低的国家或地区同样能达到较高的经济发展水平，甚至还往往出现"资源诅咒"现象，即丰裕的资源反而对经济发展产生负面作用，阻碍制造业的发展，不利于现代工业文明的形成。

为了培育地区经济的产业竞争力，摆脱对资源的过度依赖，克服区位条件的不利因素，中西部地区努力实现战略的重大转变：从资源开发导向转变为市场开拓导向，资源开发向深度加工发展；产业和产品结构不断适应市场需求及其变动趋势，以创新方式承接东部地区的产业转移。实现这一战略转变的中西部地区产生了一批优秀的企业，形成了具有较强竞争力的产业集聚区和经济增长极。例如，西部地区的重庆和四川成都，中部地区的武汉、郑州、长珠潭地区等，都已成为中国工业化进程中令人瞩目的明星地区。

中国工业化另一个突出的区域关系特点是，地区之间的竞争是推动经济增长的强大动力。在一国之内，不仅劳动力的空间转移障碍比国家间小得多，而且技术的模仿、扩散也容易得多。所以，在中国工业化进程中，地区间竞争导致"重复建设"和地区间"产业同构"现象十分突出。

当市场经济焕发出巨大的生产积极性，利益刺激成为强大的产能扩张诱因时，一定程度的生产过剩就成为难以避免的现象。只要有市场需求和利润空间，就会有企业投资的强烈欲望。而且，中国工业结构中较高水平和低水平的生产能力并存，各地区都希望尽快通过技术模仿加快工业发展。而并不完善的市场机制还无法做到实现资源有效配置和良性竞争的优胜劣汰，甚至可能发生逆向淘汰和"劣质品驱逐优质品"的状况。一般来说，在竞争性行业中，在正常市场竞争秩序中，企业合法经营，不产生严重的外部非经济现象，例如破坏环境、浪费资源、侵害劳动权益、危害安全等，就应视为可以允许的行为，即使导致一定程度的重复建设在经济上并不十分合理，也不应采用行政性的手段进行强制性调节，而应由市场调节的方式，通过公平竞争的优胜劣汰机制来实现资源有效配置。但是，对于恶性的重复建设，即以不正当竞争手段（包括地方保护）、存在严重的外部非经济现象，例如破坏环境、浪费资源、侵害劳动权益等，甚至进行非法经营而发展起来的重复建设生产能力，政府往往不得不采取强烈的行政性手段进行规范、限制和淘汰。从20世纪90年代末到21世纪初，为了制止不良甚至恶性的重复建设，缓解市场供需矛盾，改善产业结构，保护生态环境，保证劳动安全，国家就曾实施了对纺织、冶金、煤炭、玻璃等行业的压产限产和清理关闭"五小"企业的措施，使这些行业供需严重失衡的状况得到缓解。但 2001 年以后，平板玻璃、小煤窑、普通小型钢材、线材以及纺织等行业又都出现了产量大幅度增长、投资额明显增加、低水平重复建设抬头和非法开采死灰复燃的现象。此后，直到进入"十三五"时期，重复建设、产能过剩等"老毛病"屡屡发生。由于情况日趋严重，2015 年，中央做出了以"去产能、去库存、去杠杆、降成本、补短板"为突出内容的"供给侧结构性改革"决策。

◇二 向经济腹地推进的工业化

中国工业化的空间态势除了总体上从东部地区向中西部地区的梯度推进之外，还表现为从先发地区向更广阔的腹地空间加速扩散的过程。中国改革开放 30 多年以来工业化的先发地区和经济增长极主要位于东部沿海地区的中心城市圈，形成了若干具有较大经济实力的工业化前沿地区：长江三角洲、珠江三角洲、环渤海经济圈等。内陆地区也有一些中心城市和经济区获得较快发展，但总体上滞后于沿海地区。尤其是，广大县域经济明显落后于中心城市，产业结构大都以农业生产为主，工业和服务业均不发达，农业现代化水平也不高。不仅内陆地区的县域经济如此，沿海地区的许多县域经济也明显落后于城市经济。例如，珠江三角洲的粤北地区、长江三角洲的苏北地区、环渤海的诸多农村地区等，甚至仅距北京和天津数十公里的河北省县域经济都仍是经济发展水平较低的"经济洼地"。工业重地东北三省，总体态势也大体类似：较发达的中心城市和不发达的县域经济并存。

中国工业化的区域不平衡性所导致的经济"高地"和"低地"间发展水平差距很大，而且，高地和高地之间也有许多经济不发达的"洼地"。这是中国经济"不平衡、不协调、不可持续"问题的突出表现之一，因此，中国工业化的显著空间特征之一是向三大经济腹地快速推进。这三大经济腹地即沿海腹地、内陆腹地、县域腹地。沿海腹地是指东部沿海区域中的较不发达地区；内陆腹地是指中、西部地区；县域腹地是指广大的农村。

经过30多年的快速工业化，中国不仅具有向三大经济腹地推进的必要性，而且也基本具备了可行的条件。一是具有了较强的经济实力和技术能力，资金和人力资源有了很大增长。二是基础设施条件明显改善，经济腹地相对不利的区位条件有了很大改观。三是企业家队伍已经成长起来，市场经营的经验和抗风险能力有了很大提高。四是中心城市的发展趋向成熟，开始从对资源的强"吸纳"性逐渐向强"辐射"性转变。例如，上海对周边地区的辐射效应以及长江三角洲地区向长江中游地区的辐射效应都逐渐增强，资源吸纳相对减弱。中心城市经济能量的更快扩散将更有助于腹地经济的加快发展。

工业化向三大经济腹地的较快推进反映了中国工业化中后期经济发展向增长的多极化、均衡化、一体化和内需化转变的趋势。

首先，工业化初期，中国经济增长主要依靠为数不多的一线沿海中心城市的强势发力，使一部分地区先发展起来。除了一些一线城市外，其他地区包括一般城市经济的发展均相对滞后。经过一段时间的高速扩张之后，这些一线中心城市开始出现过度拥挤和增长趋缓的态势，中国必须形成更多的增长极，才能保持经济稳定较快增长。

其次，中国经济发展具有渐进式改革和级差式发展的重要特点，其后果之一就是不均衡性相当突出，引发各种不平衡和不协调的矛盾和问题。工业化的重心必须有序快速地向经济腹地大幅度推进，使三大腹地的经济和社会发展水平更快提高，才有可能实现中国经济发展的相对均衡化。

再次，随着经济的发展，各地区将形成更大范围的经济一体化趋势，包括省域中心城市与更大范围周边地区的经济一体化、跨省经济合作和市场一体化，以及城乡经济的一体化。只有在普遍实现区域经济一体化的条件下，才能真正实现没有地方保护主义壁垒的经济"全国化"。以全国化的中国经济融入全球化的世界经济，才能实现中国这一大国经济的可持续发展，避免落入"中等收入陷阱"。

最后，只有从以中心城市开放为主而腹地经济相对封闭的格局，向三大经济腹地全方位开放的格局转变，中国经济才能真正实现以扩大内需为重点的宏观结构转型目标。当前，中国经济内需（主要是国内消费需求）不足的重要原因之一就是，经济腹地相对封闭而一线中心城市高度开放，使沿海中心城市同国际经济的联系比同腹地经济的联系更紧密，因此，庞大的生产能力同相对狭小的腹地市场相脱节，不平衡。所以，只有实现腹地经济的全方位对内对外开放，才能真正奠定内需增长的基础。

过去人们往往有一种认识，认为沿海地区的区位条件更有利于经济发展，而内陆腹地由于其区位劣势难以成为经济较快发展的地区。在解释世界各国工业化差距时，有些人也以此作为归因逻辑，得出沿海发达内陆落后的结论。但事实并非全然如此。综观世界各国工业化的历史和今天的世界经济版图不难看到，沿海国家和地区固然有其优势，但内陆国家和地区也不乏工业化成功的案例。其中最具代表性的是瑞士、卢森堡、奥地利等内陆国家，它们都达到了经济发展的很高水平，使许多沿海国家也望而兴叹。再如令人羡慕的德国，其经济发达地区也有法兰克福、鲁尔等最著名的内陆地区。这些内陆国家和内陆地区，有的是得益于丰富的自然资源，有的是区域或国际交流的枢纽地带，有的依靠发达基础设施建设改善了区位条件并形成了具有很强竞争力的实体产业。总之，内陆腹地同样具有工业化的光明前途，并不是工业化阳光难以普照的地方，而且，往往能够形成非常坚实的实体经济基础。

中国工业化同样表现出经济腹地强劲的发展势头。进入 21 世纪，一些经济腹地的增长率已经高于曾经是前 30 多年主要增长极的沿海中心城市经济，区域间发展差距扩大的趋势已经基本扭转。沿海中心城市同经济腹地在经济版图中的比重也正在出现后者趋向上升的局面。

首先，沿海腹地正在成为中心城市扩大辐射范围的产业承接地区，甚至一些高端产业也在往中心城市周边地区以及周边省域布局；一些内部发展水平差距较大的沿海地区（例如广东省），中心地区的产业正较快向相对不发达的远周边（例如粤北）地区转移；一个相当明显的现象是，一些省市长期以来就一直试图（通过行政性方式）进行跨省（市）规划合作而实现经济一体化，过去想做甚至下过很大的力气但难以做到，现在却正在出现加快形成更紧密的区域融合的趋势，有望实现长期求之而不得的地区经济一体化目标（例如长三角地区）。

其次，内陆腹地正在以快于沿海地区的速度增长，特别是中部崛起和西部大开发战略取得显著进展，中西部地区正在形成若干较大的中心城市和城市群，资源开发及制造业加速增长，城乡一体化和"两型社会"建设正在成为中西部地区经济社会发展的很大特色。

再次，县域经济正在成为越来越具有活力的发展空间，尤其是众多工业园区和其他产业园区的开发建设，成为县域经济发展的重要支点。县域经济所具有的空间优势正在凸显，而且，将工业化与现代农业及服务业结合，也是县域经济的独特优势。

经济腹地各地的区位、资源和生态环境条件各不相同，并无同一的发展模式，但有一些共性。第一，腹地经济发展都非常重视基础设施建设，着力于改善对外开放和区域交流的物质条件，以较完善的基础设施克服区位劣势，培育具有国际竞争力的产业群。第二，各地区都十分重视科学规划，制定具有前瞻性的发展战略，形成符合本地区现实条件的具有竞争力的产业链及产业集聚区。第三，腹地经济发展注重城乡协调、城市群建设和相邻区域经济的一体化，打破城乡分割、城市间隔阂和相邻地区相互封锁的格局。其中，特别重要的是，各地政府积极地促进形成协调发展和一体化发展的格局，避免成为导致相互分割封锁的消极行政因素。第四，注重鼓励创新思维和增强民间经济活力。同沿海地区相比，经济腹地由于过去的封闭性和交流条件的相对不便，往往影响了人们的观念意识，使人们缺乏创新开放的思维方式，表现为民间经济活力不足。因此，经济腹地的许多地区都能知耻而后勇，致力于激发创新、进取、开放的社会活力。第五，重视处理好产业竞争力、生态环境保护和民生福利之间的关系。工业化的推进归根结底要依靠培育和发展具有竞争力的产业，而产业的发展必然会对地区的生态环境产生一定的影响，而且，工业化的过程也必须是一个民生改善的过程。问题是，民生改善（包括工资水平和社会福利保障水平的提高等）同产业竞争力以及生态环境之间存在着既相互依赖又具有一定程度的矛盾性的关系。科学处理好这三者间的关系，使之良性互补互动，是实现腹地经济长期可持续发展的决定性战略问题。

◇三 区域经济的新常态发展

21世纪第二个十年，中国工业化进入新阶段，中国经济发展开始进入"新常态"，区域经济发展也表现出一系列"新常态"现象。占世界人口1/5左右并居于世界地缘政治格局中极为重要地位的中国崛起已进入了最重要的历史关头。中国崛起进入超越世界"平均数"水平阶段，自此往后，一方面，中国国内各地区的发展还要继续"追赶"发达国家；另一方面，一些地区已开始接近和进入经济发达地区的门槛。更重要的是，中国200多年来身处世界平均之下的经济发展"洼地"之中，历经艰难苦斗，现在不仅越来越接近平均水平高度，而且不断有一些地区经济"高地"隆起，率先发展的沿海省市人均产出和收入超越世界平均水平，冲击高收入标准。这就如同一个巨大的建筑物建设工程，正在完成其"正负零"的阶段，进入了工程"新起点"，未来将日新月异，更令世界瞩目。中国区域经济发展的基本态势正在发生深刻变化，其发展战略空间也将发生重大变化，同时，所面临的问题也更为复杂和深刻。

中国经济发展这一常态性变化必然在区域经济发展中十分突出地表现出来。从经济增长态势看，2014年，31个省级区域中仅西藏GDP增幅达到预期目标，其余各地GDP实际增幅均低于预期，其中，山西、黑龙江、辽宁、云南等地与原设定的目标差距达3个百分点。2015年，除西藏外，所有省、自治区、直辖市均调低了经济增长率目标，其中，上海市干脆不设 GDP 增长率目标。这一方面表明，中国经济确实已从高速增长，转向了中高速增长，各地区经济增长率将发生 2—3 个百分点的下滑；另一方面也表现出了各地区在处于经济发展新常态时的困惑。进入工业化深化阶段，不仅决定潜在增长率的诸多因素发生了很大变化，而且，社会价值优先顺序也发生了显著变化，越来越表现为权衡的物质主义观念和行为特征。因此，GDP 增长确实不像以往那样几乎是唯一重要的发展目标，"发展是硬道理"不再简单归结为"以 GDP 论英雄"。当然，在新常态中，经济增长率即 GDP 也绝不是完全不重要了，甚至要诅咒 GDP 了。其实，从统计技术上来说，GDP 仍然是一个难以用其他指标来替代的反映宏观经济状况的指标。经济状况的各个方面，例如，就业、财政、金融、债务、贸易、物价水平、大宗商品供求及价格等，均与 GDP 增长有直接或间接的关系。可以说，地区经济发展仅追求 GDP 是不行的，但没有 GDP 也是万万不行的。

由于中国正在接近和跨越世界人均 GDP 的平均数水平，物质财富创造和积累的工业化时代尚未度过，因此，尽管一些地区可能出现工业化后期甚至后工业化现象，但更多地区仍然面临着工业化向深度推进的任务，还有一些地区尚处于工业化中期甚至初期阶段。因此，中国经济追赶发达国家的"一次性过程"仍在进行。

不过，亢奋的物质主义时代毕竟已经过去，为了物质财富目标而不惜牺牲生态环境和民生福利的血拼式竞争年代已成历史，社会心理将更倾向于长期理性、公共思维和持久耐心，国家发展的战略思维将更体现为长远眼界、长效目标和长治久安。所以，地区经济发展的战略思维也必须适应时代变迁中的新常态。

进入新时期后中国区域经济发展将出现一系列新现象。未来的经济发展将不再主要依赖政府的"加力"，而要靠更有效地发挥市场活力而形成创新驱动的发展方式。每个地区的发展都会考虑各产业发展对本地区的价值，不可再采取"血拼"的方式"竭泽而渔"，而必须注重作为地区主体"居民"的利益和意愿。倾斜式、差别化、行政化的区域经济政策取向，正在向更加开放、统一、公平的区域经济政策取向转变。这些实际上都是战略选择的价值顺序从亢奋的物质主义向权衡的物质主义转变的表现。

问题是，即使是在公平竞争的市场体系中，地区之间也是存在客观上的竞争关系的。如果地区间竞争目标不再主要是 GDP 增长，竞争方式也不再主要是以低价资源和环境损失为代价的差别性特殊政策的补贴"加力"，那么，区域发展的战略作为将体现在哪里呢？如果地区发展必须在多项战略目标间进行权衡和选择，那么，可以有所作为的战略空间状况如何呢？有一沿海发达省份的政府政策研究部门的负责人在研究中发现，如果再与其他地区进行 GDP 增长的竞争，该省已不具优势，而且成效不彰，代价很大。因此，区域间竞争必须有新的战略目标，他提出，"蓝天、绿水、高收入"应是该省追求的主要政策目标，即在更清洁的空气、更环保的水源和可以支持更高收入的产业结构上，居全国领先水平。如果这样的区域发展战略目标对于该省是合意的，那么，是否也是可行的呢？如果对于较发达的地区这样的目标是可行的，那么，对于其他地区也是可行的吗？我们看到，有些地区确实规划了本地区发展的独特战略，甚至有"生态城""慢城"之类的非工业化战略方向。这样的地区发展战略取向的可行性要取决于从当前到 21 世纪中叶，中国以及各区域的发展战略空间的演变，即各地区经济发展的战略进取回旋余地能否支持区域发展取向转向权衡的物质主义方向。

随着中国经济规模的迅速扩大，中国经济发展的战略空间也快速演变。所谓"战略空间"是指，经济活动和经济主体行为可施展的领域以及与之相关的资源利益构架。就区域经济发展而言，其战略空间涉及要素、技术、文化以及地缘政治等方面。自 20 世纪 80 年代以来，中国以亢奋的物质主义所推进的工业化，极大地拓展和改变了地区经济的战略空间，也在一些方面形成了空间拥挤和空间狭窄现象。所谓"空间拥挤"是指过度密集的经济活动和亢奋行为所导致的空间承载困难；"空间狭窄"则是指经济活动和经济主体的行为因受到某种制约而难以向广度或深度拓展。当前，关于中国区域经济发展战略空间的变化至少有以下几个问题尤其值得观察。

第一，资源要素空间。中国经济 30 多年的高速增长，依赖于"有水快流"和"靠山吃山，靠水吃水"式的资源要素大量投入。各地区都从发挥资源和区位优势入手，通过拓展资源要素空间获得了经济增长推力：矿产采掘、土地开发、大量建房、各类开发区建设……很快形成了巨大的生产能力，各地城乡面貌也大为改观。同时，也出现了空间拥挤现象，突出表现为环境质量恶化、城市交通阻塞、水资源短缺等。但是，越来越多的地方也有似乎相反的情况：能源资源供大于求、房屋空置、开发区招商困难……"缺人"反倒成为一些地区发展中的突出问题。如果按照各地城市规划预期未来所要达到的人口数来估算，居然存在很大的"人口缺口"，中国似乎已经成为一个人口供不应求的国家。有些地区，例如东北地区以及许多中小城市，已经明显感受到"缺人气"所产生的制约和面临的要素瓶颈。有些地区（城市）为了达到规划人口规模，只能依靠扩大辖区面积和合并周边市县，或者把更多的市县变为大城市的"区"。中国之所以有如此多人口众多的"大市"，既是人口真实集聚的表现，也是将更大面积划归为行政"市"的结果，很大程度上是一种统计表象。这表明，各地区的发展依赖于快速地投入了大量资源要素，而经济活动的密集程度不相适应，空间吸引力不足。矿藏资源、土地资源、环境资源的大量开发投入，反而扭曲了原本具有优势的资源要素空间结构。资源优势反而成为经济劣势，例如产煤大省山西、资源密集产业地区东三省等，经济活动反而缺乏活力且景气度较低。实际上，上述资源空间问题直接表现为经济活动"盈利空间"的狭窄，即资源的大量投入尽管可以获取"一次性"盈利，却未能有效地转化为经济活动持续性的盈利空间，做实业"不赚钱"成为许多地区经济发展的困惑。因此，增强地区发展的资源要素有效空间，即培育经济活动的持续盈利空间和便利性空间，是实现各地区经济发展的关键之一。① 实行以形成经济活动低密集度空间为导向的区域发展战略，并非完全没有可能性，但是，基于中国的具体国情，自然环境、人化环境与人类活动密度的相互关系必须达到并维持经济活动一定的盈利空间和便利性空间的水平，才能实现区域经济的可持续发展。

第二，产业技术空间。各地区资源要素开发未能形成经济发展更大的战略空间，特别是有效的盈利性空间的最重要原因之一是产业技术空间的拓展相对迟缓。笔者曾撰文论述，中国产业发展走的是"开阔地推进"的"平推式"工业化路径。即迅速进入和拓展具有大规模市场空间的产业，在扁平的技术层面上进行"低成本替代"的模仿性创新，生产大量具有较高性价比的产品，占据很大的市场份额。以规模"大"论英雄，往往可在短期内就获得显著的商业成就，但这样的技术路径导致了中国企业的产业和产品的技术空间狭窄，差异性

---

① 金碚：《改革红利与经济便利性》，《中国经济学人》（中英文版）2015 年第 2 期。

小，替代性非常强，在激烈竞争中迅速接近低利润甚至零利润边界。当前的严重"产能过剩"现象，实际上就是产业技术空间狭窄的表现。企业家们似乎感觉，"生产什么什么过剩，不知道还能投资什么实业"，因此，只有不断进行技术深耕，走"立体式"工业化道路，实现全方位多层次产业技术升级，才可能拓展产业和产品的更大战略空间。而且，技术进步的取向不应仅仅是"财富积累"，而更应是"绿色清洁""品位精致"和"可持续性"，这样，产业技术空间才能极大拓展，以这样的产业技术为基础，地区经济发展的战略空间才能更为开阔。这样，各地区的发展不再是在同一产业技术层面上攀比拥挤，而是在多维的技术空间上展现其千姿百态。

第三，地区文化空间。从世界各国工业化的历史和现状看，各国或各地区经济发展的战略空间受其地区文化的深刻影响。例如，即使像美国这样具有较强创新能力的国家，"硅谷"的创新模式也是难以在其他地区复制的。产业在某地区是否能生根，能否具有持续的竞争力，其地区文化空间格局具有长期性的深刻影响。在当代世界，工业化的开放性和全球性，使得各地区的产业文化往往是由"全球化文化""本地文化"和"移民文化"所混成的。也就是说，现代工业文明不仅具有全球性、西方性，而且具有本地性。工业化进程越是往前推进，本地文化的影响可能越显著。所以，我们可以观察到，世界各国工业化早期和中期通常相似性较强（有的经济学家将其描述为工业化进程中的产业结构"标准型式"），而到了工业化的后期，各国都会走上与众不同的方向。综观世界，由于各国各地具有各方面的独特性，工业文明也分为不同的地区类型，包括采掘文明、贸易文明、地产文明、制造文明、金融文明等，其中，制造文明具有决定性的意义。而且，即使都属于制造文明，各国各地区也会有不同的产业文化特点。例如，中国许多地区的产业文化，具有强烈的"地产文明"特点，而制造业具有注重模仿、产品从众、价廉物美等特点，企业家的价值追求比较单一，因此，规模大、高性价比、薄利多销等往往成为中国产品的竞争优势。但这样的状况也有其弱点，即往往导致其产业文化空间比较狭窄，产品缺乏文化特质，附加价值偏低。其实，中国消费者文化鉴赏能力较弱、更注重产品的物质功能实惠，也是限制中国产业和产品的文化空间的原因之一。当然，以上所述仅是就一般情况而言，实际上，中国各地区的产业文化差异相当大。例如，采掘文明地区与制造文明地区，各具产业文化特质，其未来的地区经济发展走向也可各自扬长避短，发挥优势。当然不同地区也面临着共同的问题，即从长远看，地区产业文化空间对产业技术空间具有广泛而深刻的影响，各地只有形成自己的地区产业文化特色，克服产业文化的单薄性，才能拓展地区经济发展的更大战略空间。

第四，地缘战略空间。各地区的发展，包括上述地区资源要素空间、产业技术空间和地区文化空间的演化变迁，都是在长期的地缘关系和政治经济关系的演化过程中发生的。从历史上看，中国各地区的发展受到中国所处的地缘政治格局及其变迁过程的影响。数千年中，中国曾经长期居世界经济发展的"中心"地位，而近代以来，西方"海权国家"率先进入工业化，大西洋濒海国家成为全球经济发展的核心国家，其他国家则成为"外围"或"边缘"国家。在这样的海权时代，中国的地区经济逐渐形成了"东、中、西"的梯度发展格局。当前，世界地缘经济和地缘政治格局正在发生深刻的变化，加之交通工程技术（例如高速铁路、公路、航空等）和电子通信技术（例如互联网、移动通信、卫星等）的长足发展，欧亚大陆内的"互联互通"以及海洋新通路的拓展，将极大地改变全球的地缘政治格局和世界经济发展态势。最近，中国提出"一带一路"（丝绸之路经济带和21世纪海上丝绸之路）战略，正是适应和引领这一国际大势的积极作为。中国东临太平洋、西面欧亚大陆中心、南出可连通印度洋、北接俄蒙广阔腹地，可享大陆经济和海洋经济之双向优势。一些地缘政治学家指出："具有重大地缘政治重要性的是这一事实，即中国既是海洋导向又是大陆导向。"中国经济的长足发展将导致形成世界第三大地缘战略辖区："混合型大陆兼海洋的东亚辖区。"① 因此，在全球地缘关系巨变的背景下，中国东、中、西部各地区发展的战略空间都将发生极大的变化，过去交通闭塞的地区可能成为"交通要道"；过去的边远地区可能成为"国际门户"；过去的内陆地区可能成为"开放前沿"；过去的东部沿海地区将成为300万平方公里海域的"大陆后方"。总之，各地区都将可能在中国及周边经济国家发展新的"点、线、带、区、网"地缘格局上获得更大的战略空间，关键在于，我们是否能够形成适应新常态的区域经济发展战略思维。

总之，当中国经济发展进入以"新常态"所表征的工业化深化的新阶段，社会价值取向从亢奋的物质主义向权衡的物质主义转变时，地区经济发展的战略思维和政策目标必将进行适应性调整。以往那种在较狭窄的资源要素空间和扁平技术层面上进行的"平推式工业化"，已经面临战略空间狭窄的约束：出现了资源边际效率下降、加工产能过剩、盈利空间收缩、区域吸引力不足、环境承载瓶颈等现象，并集中表现为经济增长率的下行压力。因此，各地区经济发展必须向资源要素、产业技术、地区文化和地缘格局的深度层面进行战略空间拓展。这种战略空间拓展绝不能再循过去那种"开阔地扩张"模式，不

---

① ［美］索尔·伯纳德·科恩：《地缘政治学——国际关系的地理学》（第二版），严春松译，上海社会科学院出版社2011年版，第41、43页。

能再持过去那种"短、平、快"思维，即短期目标导向、平面推进扩张、追求快速见效，而要有体现长远眼界、长效目标和长治久安的战略思维，以长期理性、公共思维和持久耐心，适应和引领"新常态"下的区域经济发展格局。

◇四　区域经济发展政策取向的转变

从 2012 年中共十八大以后，新一届中央的经济政策理念同过去相比有非常大的变化，明确表示，除非发生超出容忍限度的情况，中央政府不再以采取强力刺激的方式进行宏观经济干预，而是要通过深化改革和减少政府干预的方式释放微观经济活力，特别是，强调在公平竞争的条件下由市场来发挥资源配置的决定性作用。

也就是说，未来的产业发展将主要不再依赖政府的"加力"，即政策刺激，而要靠更有效地发挥市场活力。这意味着区域经济政策取向发生了转变：不再像过去那样主要依赖各种各样的"优惠待遇""特殊政策"，而是更强调地区间的更大程度开放，消除地区壁垒，减少歧视性政策，形成统一开放的市场，进行更大范围的公平竞争。如果说过去促进区域经济发展的标志性政策是"经济特区"，那么将来的标志性区域政策则是"自由贸易区"。前者的含义是"特区可实行而其他地区不实行"，即特殊待遇只可限于特殊地区或园区；而后者的含义则是"自贸区实行的其他地区也可以实行"，即"可推广，可复制"。也就是说，各地区的发展将不再依靠差别性特殊政策的刺激，而主要依靠统一开放市场条件下的公平竞争。这样，产业发展再没有政策捷径可寻，不能吃"政策偏食"，于是只有一条路：创新！而且是内因驱动的自主技术创新，而不仅仅是利益诱导的迎合性外因激励创新。

区域经济政策取向这一变化的显著表现之一就是，各地区出现区域经济一体化范围不断扩大的趋势：不仅各省级行政区内一些市县形成经济一体化区域；尤其是跨省级行政区的区域经济一体化趋势将显著增强，例如长三角、珠三角、京津冀等，将成为越来越重要的区域资源一体化配置空间和产业创新的更大协同区；而且，将形成大跨度的经济带，例如长江经济带、丝绸之路经济带等。"因为在全球化市场上，任何全球参与者的生存都取决于它所在的集群提供的所有优势。因此，区位变得更加重要。"这种重要性也表现为"随着交通成本的下降，生产更加集中于一个集群，并且地区内贸易增加"①。也就是说，更大范围的区域经济一体化将成为中国产业发展空间布局优化的一个重要积极因素。

可见，在新的发展时期，区域发展的动力机制将改变，产业发展的空间结构也将改变。"低价格资源供应"和"差别性优惠政策激励"的区域经济发展动力机制时代将历史性地成为过去。从一定意义上可以说，中国工业化的区域态势正在从"特政"时代转向"自贸"时代。"特政"时代的动力逻辑是各地区都力图以"划区"方式构建"特殊政策区"，不仅有正式命名的经济特区，而且有无数"参照特区政策"，甚至实行"更加特殊的政策"的产业园区，总之是以"差别性"和"优待性"促发展；而"自贸"时代的动力逻辑则是努力融入更大范围的内外开放、公平竞争和有序合作的一体化经济区域，进而同体现自由贸易原则的全球经济化接轨，融入一体化的全国经济

---

① ［英］G. M. 彼得·斯旺：《创新经济学》，韦倩译，格致出版社、上海人民出版社 2013 年版，第 174 页。

和全球经济，总之是以"公平性"和"开放性"促发展。

作为发展中国家，中国产业发展的空间表现通常是转移、扎根和升级（或再转移），这取决于地区环境对产业发展的吸引力、承载力、融合力和支撑力。

由于存在外国或外地的先进工业，发展中国家的区域产业发展首先依赖于吸引力，据此承接外国或外地的产业转移，在现实经济工作中就往往体现为"招商引资"的成绩。如果有众多企业愿意进入，则地区的产业承载力具有决定性意义，这包括资源承载力、土地承载力、环境承载力、基础设施等。承载力越强，聚集的企业就可能越多，以致形成产业集群。

随着进入企业逐步形成产业集群，地区对于产业发展融合力的重要性就越来越显现，这决定了产业能否在本地区扎根。如果缺乏地区的产业融合力，进入本地区的企业就可能成为产业"飞地"，无法充分融入本地经济和社会，除了是个借住的"纳税人"外，对地方经济发展的带动性不大。一旦有其他更有吸引力的地区，它们就会向外转移，这样的地区也许就不得不"腾笼换鸟"。

如果要使产业常驻，就必须形成本地区的产业支撑力，使产业在本地区具有不断升级的条件和前景，包括良好的配套服务体系、生活质量环境，以及有利于产业技术创新，尤其是自主技术创新的区域文化基础。因此，能否支撑产业升级和创新，是区域产业长期繁荣的决定性因素。

一般来说，工业化进程中的地区产业发展有三个决定因素：比较成本、技术水平、文化特质。工业化初期，第一个因素，即要素丰裕度和成本（价格）最重要；工业化中后期，第二个因素，即技术资源和技术创新越来越重要；而长远来看，第三个因素，即地区文化（组织文化和社会文化）具有决定性。所以，我们可以看到，世界各国工业化初期和中期的产业发展轨迹基本相同，但工业化后期，各国产业发展都会走向不同的方向，几乎没有相同的国家。因为，经济发展的规律具有"标准型式"，而文化则是多元的，没有"标准型式"。当文化因素越来越具有决定性时，各国各地区的产业发展就走向不同的方向，各具特色。

所以，区域工业化的长期逻辑是，除了区位和资源特点在初期和中期的重要作用外，科技创新与文化蕴含是两个决定性因素。而科技同文化对产业发展的作用是不同的：科技决定产品的功能、生产效率，其经济性质是使产品功能越来越好，但价格越来越低。而文化决定产品的品位，注入"艺术性"，其经济性质是使产品越来越具特色，细分化程度和附加价值更高，保持较高价格。这意味着，一方面各地区经济将融入经济全球化，另一方面各地区产业也应保持和打造地区特色，尤其是基于文化特质的优质产业。从一定意义上可以说，精致的工业品类同于"艺术品"；极致的制造业具有难以模仿的文化蕴涵。

总之，筑实产业发展的区域根基，必须培育和增进对产业发展的吸引力、承载力、融合力和支撑力。使各地区经济发展插上产业科技和产业文化的两翼，才能实现中国产业的全面转型和换挡。中国产业国际竞争力问题实质上就是，哪些地区的技术创新条件和文化支撑基础使之能够成为产业扎根并占据技术制高点的优质企业聚集地。

当讨论产业发展的区域态势时，还涉及产业发展与区域发展的关系。尽管静态地看，地区的产业发展与区域发展具有一致性，但它们毕竟不是同一回事。产业发展与区域发展的主体与价值是不完全相同的，产业发展是企业本位，而区域发展则应是居民本位。一个企业的发展并没有区域限制，哪里有利就到哪里是企业本位的"理性"。但对于一个地区的发展来说，只有在本地发展的企业才有区域价值，企业离开了就失去了本地区价值，所以，区域发展要求将合适产业留在本地，并给本地区带来利益。总之，产业发展的逻辑是"有志企业四海为家""良禽择木而栖"，即遵循企业竞争力优先的原则；而区域发展的逻辑则是"本地价值优先"。

因此，每个地区的发展都会考虑各产业发展对本地区的价值贡献，而不能仅仅考虑是否对企业竞争力有利。但是，地区的产业吸引力和支撑力恰恰又必须表现为要使落户本地的企业能够具有竞争力，即迎合"企业竞争力优先"的产业发展逻辑，否则企业不会选择此地。这一问题在现实中往往表现为很复杂的区域产业发展关系。例如，地方给企业提供低价格的土地和各种政策优惠，是否能获得很好的地方利益？如果以地方利益交换产业留驻，即支持企业竞争力，会不会损害地方尤其是当地居民的现实利益和长久利益？如果产业发展依赖于开发地方资源，那么，企业利益与地方利益是否能平衡和协调？资源枯竭后，地方经济发展和民生保障如何接续？

特别是，随着经济发展水平的提高，环境保护标准和民众环保要求越来越高。而且，产业竞争与生活质量的关系也在发生变化，社会越来越不能认可以降低生活质量的方式维护产业竞争力。相反，生态环境和生活质量会成为吸引和支持优质产业的重要因素，因而成为区域竞争力的基本要素。

因此，各地区吸引和培育具有竞争力的本地产业同提升区域价值的关系将更为密切。各地区发展绝不可再采取"血拼"的方式，更不能"竭泽而渔"，而必须注重作为地区主体的"居民"利益和意愿。有可能损害区域价值的产业发展方式将难以获得居民认同，这将是各地区产业发展将面临的现实挑战。

人类生存和发展需要依赖一定的物质条件，表现为自然条件和人类创造的条件，前者是自然财富，后者是人造财富，主要是通过工业生产所创造的财富，而工业的本质就是将原本无用的物质转化为有用的物品。在20世纪70年代之前，中国处于极度贫困和物质匮乏的困境，主要表现为人造财富的贫乏。因此，按当时的经济发展思维，重要工业产品生产的从无到有，是压倒一切的重要目标。作为那个时代的中国工业界代表性人物之一，大庆油田的一位钻井队长王进喜，有一句鼓舞全国并受到大肆宣扬的豪情壮语："宁可少活20年，也要拿下大油田！"标志着那个时代的精神。

20世纪80年代以来，为了实现脱贫致富目标，各地区不惜破坏环境，实际上是为了追求人造财富而破坏甚至毁灭自然财富。一位地方领导面对工业发展所导致的环境恶化，曾经无奈地说：我们哪能不知道环境破坏的危害？但贫穷没有活路，要命时明知是"毒药"也得喝啊！那是一个"血拼"的时代，也是一个无知无畏的年代，即不知因破坏生态环境而导致的损失需要以怎样的代价才可弥补。人类活动如果异化为对自然的掠夺，就会走到发展的反面。我们不能一味否定和谴责当年，所幸的是，今天我们站在了拥有相当财富的基础上，手中有粮心中不慌，袋里有钱豪气冲天，终于可以有胆量和底气说：既要金山银山矿山，又要绿水青山蓝天。当然，如果真的是站在了高高的金山银山上，甚至也可以豪迈地说："宁要绿水青山蓝天，不要金山银山矿山！"不过，今天的中国还没有达到那样的水平，还要经过极大的努力才能实现全面建成小康社会的愿望，各地区仍然必须拓展更大经济增长空间来寻求更高的发展目标。

今天，中国处于权衡的物质主义时代，工业化和物质财富的创造仍然是经济发展的重要目标，但是，生态环境保护和生活质量提升的目标正变得越来越重要。在各项目标选择中，经济发展与环境保护目标的权衡是一个核心问题。各地区拓展发展的新空间，实际上就是要以创新、协调、绿色、开放和共享的新思维和新路径，实现人民生活的更高质量。正如有学者的研究成果所表明的："总体上，中国面临较大的生态压力。对大自然的索取已经远远超过其持续供给能力，需要约3.40个中国才能满足目前对大自然的需求。若不采取得当措施，中国生态环境将继续恶化，并发生不可逆转的变化。"①

◇◇五 地方政府的新课题

在新的发展时期，全国经济发展方式正在转变，各地区产业发展的态势也在发生很大变化，因此，各地方政府促进地方产业发展遇到一系列新课题，其中，特别具有深刻性的问题如下。

第一，促进地方产业发展，地方政府能做什么？前30多年的地方经济发展具有显著的"政府推动"甚至是"政府主导"性质，以提供优惠条件招商引资是政府的主要"法宝"。今后，地方政府以"特殊待遇"为手段，采用过度激励（利益诱导）的方式实现招商引资目标的模式将越来越难以为继；有些经济较发达地区可用于招商引资的土地供应越来越少。那么，地方政府还能以怎样的方式来吸引企业？如何夯实产业留驻和技术升级的地区环境？尽管各地区发展水平不同，具体情况有别，但基本的问题恐怕都是要力求抓住世界和中国产业发展的两个机遇：产业分布调整和新产业革命的机遇，支持企业

---

① 史丹、王俊杰：《基于生态足迹的中国生态压力与生态效率测度与评价》，《中国工业经济》2016 年第 5 期。

进行产业和产业链空间配置的新布局，特别是支持企业从"追求优惠政策策略"向"自主技术创新策略"转变，创造新的产业业态。有条件的地方应该致力于打造某类产业的技术制高点，即具有国际竞争力的产业集群区。因此，地方政府的产业支持政策应从刺激"平推"式工业化，转变为促进"立体"式工业化。①

发达国家工业化的历史表明，产业发展中的技术创新是一个丰富复杂和不断持续的过程。创新资源可以有"科研资源、工艺创新资源、产品创新应用资源、美学设计资源"等类型，② 而对于"颠覆性创新"、"递增性创新"或者"根本性创新"、"连续性创新"等不同类型的产业技术创新，大、中、小企业各具优势和劣势。而且，在某一产业（或产品）的进入期（孵化期）、成长期、成熟期和衰退期等各阶段，不同类型的企业也往往具有更适合于产业生命周期中一定阶段的创新表现。简而言之，不同类型的企业适合于不同类型和不同产业生命周期阶段的各类技术创新。所以，一个地区要成为有利于产业技术创新的集群地区，就应鼓励大、中、小各类企业在本地区的发展，避免歧视性政策。自由和公平的制度政策环境是促进持续创新的最有利条件。

更重要的是，地方政府负有为发展本地产业营造工业文明的社会环境的责任。经济史学家们的大量研究表明："地方的基础设施、外部环境、熟练的工人和劳动力市场、特色服务，以及相互的信任和人际关系，对于繁荣区域的发展将起极大的作用。"③ 工业化不仅只是

---

① 金碚：《现阶段我国推进产业结构调整的战略方向》，《求是》2013 年第 4 期。

② ［英］克里斯·弗里曼、罗克·苏特：《工业创新经济学》，华宏勋译，北京大学出版社 2004 年版，第 366 页。

③ 同上书，第 401 页。

一个物质技术过程，而且是一个文明过程。为将本地区发展为具有活力和可持续的现代产业聚集地，地方政府应培育和鼓励脚踏实地、崇尚实业、创业创新、专注技能的工业精神，以及诚实守信、分工合作、公平交易的社会氛围，也就是要为发展现代产业积累更为雄厚的"社会资本"。各国工业化的历史表明，社会资本状况深刻地决定着产业发展的长远命运。

第二，政府服务企业和居民，"亲商"还是"亲民"？中国各级政府很大程度上都是"发展型政府"，即以推动发展为要务，政府行为具有自主创新性，信奉"发展是硬道理"。而要发展和创新，就必然要"亲商"，即尽可能为企业提供周到服务，在资源配置上照顾企业利益，以增强区域的产业吸引力，追求尽快实现区域经济发展的执政目标，主要表现为要尽快"做大经济总量"。许多地方政府的正式文件明确表示"亲商"的政策理念，这当然是增强地区竞争力实现经济发展目标的一种可行方式。

问题是，"亲商"不可忽视"亲民"，"发展型政府"不可替代"服务型政府"。特别是，随着经济发展水平的提高，居民的权利意识、民主意识、参与意识越来越强，发展产业如果忽视民利民意，将遭遇很大阻力。近年来屡屡发生的"邻避"现象，即本地居民反对在附近投资建设有可能对环境和安全带来隐患的项目，就是突出表现。而且，当人均收入提高到一定的水平，在产业发展和区域价值的权衡上，民生诉求显著提升，因此现在各地政府越来越强调"亲民"。例如，由于民众的环保要求提高，地方政府必须更加重视生态环境质量；由于民众的社会保障和福利愿望增强，政府用于福利保障的支出大幅度提高，各地最低工资标准快速提升。有学者认为，"在社会保护方面，中国在过去10余年确确实实经历了一次史无前例的'大跃进'"，同时，"中国在社会保护方面还存在大量深层次的问题，民众对进一步加强社会保护还有十分强烈的愿望"。①

但是，无论是"亲商"还是"亲民"都是有成本的。过度"亲商"或"亲民"都是不可承受的，而且，"亲商"和"亲民"在一定程度上往往是一个需要抉择（trade off）的问题，因为资源总是有限的，政府的财力更是有限，因此，对于各种亲商亲民选项必须有一个合理的优先顺序和承诺限度，区分轻重缓急。这是各地方政府将面临的现实挑战。

第三，如何处理好经济区域与行政区划间的关系。如前文所述，区域经济发展的新态势是，正在形成更大范围的区域经济一体化趋势，尤其是跨省级行政区的区域经济一体化将成为中国产业发展的一个显著的区域态势。这意味着区域经济协调范围超出行政区划边界的现象将更为突出，因此，对于区域产业发展，更好发挥政府作用的重要内容之一就是要探索行政规则与区域经济发展规律的契合方式，地方政府不仅要做产业发展的推手，更要做好区域关系的协调人，实现相邻行政区之间的经济开放、管理接轨与互利合作，形成各地区之间产业布局更合理的集聚和扩散态势。

政府在促进区域发展中的一个重要职能是制定和实施区域发展规划。历史的事实是，当区域发展规划范围限于同一行政区划之内时，规划执行效果往往比较好；而如果区域发展规划范围超出行政区划界限，即涉及不同行政地区的区域发展规划，执行效果往往不理想。这很容易理解，各地方政府对其管辖的行政区域负有利益责任，其管理效力也限于本行政区域之内，如果经济协调的范围超出行政区划边

---

① 王绍光：《中国仍然是低福利国家吗？——比较视角下的中国社会保护"新跃进"》，《比较研究》2013 年第 11 期。

界，地方政府的利益责任和行政效力就处于"悬空"状态。但是，区域经济的客观关系和内在规律并不以行政区划为限，跨行政区划的区域协调具有客观必然性和政策必要性。因此，处理好经济区域与行政区划间的关系是一个非常重要的区域经济问题，对产业发展特别是其合理的空间布局具有很大影响。当前产业发展和区域发展的许多矛盾，例如产能过剩、重复投资、资源浪费、环境损害、地方保护甚至执法不公等，都同没有处理好这一关系有直接关系。行政区之间的区域经济分割也会对形成更大的区域发展活力产生不利影响。

另一方面，各地政府为了实施本地区管理，也自觉或不自觉地实行了各种具有区域歧视性的政策和管理措施。这突出地表现在交通等基础设施方面，例如，地区之间的公路、轨道交通往往"断头"或连通不畅，对进入本地区的外地车辆进行限制、实行对本地和外地车辆不同的限行措施等。这对形成统一开放的全国市场和建立区域间公平竞争秩序造成障碍，对民众生活也产生不利影响。

中共十八届三中全会关于全面深化改革的决定提出："经济体制改革是全面深化改革的重点，核心问题是处理好政府和市场的关系，使市场在资源配置中起决定性作用和更好发挥政府作用。"这是处理好经济区域与行政区划间关系的基本原则，各地方政府在考虑跨行政区划的区域发展问题时，首先应考虑如何能更有利于"使市场在资源配置中起决定性作用"；同时也要考虑如何能"更好发挥政府作用"。

第四，如何更有效地解决地区间发展不平衡的问题。由于各地区不同的区位和历史，经济社会发展不平衡是一个长久现象，而且，区域特点也决定了各地区将在经济空间上处于不同的分工地位，表现为不同的"功能"。改革开放30多年以来，按照"特政"逻辑，要让有条件率先发展的地区先富起来，然后再先富帮后富。近些年来，一些相对落后的地区，例如中西部地区，经济增长速度高于沿海地区，出现了区域发展均衡化的趋势，但是，地区间发展水平的较大差距不可能在短期内消除，实现区域发展的均衡趋势仍将是国家区域经济政策的重要内容之一。但是进入"自贸"时代，缩小区域不平衡的政策取向也必然有所改变。"特殊政策"不再是主角，对不发达贫困地区的援助仍然需要，但实行更大范围的经济一体化和公共服务均等化以及资源收益分享合理化等，将成为更主要的促进区域经济发展均衡化的公共政策工具。即以"特政"填平差距的政策思路，将在很大程度上转变为"以公平促进效率"的政策思路。

总之，进入工业化的新时期，中国经济发展的政策环境正在发生重大变化，因而产业发展的区域态势也正在发生深刻的变化。倾斜式、差别化、行政化的区域经济政策取向，正在向更加开放、统一、公平的区域经济政策取向转变。不仅各产业在区域间的分布格局正在发生新的变化，而且区域产业发展的动力机制也将发生深刻变化。依赖低价资源、补贴刺激、特殊优惠的产业空间扩展态势，将转向在统一开放、竞争有序的市场体系和公平开放透明的市场规则下，以技术创新、优化布局、协同分工为取向的产业空间发展格局。顺应这样的产业发展区域态势，各地方政府将发挥更有效的产业促进、引导和竞争监管职能，促进中国产业结构优化和技术升级在区域分布上的实现。

◇六 推进新型城镇化和"四化"同步发展

同工业化的区域经济关系直接相关的一个问题是城镇化。城镇化是人类经济社会进步和现代化的重要发展方向，也是中国工业化进程中实现经济结构战略性调整的重点之一。在工业化不断深入的过程中，人们逐渐认识到，只有坚持和体现以人为本的原则和精神推进城镇化进程，才能有效解决制约经济持续健康发展的重大结构问题，全面建成小康社会。

从1949年到1978年，中国大陆的城市化相当缓慢，在1950—1980年的30年中，全世界城市人口的比重由28.4%上升到41.3%，其中发展中国家由16.2%上升到30.5%，但是中国大陆仅由11.2%上升到19.4%。而同期，工业总产值1978年比1949年增长了38.18倍，工业总产值在工农业总产值中的比重，由1949年的30%提高到1978年的72.2%；社会总产值增长12.44倍。1978年以后，中国城镇化显著加快。根据中国六次人口普查数据，历次人口普查城市化水平依次为：1953年12.84%；1964年17.58%；1982年20.43%；1990年25.84%；2000年35.39%；2010年49.68%。到2015年，据国家统计局公布的数据，全国城镇常住人口77116万人，乡村常住人口60346万人，城镇人口占总人口比重为56.1%。

城镇化是人类生存方式的系统性变迁。一般意义的城镇化就是，由于人类基本生存方式——劳动和生活方式的转变而导致农村居民不断集聚而形成市民居住点。从经济学意义上说，人类最基本的活动是生产和消费，城镇的形成就是为集聚化生存的人类生产活动和消费活动提供适宜的条件。与分散于农村的生产和消费相比，集聚于城镇的生产和消费不仅数量更大、质量更高，而且具有极大的创新倾向和进步能力。

在漫长的人类历史上，二三百年的工业化时期，是人类生存方式发生最大变迁的阶段。进入工业化时期，工业发展促进成百上千座城镇崛起，城镇发展又对工业和人口进一步集聚形成巨大吸引力。城市工业成为最具竞争力的产业，大多数科学发明都是以工业和城镇为载体，运用于产业技术创新和产业结构升级。总之，工业化是人类生存方式的一次伟大革命，城镇化同其如影随形。工业创造了城镇化的物质基础，城镇化提高了产业的竞争力。工业化与城镇化共同推动人类发展进入最辉煌的时代，所创造的财富超过以往数千年的总和。

中国工业化和城镇化也是相辅相成、相互推动的。工业创造了城市（或者将以往的"消费城市"转变为"生产城市"），城市聚集了工业，极大地创造了财富。在此过程中，产业发展、园区开发和城市建设，成为各地区大多数城市共同的经济发展路径。招商引资、农民进城、工业强市、新城崛起、老城改造，成为大多数地区相似的时代故事。

农民进城务工不仅为城市工业输送了大量的劳动力，而且成为农村家庭脱贫致富最有效的方式和途径之一。可以说，工业化和城镇化彻底改变着城镇居民和农村居民的生存方式，推动了中国现代化的进程，是全面建成小康社会的根本途径。

在工业化进程中实现城镇化是人类的一个伟大创造，工业化和城镇化迅速而彻底地改变了世界地理的面貌。这是人类理性的伟大实现，是科学技术和生产力所创造的有史以来最辉煌的成就。但是，在这一历史进程中，人类也可能迷失方向，偏离城镇化本应向往的以人为本方向，而走向歧路，产生异化现象。背离以人为本原则是城镇化最大的异化风险。例如，产城发展变得结构失衡。产业和城镇的盲目发展，可能会破坏工业化同城镇化的协同关系——或者是城镇没有产业支撑，居民难以就业，成为"穷城""睡城""空城"；或者是进驻企业因没有高质量城镇化基础的支撑，而难有长期竞争力，表现为工业生产貌似繁荣，粗放增长，但却留不住人才，产业既不能扎根于此，也无力攀登技术制高点；再或者是城镇的包容性差，边缘人口长期无法融入，利益矛盾突出。总之，产业和城镇似乎在发展，但结构和质量均处于低水平。这样的低质量城镇化往往导致下列严重的结构性矛盾。

第一，实现集聚却变得很不便利。人口向城镇集中原本是为了更加便于生产和生活，提高生产效率和生活质量，但是，无序的人口集聚和城镇的管理不善却使得生产和生活越来越不便利。生活成本提高过快，生产服务和生活服务供应不足，而且水平低下，城市内部以及与其他城市之间的人流物流不畅。在这里生产和生活，总是充斥着无尽的麻烦，居民感觉办事难、出行难、就医难，处处难。

第二，规避风险却变得危情四伏。人口进入城镇原本是为了减少灾难和风险，"城"的本意就是对人和财产的护卫并防止祸害冲击，但是，城镇建设和管理的不善却使得城市的生活安全缺乏保障，反而成为高风险地区，例如犯罪、车祸、工伤、火险、环境污染、疾病传染、安全事故以及饮食不卫生、群体性事件等，居民感觉生活在高度风险的环境中，农村居民进城更觉缺乏安全感。

第三，吸纳人口却变得阻碍融合。城镇化原本应是一个农业转移人口市民化的过程，城镇具有吸纳更多人口的吸引力和包容性，但也可能由于种种物质上和制度上的缺陷，城镇化反而阻碍了社会一体化，导致人口社会性分裂和城乡差距扩大，等级压抑、制度歧视、贫富不均现象严重，由于公平公正的缺失而引发民众不满。

第四，创造财富却变得失去幸福。工业化和城镇化原本是人类创造财富的伟大创举，但是，低质量的城镇生活却可能并没有让更多的居民更加幸福，甚至反而感觉不如乡村生活，尽管那里没有城市的繁华，但也不像城市生活那样使人抑郁、焦虑甚至愤懑。

城镇化是喜剧还是悲剧？完全取决于它是否背离了以人为本的原则。农业转移人口进城寻梦，结果是实现市民化梦想还是陷于边缘化窘境，也取决于我们的城镇化能否坚持以人为本的原则和政策取向。

在数十年的中国工业化进程中，对于城镇化的认识及选择的城镇化道路有过许多争论，也经历了一些曲折。最终人们才认识到，以人为本、增进幸福是新型城镇化的精髓。

城镇是人类文明的标志性构建，向城镇集聚是现代人类的向往。因为城镇可以成为劳动生产率更高、生活条件更好、社会更和谐、文化更丰富、环境更适宜、安全更有保障的居民集聚地，而且能够以其强大的经济实力和社会政治影响力推动城乡一体化，建设城乡统筹的"两型"社会。而要真正实现城镇化的这一性质，必须走以人为本的新型城镇化道路。

城镇居民基本活动的空间状态是劳作、休闲、居住和通行。所以，城镇化必须给居民提供更适宜的创业就业条件、休闲文化场所、居住房屋环境以及人车交通便利，为此，需要进行科学的城市规划和建设，包括建设良好的基础设施，为劳、闲、住、行提供公共产品的供应保障。

每个人的生命都是周期性的，在其幼年、青年、壮年、老年的生命周期中，对于劳、闲、住、行的生存空间需要是不尽相同的。特别是，人还有不可回避的弱点：生、老、病、死。所以，城镇化的实质应是为满足居民生命周期各个阶段的物质、精神和空间需要提供更完备的条件：哪些由居民家庭自己解决，哪些由企业或非营利机构解决，哪些由政府和社会组织建立的公共服务系统解决，在城镇化过程中必须有系统的规划安排、制度保障和政策支持。

人类发展的一个重要方向是规避风险，寻求安全。数千年来人类创造了各种各样规避风险的物质手段和制度体系，但是，迄今为止并没有进入绝对安全的时代，相反，现代社会仍然是高风险社会。因此，城镇化不仅要构建城市运行正常时期的常规机制和管理体系，而且要构建特殊时期（灾难时期）的应急机制和管理体系。

人类具有长久记忆的需要，城镇是人类文明记忆集结之地，人类长久记忆最重要的具象体现之一就是城镇中积淀的物质文明和精神文明物体。每一座城镇都有其历史、现状和未来，并形成物质和非物质的文化遗产，构成人类文明进程的历史年轮，因此，城镇的历史遗迹、文化博物、标志性建筑等，都是最宝贵的人类财富和永久记忆。毁坏城镇的历史年轮，就是消灭人类的文明记忆，没有进化记忆的城镇如同患了老年痴呆症，所以，城镇化应成为人类文明进程中最具文化建树的创造过程，而绝不能成为损毁文明记忆的历史遗忘过程。人类惧怕遗忘，遗忘是最大的不幸！

当前，许多城市都在努力创建"幸福城市"，幸福城市必定是以人为本的城市。城镇化进程实质上就是让更多居民成为享受幸福生活的市民的过程，即不仅城镇市民更加幸福，而且农村转移人口市民化后也能获得同样的幸福感受，这就是以人为本的新型城镇化的最终体现。

按照十八大提出的目标，到 2020 年中国将全面建成小康社会。而要实现这一宏伟目标必须做到工业化、信息化、城镇化和农业现代化"四化"同步发展。

工业化是中国现阶段经济社会发展的主题。当前，中国和世界在总体上都处于工业化时代。工业化是当代社会生产力进步最强大的动力。要抓住历史机遇，实现健康较快和可持续的经济增长，就必须坚定不移地推进新型工业化。因为，只有实现新型工业化才能奠定全面建成小康社会的先进生产力和雄厚物质财富基础。这是中国解决一切重大经济社会、民生福利和国家安全问题的根本前提。

信息化是现代产业体系和即将到来的新工业革命时代的突出特征之一，是推进新型工业化过程中技术创新和组织创新最重要的支撑力量。信息化和工业化的深度融合，将极大地提高生产效率、优化资源配置，并拓展更大的人类发展空间，而且可以极大地提高人民的生活水平。总之，信息化可以为全面建成小康社会提供高科技手段和数字网络平台。这是中国能否顺应世界科技进步和新工业革命趋势、增强创新能力和国际竞争力的重大战略问题和关键。

城镇化的快速推进是人类工业化进程中空间经济结构变迁最突出的历史性现象之一，即随着生产方式和生活方式的改变，人口更趋向于集聚居住，形成大、中、小城镇，城镇化与工业化如影随形。因此，工业化和城镇化良性互动，才能为全面建成小康社会提供新的生产生活方式的依托并体现全面建成小康社会的人本主义实质。小康社会是人民安居乐业的社会，没有高质量的城镇化就不可能满足中国13亿多人民对安居乐业的要求。所以，实现符合发展规律和中国国情的城镇化，是全面建成小康社会不可缺少的客观条件的直接体现。

农业现代化是构建新型工农、城乡关系的基础，在落后的传统农业基础上不可能解决中国经济不平衡、不协调和不可持续的结构性矛盾，而只有彻底改变发达的城市工业和落后的农村农业并存的二元经济结构状况，才能全面建成小康社会。因此，农业现代化可能成为全面建成小康社会的攻坚环节。从一定意义上可以说，能否实现农业现代化是判断工业化成功与否的重要标准之一，将工业化技术和生产方式运用于农业，使农业生产工业化和高科技化，并与现代工业及现代服务业贯通融合，才能从生产技术、产业组织和社会理念等方面全方位达到全面建成小康社会的要求。

总之，新型工业化是全面建成小康社会的前提；高度信息化是全面建成小康社会的关键；新型城镇化是全面建成小康社会的趋势；农业现代化就是全面建成小康社会的基础。建设小康社会，只有"四化"同步，方可达到全面和圆满。

特别需要指出的是，建成小康社会，"全面"至关重要。这意味着，不仅要有富强的国家、涌流的财富、发达的产业、繁华的城市、宜居的环境，而且要解决各种不平衡、不协调、不可持续的矛盾，消除不公平、不正义现象。所以，"四化"必须同步发展，这样才能使生产力的更大发展促进生产关系的更大进步，创造更加公平正义的社会。从其根本性质上说，新型工业化、高度信息化、新型城镇化和农业现代化的同步推进，将有助于经济发展更平衡、更协调和更可持续；也可以促使整个经济社会的运行过程更透明、更公平，更能增强人民的幸福感受。总之，"四化"同步发展，不仅具有促进经济发展的现实意义，而且具有推动全面建成小康社会的深刻社会意义和制度进步意义。

第 八 章

包容世界：迈入经济全球化新时代

以色列年轻学者尤瓦尔·赫拉利在他那本产生了很大影响的《人类简史》一书中写道："中国明代郑和下西洋，不但时间早于欧洲，而且规模也有过之而无不及。在 1405—1433 年，郑和七次下西洋，最远抵达了印度洋的彼端。规模最大的一次，舰队有将近 300 艘船，成员近 3 万人。他们曾抵达印度尼西亚、斯里兰卡、印度、波斯湾、红海和东非。中国船只曾停靠在沙特阿拉伯一带主要的港口吉达（Jedda），也曾停泊在肯亚沿海的马林迪（Malindi）。相较之下，哥伦布在 1492 年的船队只有 3 条小船，带了 120 个水手，简直就像是小蚊子碰上了大飞龙。……郑和的远征并没有深厚的中国政治文化基础。因此，在 15 世纪 30 年代明宣宗派郑和最后一次下西洋之后，便突然告终。曾叱咤一时的伟大舰队遭到解散，珍贵的技术和地理知识亡逸，从此再也没有具备此等眼界及资源的航海探险家从中国出航。""郑和早在 15 世纪 20 年代就已经能远赴东非，理论上要到美洲也非难事。可见中国确实就是不感兴趣而已。"① 一个数千年都对世界"不感兴趣"的国家，在 20 世纪中叶开始主动地重返世界，并期望 21 世纪的世界将是一个具有包容性的世界。

---

① ［以色列］尤瓦尔·赫拉利：《人类简史——从动物到上帝》，林俊宏译，中信出版社 2014 年版，第 282、288 页。

◇一　中国工业化是人类史上罕见的巨变

2001 年 12 月，中国正式加入了世界贸易组织（WTO）。对于世界上的大多数国家来说，加入 WTO 可能并不是什么了不起的事情；同样，对于 WTO，增加一个缔约国，也不是一件值得为之兴师动众的大事。但是，中国加入 WTO，却无论对于中国自身，还是对于 WTO 的其他各缔约方，甚至是对于整个世界经济，都是一件意义非同寻常的重大事件。正因为这样，中国加入 WTO 的谈判过程极其漫长，而当中国最终加入 WTO 的时候，似乎整个世界都在为之兴奋，同时，也不免或多或少地抱有"要小心着点"的心态。那么，为什么中国加入 WTO 会如此令世界关注？WTO 规则下的中国究竟会给世界带来怎样的影响？中国工业经济又将会在 WTO 规则下发生怎样的变化，沿着怎样的道路发展呢？

观察今天中国的经济发展，不同的人往往会产生非常不同的印象、做出很不相同的评价。在许多外国人的眼里，中国是一个世界上经济增长最快的国家，甚至曾一度谓之"一枝独秀"；中国产业竞争力的增长速度非常惊人，甚至令人畏惧（所谓"中国威胁"），中国吸纳了大量的产业资本和生产能力，并正在导致周边国家的"产业空洞化"；有的经济学家及世界银行等国际组织用购买力平价进行计算，认为中国的经济总量早已经仅次于美国居世界第二位……①全世界都

---

① 根据世界银行报告（2000/2001），按现行汇率计算，中国人均 GDP 780 美元，按购买力平价计算为 3291 美元。按现行汇率计算，GDP 总额居世界第 7 位；而按购买力平价计算，中国 GDP 总额（超过 4.1 万亿美元）超过日本（3 万亿美元），居世界第 2 位（美国为约 8.4 万亿美元）。

在瞩目中国经济的发展，为之惊讶，甚至不无担心。而中国人自己却觉得，一个曾经极度贫困的国家，而且，现在仍然是一个低收入的发展中国家，走上高速增长的工业化道路，是一件天经地义的事情，工业化对于中国不过是一段迟到的历史，现阶段中国的高速经济增长，只是一个"补课"和"追赶"的过程，为什么会让一些人大惊小怪？

中国的工业化究竟有什么独特之处呢？综观近现代世界各国的历史，我们发现，在一个统一国家的范围内，13亿人口以一个统一的经济体同时进入工业化进程，这是人类历史上从未发生过的现象。在中国进入加速工业化的时期，世界60多亿人口，主要工业国人口约为6.5亿，所占比例不足12%。这些国家的工业化是在200多年的时间内完成的。而且，在高速工业化时期，这些国家大都只有几千万人口。也就是说，占世界总人口不足12%的人口，分为七八个国家，在200多年的漫长时间里，先后实现了工业化。而中国发生的情况则是：13亿人口，占世界总人口20%左右，作为一个高度统一的国家，在几十年的时间之内，就要完成工业化过程（见表8—1）。这样，同样是实现工业化，但同世界其他工业化国家相比，中国的许多"国内经济问题"在规模上却远远超过了以往的许多"世界经济问题"。一个高度统一的巨大型国家进入工业化的高速增长时期，必然产生许多人类历史上从未出现过的现象和问题。历经了近300年的经济全球化进程也将为之发生巨大变化。

表8—1　　　中国和世界主要工业化国家的人口比较（1999年）

国家（地区）	人口数（万人）	占世界总人口的比例（%）
世界总计	597840	
中国	125909	21.1

续表

国家（地区）	人口数（万人）	占世界总人口的比例（%）
主要工业国	70637	11.8
欧洲主要工业国	25727	4.3
英国	5874	
德国	8209	
法国	5910	
意大利	5734	
北美洲工业国	30362	5.1
美国	27313	4.6
加拿大	3049	
澳大利亚	1897	0.3
日本	12651	2.1
俄罗斯	14556	2.4

资料来源：《中国统计年鉴》（2001），第879页。

在150多年前，马克思和恩格斯在《共产党宣言》中论述资产阶级所起的"非常革命的作用"时就非常深刻地描述了经济全球化现象及其实质，他们写道："资产阶级，由于开拓了世界市场，使一切国家的生产和消费都成为世界性的了。不管反动派怎样惋惜，资产阶级还是挖掉了工业脚下的民族基础。古老的民族工业被消灭了，并且每天都还在被消灭。它们被新的工业排挤掉了，新的工业的建立已经成为一切文明民族的生命攸关的问题；这些工业所加工的，已经不是本地的原料，而是来自极其遥远的地区的原料；它们的产品不仅供本国消费，而且同时供世界各地消费。旧的、靠本国产品来满足的需要，被新的、要靠极其遥远的国家和地带的产品来满足的需要所代替了。过去那种地方的和民族的自给自足和闭关自守状态，被各民族的各方面的互相往来和各方面的依赖所代替了。物质的生产是如此，精神的生产也是如此。各民族的精神产品成了公共的财产。"①

　　20世纪后半叶以来，世界经济国际化、跨国化和全球化的进展日趋加速。迄今为止，经济全球化的核心部分和最突出表现是资本流动的全球化。② 在资本流动全球化的推动下，越来越多国家的许多产业的发展都成为全球化的过程，跨国公司在全世界范围内进行资源配置和运用成为经济全球化最引人瞩目的现象。在经济全球化条件下，产品与服务的研究、发明、设计、生产、分配、消费能够利用在世界范围所拥有的手段（如专利权、数据库、新的信息交往技术、交通技术以及基础设施）；进入国际分工体系的跨国公司努力满足需求日益多样化的世界市场，并以此为方向，以相同的普遍规范与标准对整个世界市场进行调控；它们以全球经营为基础，努力推行全球战略，公司的资本日益为各国广大股东所拥有，这些企业越来越成为"世界企业"。尽管跨国公司仍然拥有自己的"本国基地"，但是，其地域归属的性质正变得越来越失去传统意义上的民族性。因此，有的外国学者认为，经济和社会的全球化已经使得"民族资本主义"转变为"全球资本主义"。他们认为："这些全球性公司在领导与改造世界经济方面正在取代国家与国家机构的职能。本来，民族国家的官方经济机构在经济事务方面（通过货币政策、税收政策、贸易管制、公共服务、国家收购战略、公务工作、国家规定的规范与标准）拥有很大的

---

　　①　《马克思恩格斯选集》第一卷，人民出版社1972年版，第254—255页。
　　②　马克思在1848年《关于自由贸易的演说》中就指出："在现代的社会条件下，到底什么是自由贸易呢？这就是资本的自由。排除一些仍然阻碍着资本前进的民族障碍，只不过是让资本能充分地自由活动罢了。"《马克思恩格斯选集》第一卷，人民出版社1972年版，第207页。

决策权。然而在最近 20 年内，由于不断强化的、有系统地进行的私有化、放弃政府管制与自由化，国家权力受到很大的削弱；与此相反，私营公司企业、私人体系与规则的经济影响却日益上升。而且全球化进程还导致了这样一种观念的出现和传播，即国家机构的权力几乎起着完全相反的不利作用，是在国际与全球范围内阻碍市场经济充分自由发挥作用的障碍。民族国家的行动仅仅归结为进行各种限制的来源，而不是提供各种机会的源泉。"①

更具有实质意义的是，经济全球化意味着经济运行规则的一致性，世界贸易组织就是全世界经济运行规则趋向一致性的最具代表性的标志之一，并且以有效的方式推动着全球经济运行规则一致化的进程。无可否认的事实是，在当代世界，在全球占支配地位的经济运行规则，特别是国际经济运行规则，是资本主义的规则。那么，中国如果进入经济全球化的过程，就将直接面临两个根本性的挑战：第一，作为一个发展中国家，中国将面临资本主义市场经济规律两极分化效应有可能对我们产生的不利影响；第二，作为一个社会主义国家，中国必须面对资本主义制度对我们产生的制度对抗性影响。

正是由于存在这两个根本性的挑战（发展差距和制度差异的挑战），许多发展中国家都曾经对经济全球化存有很大的疑虑，而且，至今大多数发展中国家仍然对进入经济全球化过程抱有程度不同的保留态度。对于许多发展中国家来说，与其说是主动进入全球化过程，不如说是被动接受全球化过程。长期以来，中国的态度更是如此。对经济全球化存有一定的疑虑和警惕是完全可以理解的，因为，经济全球化确实是利弊参半的事情。没有人可以绝对有把握地断定，全球化

---

① 里斯本小组：《竞争的极限——经济全球化与人类的未来》，中央编译出版社 2000 年版，第 101 页。

一定会给所有的国家甚至大多数的国家带来福音；更没有人可以断定，全球化一定会给全世界所有的人特别是发展中国家的所有居民带来更多的收入、财富和福利。一些国家、一部分居民会在全球化过程中受损几乎是不可避免的。

但是，在当代世界上，经济全球化是一个不以人的意志为转移的客观事实。任何国家，只要实行对外开放，就必然要进入全球化过程，而拒绝对外开放就是拒绝现代化和拒绝人类文明的进程，实际上就意味着拒绝在这个地球上继续生存。所以，经济全球化是任何寻求现代化的国家不可回避的潮流，顺之者昌，逆之者亡。自20世纪80年代以来，中国经济发展取得令世界瞩目的成就，其主要原因之一就是以非常积极的姿态和很大的胆魄迎接经济全球化。中国从一个国民经济几乎完全封闭的国家，转变为一个经济开放度很高的国家，成为全球化的积极参与者，世界经济全球化的格局也因此而发生巨变。

工业革命、市场经济和经济全球化，是彻底改变人类命运和世界面貌的三位一体的历史过程，200多年来，尽管历经"天翻地覆"，但人类发展并未脱离这三位一体的基本轨迹。时至今日，世界仍然处于市场经济纵深发展、工业化创新推进、经济全球化势头强劲的时代。当然，今天各国的工业化和市场经济发展同200多年前的工业化先行国家有别，今天的经济全球化同以往时代也大为不同。我们可以将自19世纪到20世纪中叶之前，以第二次世界大战为界，称为第一次经济全球化，或经济全球化1.0时代；20世纪中叶直到当前称为第二次经济全球化，或经济全球化2.0时代；当前，世界正在兴起第三次经济全球化浪潮，进入经济全球化3.0时代。中国在经济全球化1.0时代国运衰落，在经济全球化2.0时代寻求复兴，必将在经济全球化3.0时代占据重要国际地位，发挥影响全球的大国作用。

◇二　全球化是工业革命和市场经济发展的必然趋势

纵观世界历史，人类最伟大的制度创造是市场经济，最伟大的发展壮举是工业革命。当市场经济插上了工业革命的翅膀时，人类发展进入了工业化时代。工业生产可以将原本无用的物质大规模地转变为对人类有用的物质，使物质财富大量涌现和积累。在此基础上，以积累物质财富为行为目标的资本主义精神得以产生，成为社会主流意识。这种"囤积倾向"注入市场经济，就形成了普遍性社会心理：追求"源于占有的快乐"。① 无节制的占有欲望和无止境的经济增长需要无限广阔的市场。只要市场空间足够大，经济增长就具有无限的扩展性，直到全世界都被卷入市场经济的巨流。研究和论述市场经济基本规律的古典经济学家亚当·斯密在其《国富论》一书中，为市场经济发展的强大扩张性特征构建了系统的理论逻辑，即基于人类所具有的交换本能和追求财富的本性，劳动分工和市场规模不断扩大，经济效率不断提高，经济产出不断增长，国民财富大量积累，推动人类社会快速发展。也就是说，以交换行为为基本特征的市场经济，依赖于专业化分工的不断深化和市场规模的不断扩大。这种分工和市场规模的日益扩大，必将使交换关系无限扩展，跨越国界，遍布世界。所以，市场经济在本质上不仅是"全国化"的，而且是"全球化"的，即不仅要求形成包罗本土的全国统一市场，而且要冲破国家界限实现一体化的全球市场和全球经济。

---

① ［美］艾里希·弗洛姆：《健全的社会》，孙恺祥译，上海译文出版社 2011 年版，第 73、74 页。

在亚当·斯密的绝对成本优势理论的基础上（各国生产比其他国家成本更低的产品，然后进行自由交换，即可使各方获益），另一位古典经济学家大卫·李嘉图以其所创立的比较成本（或比较优势）理论，进一步论证了国际自由贸易的合理性，即各国只要根据自己的要素禀赋，专业化分工生产各自具有相对成本优势的产品（同自己生产的其他产品相比），通过国际自由贸易，就可以获得对各贸易国都最有利的结果。如果全世界各国都这样做，也就能够实现全世界的福利最大化。尽管这一理论的初始假定是"要素不流动而产品可流动"，但其自由贸易的理论主张却扩展到了要素（资本和人员）的国际流动。这样，古典经济学家们为经济全球化奠定了最初的理论基础，论证了经济全球化的合理性和正当性。实际上，18—19世纪资本主义市场经济的巨大发展也确实形成了第一次经济全球化浪潮。那时的经济全球化理念甚至比今天更"彻底"：不仅主张商品贸易自由化、国际投资自由化，而且主张人员的国际流动也要自由化，即移民自由。

对于资本主义市场经济向全世界的扩张，马克思曾经做过精辟的论述。马克思主义之所以是"国际主义"的，也正是因为在马克思主义经典作家们看来，工业革命是没有国家界限的，资本主义市场经济在本质上是国际性和全球性的，一切阻碍商品、资本、劳动在国际自由流动的国境壁垒都是资本主义市场经济所不能容忍的。因此，未来社会（共产主义社会）的经济形态也将是全球化的，而国家则是必然要"消亡"的。可以说，马克思主义经典作家最先系统研究和论述了经济全球化及其后果。马克思还认为，这种市场经济的全球化一旦与东方国家（中国）相接触，也将摧毁那里的旧秩序。① 也就是说，资

---

① 马克思：《中国革命和欧洲革命》，《马克思恩格斯选集》第一卷，人民出版社1995年版，第690页。

本主义市场经济的全球化趋势将会把所有的国家，包括那些与西方国家非常不同的东方国家，都卷入资本主义市场经济的一体化系统之中，阻碍经济全球化是徒劳的。1904 年，颇负盛名和争议的英国地理学家哈·麦金德则从地理学和地缘政治的角度提出："世界是一个整体，它已经成为一个联系紧密的体系。"①

当然，市场经济在世界各国的发展并非一帆风顺没有阻力。其实，关于是否有可能走非市场经济的发展道路，人类也做过无数次的尝试和探索，其历史并不比市场经济短。但迄今的历史表明，一切非市场经济的制度选择均无成功希望，即使有过一时的兴旺也难以持续，很快就会归于破灭。在以市场经济为主流的世界经济系统中，任何国家或经济体如果试图走封闭发展的道路，终将丧失活力，自绝于繁荣，或者被市场经济的洪流所淘汰，或者被市场经济吞噬而重生。

总之，只要发展市场经济，全球化趋势就具有不可阻挡之势。19 世纪，以英国为首的西方市场经济国家，发动了第一次经济全球化浪潮。20 世纪中叶，美国成为经济全球化的领头羊，推动了第二次经济全球化浪潮。在此过程中，许多后发国家虽都曾经拒绝过全球化，试图以闭关锁国的方式实现国家富强，但均无成功者。最终，各个国家都不得不实行开放政策，融入以"自由贸易"为旗帜的经济全球化体系。至今记忆犹新的是，曾经进行过非市场经济发展道路的最辉煌尝试的苏联东欧国家和中国等亚洲国家，在 20 世纪实行了社会主义计划经济制度，经济成长业绩也曾一度超过资本主义市场经济国家，甚至形成了与市场经济相"平行"的另一个世界，但最终未能取得成

---

① ［英］哈·麦金德：《历史的地理枢纽》，林尔蔚、陈江译，商务印书馆 2013 年版，第 19 页。

功：或者解体，或者"顺应"市场经济。因为，非市场经济的制度活力、包容性和国际竞争力终究无法与全球化发展的市场经济相抗衡，最终不得不放弃计划经济，并入市场经济的全球化体系。

当前，世界正处于第二次工业革命向各新兴经济体加速扩散、第三次工业革命方兴未艾，第二次经济全球化浪潮走向极盛、第三次全球化浪潮正在兴起的时代。以第二次工业革命为基础的第二次经济全球化的长足推进，导致世界政治经济格局发生了深刻变化。任何国家以至整个世界，若不再次变革就将难以适应危机四伏的复杂现实，难逃"盛极而衰"的命运。

尽管经济全球化是一种历史必然，但后发国家进入经济全球化，并不就是走上了一条铺满鲜花的道路，而往往是踏上一条荆棘丛生的险途，难免付出代价和经历痛苦。对于经济落后国家，承认经济全球化和一体化，往往是一个两难的选择。因为，全球化意味着打开国门参与强手如林的国际竞争，意味着将自己的一切弱点都在经济开放中暴露无遗，失去保护。弱者能够同强者"自由贸易""公平竞争"吗？尤其是，全球化的竞争规则是强国主导制定的，弱国只是规则接受者，缺乏制定和修改规则的话语权。所以，可以理解，当孩子同巨人竞赛时，有理由寻求"保护"。因此，落后国家总是怀疑经济全球化是一种以强凌弱的"新殖民主义"阴谋，试图以封闭作为避难所。

但是，在全球化大趋势下，封闭和"保护"毕竟没有出路，封闭越久落后越远，客观规律之势终究不可阻挡。尤其是在 20 世纪中后叶，经济全球化 2.0 时代实现了巨大繁荣，诸多发展中国家特别是新兴经济体加速实现工业化，在经济全球化中崛起：从东亚四小龙到"金砖"国家，都经历了从封闭到开放、从保护到自由的曲折过程。其中，从开始抵制经济全球化到后来被动地接受经济全球化，进而主动地融入经济全球化的最突出表现，就是中国的改革开放经历。

在西方国家进入工业革命和经济全球化的相当长一段时期，即在整个经济全球化1.0时代和2.0时代前期，中国一直在封闭和开放的两难选择中徘徊。20世纪中叶，新中国成立，中国工业化进入起步阶段，但仍然强烈倾向于抵制经济全球化，视经济全球化为洪水猛兽。当时，虽然也看到了西方发达国家的先进工业和发达经济，也曾有"超英赶美"的目标，但是，对于市场经济的拒绝和对于经济全球化的敌视，主宰了将近30年。这极大地限制了中国发展的战略眼界和施展空间。由于缺乏全球化思维和眼界，总是强调中国"地大物博"，实际上就是将国家的战略利益空间局限于960万平方公里的内陆国土，视中国为完全的大陆国家（即欧亚大陆中的一个板块）。并至今仍习惯性地称为"中国大陆"或者"内地"。其实，正如有的学者指出的："中国是一个海陆兼备的国家，海岸线总长约3.2万千米（其中大陆海岸线1.8万千米，岛屿海岸线1.4万千米），海洋专属经济区和大陆架面积约300万平方千米，有面积500平方千米以上的岛屿7000多个。在接近陆地国土面积1/3的海洋国土上，中国有着广泛的利益。"[1]

直到20世纪的最后20年，中国才幡然醒悟，决意向市场经济转变，实行开放政策，勇敢地融入经济全球化。这样，历经短短30多年就获得了与经济全球化接轨的利益，实现了加速工业化和极大的经济扩张，取得了出人意料的巨大成效。到2010年，中国成为生产规模仅次于美国的世界第二大经济体，并继续迅速缩小同第一经济大国的差距，不断拉开同第三经济大国（日本）的距离。展望未来，只要

---

① 曹忠祥、高国力：《我国陆海统筹发展的战略内涵、思路与对策》，《中国软科学》2015年第1期。

继续走发展市场经济的道路，向更广阔的世界市场拓展，中国的战略利益边界就将不断延伸。总之，作为一个人口约占世界 1/5 的大国，走上市场经济的发展道路，全球化的意义将无限深远。

◇◇三　经济全球化的实现未如人意

接受经济全球化不仅是对历史必然的遵从，而且，经济学理论也可以令人信服地"证明"全球化的合理与"美妙"。如前所述，从古典经济学开始，市场经济的理论逻辑就"推论"出经济全球化的必然性和有效性，论证了经济全球化有助于全人类的福利增进，达到"世界福利最大化"。因此，以比较优势理论、自由贸易理论、国际分工理论以及市场规模（国际市场和全球市场）理论等为理念基础，越来越多的国家主动或被动地接受了经济全球化，融入了经济全球化。于是，贸易自由主义不断征服世界，成为宗教般的信仰。

但是，现实的情况并不像经济理论所描绘的那么美妙。我们可以看到，经过了 19 世纪和 20 世纪的经济全球化，迄今为止，世界上大多数国家还没有获得工业化的成功。整个世界仍然充满了不发达和贫困现象，明显地分化为南北国家，贫富差距巨大；世界经济的中心——外围格局以及由此决定的不平等现象仍然非常突出。有人认为这是由于经济全球化尚不彻底；但也有人认为这是由于发达国家强行推进经济全球化和自由主义，导致了世界经济发展的两极分化。总之，世界上反对全球化的声音一向不小，而且也并非全无道理。他们的理据包括：弱肉强食的全球竞争不具道德正当性；全球化成为强国对弱国进行掠夺的借口；全球化并没有像其支持者鼓吹的那样使各国平等获益，而是导致更加巨大的国际不平等；而且，经济全球化损害了世界的文化多样性，让世界"索然无味"——以追求物质财富为目标的人类异化现象畅通无阻，缺乏人道和人类尊严的正义性。即使是在工业革命的发源国——英国，对工业发展也一直存有文化抵触，有学者说："工业价值观念——对机器、效率和物质财富的崇拜——从未征服过英国特性的内在核心。"英国精英们"对技术进步和经济增长是既向往又害怕"。① 英国尚且如此，更何况其他国家？尤其是经济不发达国家，更有可能对以工业化扩张为基本特征的经济全球化抱有怀疑和抵触的态度。实际上，几乎每一个国家都曾经历过社会主流观念不接受经济全球化的时期。

可见，经济全球化并非天生美好。全球化利益的实现依赖于一系列现实条件。也可以说，在不同的现实条件下，经济全球化会表现出非常不同的状况和后果。这些条件主要包括：物质技术状况和基础设施条件、地缘利益格局和市场势力结构、国际制度安排即全球治理结构等（本节主要讨论前一方面，下文将讨论后两个方面）。

关于经济全球化受到物质技术状况和基础设施条件的影响，这是很容易理解的。经济全球化要求在国家间、地区间，包括各大洲间进行大规模通商和交流，国际产业分工依赖于国际物流和人流的通畅性，这些都需要具有物质技术条件的保障，特别是海陆空交通运输基础设施、国际通信设施、安全保障设施等，都直接决定了经济全球化的可行性和有效性。由于经济全球化的基本内容是国际贸易和国际投资，所以，由实际生产力所决定的各国产业发展水平及其参与国际分工的广度和深度，也影响着经济全球化的实际状况。

---

① ［美］马丁·维纳：《英国文化与工业精神的衰落：1850—1980》，王章辉、吴必康译，北京大学出版社 2013 年版，第 122、174 页。

　　从经济全球化的历史和现状看，以交通运输为代表的基础设施建设和发展，一方面为经济全球化提供了越来越便利的条件；另一方面，迄今为止，许多国家和地区，尤其是经济不发达的内陆型国家的基础设施现状仍然是制约经济全球化的瓶颈。海运方面，尽管世界航运取得长足发展，但是仍然存在不少瓶颈，例如，马六甲海峡、巴拿马运河等航运"咽喉"，以及进入欧亚大陆和非洲大陆的港口条件等，都需要有更适应经济全球化的基础设施条件。铁路方面，作为传统运输方式的铁路运输为经济全球化提供了重要的陆运条件。虽然在一些国家例如美国也曾因为公路运输和航空运输的更大优势，铁路运输一度衰落，但是，从世界范围看，在许多地区，尤其是陆地面积广阔、人口和经济活动比较密集的地区以及这些地区之间，仍然存在许多交通运输瓶颈，铁路运输包括高速铁路，仍然具有很大的需求和发展空间。可以说，铁路建设对于世界许多国家和地区至今仍然是久盼未到的"雪中碳"。空运方面，当前，对于发达国家和发达地区，航空运输已经充分发达，但是，对于广阔的世界腹地，尤其是地理条件不便的经济不发达地区，机场建设和更多航运支线的开通，仍然具有很大的需求。建设更发达密集的航空运输网，才能适应经济全球化向广度和深度的发展。公路方面，就世界范围来看，在经济全球化大趋势下，公路包括高速公路的建设，将具有非常巨大的需求。只要工程技术能够到达，在世界许多国家的地形复杂地区，都需要修建更多的公路以至高速公路。

　　工业革命以来，交通运输基础设施建设为经济全球化1.0和2.0时代提供了必要条件。而在经济全球化3.0时代，世界经济将向各洲大陆腹地和海洋空间纵深发展，亿万人口将告别封闭进入全球市场经济，因此，全世界需要进行更大规模的基础设施建设。据麦肯锡咨询公司估计，今后 20 年内，全球需要 57 万亿美元投资于电力、公路、港口和供水等基础设施。[①] 很显然，如果不能建设好必要的基础设施，经济理论所描绘的经济全球化理想状态就是一个无法实现的海市蜃楼。同样值得重视的是，经济全球化总是基于一定的技术条件，每一次科技革命和产业革命都对经济全球化产生重大影响，当前，以信息技术和互联网为代表的新技术革命也正在有力地推动着经济全球化进入 3.0 时代，深刻影响经济全球化的格局。

◇四　经济全球化的地缘格局新变化

关于地缘利益格局和市场势力结构对经济全球化的影响，实质上就是参与全球化竞争的各经济体间的力量对比，对国际经济竞争（或垄断）与合作（或斗争）中的博弈关系所产生的决定性作用。国际经济活动是在一定的地缘政治经济格局中进行的，参与国际经济活动的经济体在世界经济中的市场势力（Market Power）存在很大的差别，因此，经济全球化中的国际竞争主体，并不是经典经济学论证自由贸易合理性时所假设的"原子"式厂商，而是在一定的地缘政治格局中具有不同"国籍"的商家，它们可能拥有非常不同的"母国势力"，这种母国势力在全球化的经济竞争中表现为非常不同甚至是力量悬殊的市场势力差距。

英国历史学家艾瑞克·霍布斯鲍姆说："自由经济理论所承认的唯一均衡，是世界性的均衡。""19 世纪最主要的事实之一是单一全

---

① 陈文玲：《携手推进"一带一路"建设共同迎接更加美好的新未来》，《全球化》2015 年第 6 期。

球经济的创建，这个经济一步步进入世界最偏远角落。借着贸易、交通，以及货物、金钱和人口的流动，这个日益紧密的网络逐渐将已开发国家联系在一起，也将它们与未开发国家结成一体。""但是，实际上，这个模式是不够的。逐渐形成中的资本主义世界经济，既是一群固体集团的结合，也是一个易变的流体。不论构成这些集团的'国家经济'（也就是以国家边界所界定的经济）起源是什么，也不论以它们为基础的经济理论（主要是德国理论家的理论）具有怎样的缺陷，国家经济之所以存在是由于民族国家的存在。"①

　　不仅是从各国经济发展阶段看存在巨大的利益偏差，而且从空间关系看，经济全球化也并不像经济学所抽象的那样，是在一个"空盒子"式的无障碍空间中展开。恰恰相反，经济全球化的现实空间是极度不平坦的。无论是在经济活动得以进行的自然物质条件方面，还是在以此为基础的地缘政治经济关系方面，经济全球化都是一个以现实的地缘条件和地缘政治格局为转移的过程。也就是说，在什么样的地缘格局现实条件下就会有什么样的经济全球化特征。在工业革命之前，由于地理条件的恶劣，地球上的大多数地方都是人类难以顺利到达，也不适于居住的。如果没有工业，即将无用物转变为有用物的人类生产活动，地球上无"资源"可言，所谓"自然资源"完全是以一定的工业生产能力为前提的。辽阔的海洋和大陆，只有当人类拥有了生产技术能力（工业）才可能成为现实的经济活动空间。而当人类拥有了可以利用海洋和陆地的工业能力时，"领域"就具有了战略价值。于是，争夺"领域"的行为导致"帝国"时代的出现。

　　在一定意义上，所谓"帝国主义"就是试图通过直接"占领"

---

　　①　［英］艾瑞克·霍布斯鲍姆：《帝国的年代：1875—1914》，贾士蘅译，中信出版社 2014 年版，第 58—61 页。

"统治""控制"而形成大规模统一市场的强权意图。在经济全球化具有越来越重要意义的 19—20 世纪，以"领域"控制为思维指向的陆权论与海权论就成为谋求"占领""统治"和"控制"的全球战略观和帝国思维。

关于陆权论，人们常常津津乐道麦金德的话："谁统治了东欧，谁便控制了'中心'地带；谁统治了'中心'地带，谁便控制了'世界岛'；谁统治了'世界岛'，谁便控制了整个世界。"尽管麦金德的本意是说欧亚大陆"中心地带"的地理条件重要，"那里的大自然，提供了最终统治全世界的所有先决条件"；"占领这些要地，既可以促成，也可以阻止世界霸权的出现"，因而提醒说，"必须有人通过自己的远见卓识，并且采取可靠的保障措施，来防止出现一国独霸世界的局面"。① 但是，恰恰相反，他的理论却启发了试图称霸世界的帝国梦想者的野心。

关于海权论，人们往往是将其代表人阿尔弗雷德·马汉的理论归结为：谁控制了海洋谁就主宰了全世界。其实，这一理论并非是无条件成立的。工业革命之前，如果讲海权，只能是无的放矢。海权论的理论逻辑基于工业革命所形成的 19—20 世纪的物质技术条件，即长距离交通运输的海运成本远远低于空运和陆运。因此，濒海国家享有进入国际市场、开拓国际市场和远距离投放军事力量的地缘优势。有了强大的工业也就拥有了控制海权的优越条件。没有强大的工业，即使是非常富有的国家，也只能"望洋兴叹"，闭关锁国或保护主义往往成为它们的选择。

可见，各种地缘政治思维同经济全球化存在很大的差距。各种地

---

① ［英］哈·约翰·麦金德：《陆权论》，欧阳瑾译，石油工业出版社 2014 年版，第 107—108，121—122 页。

缘政治思维都着眼于"占领""统治""控制"，而经济全球化则诉诸"自由""交换""开放"。所以，现实的地缘政治格局破坏了经济全球化的理论逻辑基础：经济全球化设想的是一个无障碍的自由竞技场，规则透明，裁判公正；而现实的地缘政治状态则如同荆棘丛生、险象环生的崇山峻岭，道路阻碍，盗贼猖獗。陆权论和海权论的逻辑均试图通过建立"一统霸业"来构建世界大市场。当然，在现实中，任何国家无论多么强大，都难以一统全球，因此，要么战争，要么共存，而共存必须达到一定的"均势"。仅此一点，即在均势思维中，地缘政治和军事战略逻辑同经济全球化逻辑具有了一定的契合点。

陆权论的代表人麦金德说："没有哪一个自重的国家，会允许他人来剥夺自己应有的高级产业。但是，这些产业之间的关系如此紧密，以至于除非它们彼此之间保持平衡，否则都无法发展起来。因此可以说，每个国家都会努力发展工业活动中的每一大类的产业，并且都应该容许它们达到这一目的。""为了让各国满意，我们必须努力确保各国都有某种平等发展的机会。"①

均势意识在美国著名地缘政治学家尼古拉斯·斯皮克曼（1893—1943）的论著中就曾显露："他主张在世界大战中美国不要完全消灭日本，因为中国人口众多，面积广阔，早晚会成为亚洲强国，保留日本可以平衡中国的影响。在欧洲，打败德国但不要灭亡德国，主要用来战后在欧洲平衡苏联这个陆地强国。"②

海权论的代表人，马汉在阐述他的地缘战略理论时，也体现了均

---

① ［英］哈·约翰·麦金德：《陆权论》，欧阳谨译，石油工业出版社 2014 年版，第 127 页。

② ［英］哈·约翰·麦金德：《陆权论》，石油工业出版社 2014 年版，"专家导读"（崔守军撰）第 5 页。

势思想。例如，在论及美国倡导"门户开放"政策时，他说："门户开放政策在另一重要意义上体现权力的平等，而门户开放意味着机会的平等。还有，门户开放和均势一样都取决于各个国家军事实力的平衡，这些国家是指对中国有浓厚兴趣的国家，因为门户开放这个词汇是专门针对中国的。""门户开放政策是一个新名词，它的主要内容是维护世界各国的自由竞争和商业机会的平等，防止一些国家在有关地区依靠自己的优势为自己的工商业牟取暴利。""所以，要使门户开放政策发挥有效作用，就要让太平洋地区特别是西太平洋地区的各种力量达成平衡，这样门户开放政策才能有效实施，不会受到干扰。"这一主张实际上就是要在瓜分中国这个大市场中，各列强形成一个势均力敌、利益均沾的格局。而且，"任何一个国家决不干涉其他国家的分内之事，因为不适当的行为往往会使最好的合作伙伴反目成仇"①。

当世界进入核时代，尤其是在美苏冷战时期，核威慑和核均势使世界在确信核战争可以相互"毁灭"的"恐怖平衡"中避免核战争，实现核威慑下的和平。在第二次世界大战期间，正因为当时只有美国拥有核武器，没有核威慑下的恐怖平衡，所以其才敢于向日本投放原子弹；而当苏联以及后来中国也拥有了核打击力量，特别是拥有"第二次核打击力量"，使各方确信对方的第二次核打击可以造成自己不可承受的损失时，反而可以避免核战争。

而当美国成为唯一的超级大国，自认为有"责任"维护世界秩序时，以布热津斯基等为代表的美国战略家提出了由美国领导全球的均势"棋局"理论，即要使世界任何地区都不出现能够挑战美国的势力，因此，必须在欧洲、太平洋等各个地缘政治空间中形成各国相互

---

① ［美］阿尔弗雷德·塞耶·马汉：《海权论》，一兵译，同心出版社 2012 年版，第 125 页。

制衡的格局，从而使得无论是欧盟、俄罗斯，还是中国、日本，或者是伊斯兰国家之间，均处于势均力敌状态，以保持美国可以控制的"均势"。

其实，不仅大国谋求均势，小国更需要在均势中谋生存。第二次世界大战以来，民族国家相继独立，国家数量越来越多，各类国家都必须在均势中生存，新加坡就是一个在大国博弈及地区均势中获得成功的绝好例子。而战争的爆发和暴力恐怖主义的产生几乎都是失去均势的产物。可见，权力平衡，形成地缘政治格局的均势，是保持和平和发展经济的重要条件，更是经济全球化能够取得趋利避害后果的必要条件。经济全球化是把双刃剑，失去均势基础的全球化绝非人类之福。

20 世纪后期以来，由于世界经济增长格局的迅速变化，经济中心东移，尤其是以中国为中心的东亚地缘板块崛起，[①] 不仅美国深感必须实现"再平衡"的迫切性，而且，实际上在新的世界经济政治格局中达成新的权力均势，以保证全球化趋势的良性延续，正成为世界必须面对的紧迫课题，即如何实现全球化市场经济的结构性均衡、各利益主体间的利益平衡，同地缘政治经济格局的权力均势之间的有效契合。

对历史过程简单回溯可以看到，经济全球化需要维持和平，也需要保持全球航道的通畅。同全球化利益一致的国家，主要是工业化的主导国家，它们自认为依据自己的实力实现全球势力的均衡是一种国际责任，但其他国家由于在经济全球化中未获利益或遭受损失，甚至沦为强国的殖民地或被其"控制"而处于政治不平等地位，有些国家

---

① 参阅金碚、张其仔等《全球竞争格局变化与中国产业发展》，经济管理出版社2014 年版。

因地缘政治格局中的不利地位而被边缘化，经济发展受到严重制约甚至被战乱所中断，长期处于"落后国家""失败国家"的境地。列强争斗甚至会使市场沦为战场、经济全球化扭曲为世界大战，因此，经济全球化能否取得积极效果，高度依赖于世界治理结构的有效性。

◇五　经济全球化治理秩序的演化

国际制度安排即全球治理结构对经济全球化的影响，更具有决定性意义。全球治理结构是基于国家利益和国家实力的制度选择。经济理论所描绘的经济全球化总是以经济自由主义为理想，但历史也确如有的学者所指出的："自由市场和全球自由贸易并不是自然而然就出现的。这是一种选择，而且也是强国强加于弱国的结果。"有史以来，"几乎没有国家有缔造并维持自由经济的意愿和能力。事实上，在民族国家出现的近代，只有两个国家这样做：19世纪的英国和20世纪的美国"。而且这两个国家也都是在"相信自由主义国际经济秩序是增进财富和实力最好的方式"的时候，才从自己的国家利益出发，主张和推行自由市场和自由贸易。也就是说，在现实中，经济全球化对不同的国家并非都如经济理论所描绘的那样能充分获得各自的比较利益。实际上，确有国家是可能在经济全球化中严重受损的。各国是否欢迎经济全球化，取决于国家利益考虑。所以，"即使是英国和美国也不是一直欢迎自由贸易体系。……英美两国在接受自由贸易之前都经历了漫长的保护主义时期。然而，在两国的权力顶峰时，也就是英国在19世纪中期、美国在20世纪时，两国都从市场开放和自由贸易中获益最多。两国先进的工业处于主导地位，两国势头强劲的经济都受益于产品的出口和资本输出。当两国的竞争者都还大多是陆地国家并且依赖它们维持航道通畅时，英美强大的海军控制了海洋并且主导了贸易航线"。① 可见，经济全球化及其支持政策——国际自由贸易，最符合工业化的主导国家的利益。经济全球化进程总是沿着同工业化主导国家的利益相一致的方向推进，并没有对所有国家"一视同仁"的经济全球化和全球治理结构。正是经济全球化在现实中的利益偏向性和全球治理结构的利益偏向性，决定了市场均衡理想与全球化现实之间必然会存在巨大的差距。

很容易理解，经济全球化总是在一定的制度环境中推进和实现的。国际制度安排即全球治理结构对经济全球化的影响，体现了不同时代的国际政治秩序和经济秩序对国际经济活动的治理方式，规定了国际经济活动的行为规范，以及处理纠纷的规则程序。

经济全球化要求商品、资金（资本）、人员等在世界范围的顺畅流动，表现为贸易自由、投资自由、移民自由（自然人国际迁移自由）等政策主张及制度安排。而在现实中，所有的"自由"都是在一定的地缘政治格局中实现的，因而总是存在各种难以突破的障碍和错综复杂的关系。欧洲各国历经长年战乱，在 17 世纪达成了以承认国家主权和多元化共存为基本原则的威斯特伐利亚体系，② 其精神一直深刻影响至今。尽管威斯特伐利亚体系承认大小各国权力平等，遵守共同认可的若干国际关系准则，可以达到"谁也不吃掉谁"的均势

---

① ［美］罗伯特·卡根：《美国缔造的世界》，刘诺楠译，社会科学文献出版社 2013 年版，第 53—54、56 页。

② 欧洲国家经历了 30 年战争，于 1648 年 10 月 24 日签订了一系列和约，史称威斯特伐利亚和约。以这一和约精神所形成的均势格局称为威斯特伐利亚体系。虽然以此建立的均势并不巩固，但确定了以平等、主权为基础的国际关系准则。威斯特伐利亚和约在签订后长达几百年的时间里依然是解决各国间矛盾、冲突的基本方法。

状态，但这是以国家实力相当或者国家实力对比不发生极大变化为假定前提，而且以各国均不阻碍贸易、投资和人员自由流动，也不谋求国家"野心"为条件。但这些前提和条件并非总能存在。所以，尽管人类尚未形成比威斯特伐利亚体系更能获得共识的国际关系体系，但威斯特伐利亚体系也未能确保长久的世界和平。

当世界进入第一次经济全球化时代，即欧洲工业革命极大地促进了生产力发展时，各国为拓展全球市场和投资空间，出现了以占据更多领土、拓展更大殖民地、控制更广泛的"势力范围"为特征的国家间争夺，直至爆发战争。所以，第一次经济全球化具有"列强吞食"的特征。而"直到第一次世界大战爆发前，英国始终扮演着均势维护者的角色"，它"把国家利益与维护均势视为一体"。虽然当各列强或不同列强集团势均力敌的时候，威斯特伐利亚体系可以维持，但当列强之间的实力关系发生重大变化，产生了重新瓜分领土和势力范围的野心国家时，威斯特伐利亚体系就会被列强战争所取代，而英国已完全没有能力控制局面。因为，当时"均势至少受到两方面的挑战：一是某大国的实力强大到足以称霸的水平；二是从前的二流国家想跻身列强行列，从而导致其他大国采取一系列应对措施，直到达成新的平衡或爆发一场全面战争"。① 到第一次世界大战之前，威斯特伐利亚体系已经无法应对这样的挑战。这就是经济全球化1.0时代人类爆发了两次世界大战的根本原因。即自由资本主义的经济全球化，走向了帝国主义列强之间无节制的争夺和战争。

第二次世界大战后，在反思第一次经济全球化利弊得失的基础上，世界进入了"战后秩序"时期。其区别于战前的特征是：建立联

---

① ［美］亨利·基辛格：《世界秩序》，胡利平译，中信出版社2015年版，第28—29页。

合国、国际货币基金组织、世界银行、世界贸易组织等全球性组织，尊重各国主权，结束殖民地占领，主张民族国家独立和国家主权利益，但要求甚至迫使各国均实行开放政策和自由贸易制度。这在相当程度上回归到威斯特伐利亚体系的治理逻辑。而区别在于，战后秩序承认若干大国拥有维护国际规则的特权，表面上是联合国的五大常任理事国（美、苏、英、法、中），实际上是美国与苏联两大国主导。这样，第二次经济全球化即经济全球化2.0时代的全球治理格局表现为霸权主义掌控下的权力均势特征。20世纪90年代以前是两霸争夺、平行掌控；20世纪90年代，苏联解体，世界出现了美国一霸独大的罕见局面。美国以"美国例外"和"世界领袖"为据，充当"世界警察"和"全球老大"，维持全球的"自由航行"。这弥补了威斯特伐利亚体系的不足，即缺乏"执法者"而成为"没有牙齿的治理"，但同时也破坏了威斯特伐利亚体系的内在逻辑。据称具有"孤立主义"传统的美国是被各国"请来"充当"执法者"的，其实，这样的治理结构非常符合美国的国家利益。美国不仅将自己的利益、法制和权力居于其他国家之上，而且将推行其价值观（自由、民主、人权等）作为世界治理目标。显然，这是同威斯特伐利亚体系包容多元化和不干涉国家内部事务的原则精神不一致的。威斯特伐利亚体系着眼于形成均势，避免战争；而霸权主义的制度逻辑则是维持"强权掌控下的均势"，可能导致国际关系紧张甚至必然引致战争，即对被霸权国家判定"违规"国家的制裁以致入侵，引发局部战争或"代理人战争"。在两霸时期和一霸时期都屡屡发生这样的情况。

经济全球化2.0时代尽管仍然充满着矛盾、"冷战"和冲突，但第二次经济全球化毕竟取得了巨大的积极进展，使越来越多的国家从中获益。特别是，以中国为代表的一些发展中国家，融入经济全球化后迅速崛起，成为改变世界格局的"新兴经济体"。

著名未来学家奈斯比特说："国与国之间经济表现的此消彼长在某种程度上是经济全球化的一个结果，因为我们正在从资本国家化的时代进入资本全球化的时代。这个过程非常漫长，但是最终我们能够实现全球经济一体化。"[1]

新兴经济体的崛起，意味着美国一霸地位的相对下降和控制全球局面的力不从心。作为唯一霸权国家的美国，希望继续推进经济全球化，因为这不仅是其作为世界领导国家的"国际责任"，而且也符合其自己的国家利益。与小国相比，大国的国家战略利益边界总是范围更广，世界大国的国家战略利益遍布全球。而当更多新兴经济体国家的实力增长到接近美国时，客观上就对一霸体系构成挑战。从经济规模的全球份额看，美国从20世纪中叶GDP占世界的1/3—1/2，已经下降到当前的1/5，而中国的人均GDP只要达到世界平均水平，其总量就将显著超过美国。因此，一方面，第二次经济全球化的霸权干预特征，必然导致世界部分地区地缘政治格局的"破碎"和对经济全球化的疏离，霸权国家面对的局面越来越复杂，越来越难以控制。另一方面，独霸国家越来越感觉相对实力减弱，解决困局力不从心，希望新兴国家分担压力，但同时又担心因此而导致一霸地位的进一步削弱，"老大"地位被其他国家动摇。这正是世界从经济全球化2.0时代向经济全球化3.0时代过渡的结构性矛盾的症结所在。

更值得重视的是，在以霸权掌控全球均势为特征的第二次经济全球化时期，国际经济规则主要由霸权国家制定，落后国家处于不利地

---

① ［美］约翰·奈斯比特、［奥］多丽丝·奈斯比特：《大变革：南环经济带将如何重塑我们的世界》，张岩、梁济丰、迟志娟译，吉林出版集团、中华工商联合会出版社2015年版，第46页。

位，世界各国社会发展差距扩大，疏离经济全球化的国家可能越来越趋向于另辟蹊径，试图完全颠覆威斯特伐利亚体系，无视国家主权和边界，并且往往以宗教极端主义行为对抗经济全球化，直至走向暴力恐怖主义道路。一些国家的经济落后，以及在一霸国家干预下原有政府的溃败，政治格局的严重失控，导致无政府状况下的国际难民潮。原本是符合经济全球化原则的自然人国际自由流动（移民自由），恶性化为难以接受的国际难民潮。这有可能使移民流入国不得不采取限制措施，以致产生社会性的反全球化倾向。可以说，经济全球化 2.0 时代留给 3.0 时代的一个"负遗产"就是霸权"失控"、秩序失治。

美国当代著名战略理论家、地缘政治学家兹比格纽·布热津斯基说："欧亚这个超级大陆面积太广、人口太多、文化差异太大，历史上有野心和政治上有活力的国家也太多，即使美国这样一个经济上最成功、政治上最有影响的全球性大国也难以驾驭它。""遗憾的是迄今为止，在为美国确定一个冷战结束以后新的主要全球目标方面所作出的努力一直是片面的，没有把改善人类生存条件的需要与保持美国力量在世界事务中的重要地位的必要性联系起来。"[①]

总之，经济全球化又一次遭遇全球治理体系失序窘境。正如基辛格博士所说："在地缘政治世界中，西方一手建立并声称全球适用的秩序正处在一个转折点上。这一秩序给出的对策已经全球知晓，但在这些对策的应用上却没有共识。"而且，"事实证明它不能适应权力关系发生的重大变化"。经济全球化的进一步推进必须建立适应新形势的全球治理结构，如基辛格所说："挑战变成了一个治理问题。……

---

① ［美］兹比格纽·布热津斯基：《大棋局：美国的首要地位及其地缘战略》，中国国际问题研究所译，上海世纪出版集团、上海人民出版社 2007 年版，第 30、174 页。

之所以需要对全球化加以规范，是因为可持续发展需要调整传统模式。"①

当前的现实是：（1）尽管美国仍然是世界"老大"，新兴国家不挑战其领导地位，但一霸独强的格局渐成历史，必须有新兴大国参与全球领导体系。因此，建立"新型大国关系"是完善全球治理的关键。（2）新兴大国与美国分担全球治理领导责任的前提是，其自身的权力空间也必须同其壮大的国力相当。一个自身国家利益受损的大国，不可能同美国有效合作，而更可能为维护和争取国家利益而同美国发生冲突。这不利于全球治理，也不符合美国利益。因此，美国是世界大国，新兴大国是地区大国，首先必须支持建立新兴大国所在地区的地缘政治新均势，才有可能在新型大国关系下，维护全球新均势。（3）新兴大国的实力不断增强，战略利益边界不断扩大，企业和公民"走出去"，进而"走进去"即融入海外经济和社会。这样，新兴大国的国家利益越来越具有全球性，即在越来越大的程度上同全球利益重叠，因此，更多地承担国际责任同维护其自身国家利益具有越来越强的一致性。维护世界和平，扩大经济全球化的更大空间，让更多未进入经济全球化的国家和地区具备与全球经济接轨和融入全球化的条件和意愿，符合各国国家利益。因此，第三次经济全球化进程中形成的新的全球治理体系，将逐渐摆脱霸权主义，走向多元共治，达成以大国均势、地区均势和全球均势为基础，包容多元利益的全球治理格局。

总之，从全球治理结构的角度看，均势论这一关于国家关系的古老理论，尽管因其只强调均衡状态下的和平，忽视是否保障了正义，

---

① ［美］亨利·基辛格：《世界秩序》，胡利平译，中信出版社 2015 年版，第 477页。

而往往被批判为缺乏价值正义性，但是，纵观历史，非均势论的其他
理论所产生的副作用远远大于均势论。经济全球化需要以一定的国际
均势格局为条件，但是，并非任何形式的国际均势格局都能保证经济
全球化实现其效率和公平目标。以列强均势为特征的经济全球化 1.0
时代和以霸权均势为条件的经济全球化 2.0 时代，均有其显著的缺陷
和非正义性，经济全球化并未达到其理想状态。本书所预示的经济全
球化 3.0 时代，是否能够比前两个时代更美好一些，且更具正义性，
取决于世界各国的努力，这是对人类智慧的一次严峻挑战。

◇六　经济全球化 3.0 时代的中国

　　经济全球化 2.0 时代最新的一个突出特点是，以中国为代表的发
展中经济大国以新兴经济体强劲增长的态势深度融入全球化格局之
中，改变了经济全球化的整体面貌，并强有力地推动经济全球化从
2.0 时代进入 3.0 时代。从全球经济的视角看，中国经济的一个突出
特点是：规模巨大，人均居中。

　　据统计，在当今世界 200 多个国家（地区）中，有 60 多个实现
了工业化，进入工业社会，这些国家的总人口占全世界人口的总数不
足 20%；而中国有 13.7 亿人口，接近世界人口 20%。也就是说，中
国工业化将在几十年时间内使全世界工业社会的人口翻一番，使全球
工业化的版图发生巨大变化。从 20 世纪 80 年代以来，中国工业化的
进程伴随着全方位的对外开放过程。同世界其他大国的工业化进程相
比，在许多方面，中国实行对外开放的速度和广度是罕见的。特别是
中国进入世界贸易组织所做出的开放承诺，连外国和国际组织的一些

专家都承认，在许多方面是"非常激进"的，可以说是有史以来，在工业化进程仍然处于（人均）低收入状态时，开放速度最快、开放领域最广、开放政策最激进的一个大国。① 进入 21 世纪，中国经济以非常快的速度融入世界经济，特别是中国制造业越来越广泛地融入国际分工体系之中，曾经高度封闭的中国市场在短时间内就转变为国际市场的组成部分。②

在加速工业化时期，中国相当激进的对外开放政策所获得的一个直接益处是：广泛地获得了国际分工所提供的制造业发展机会。在工业化过程中，产业分解是国际分工深化的表现。世界产业的分解，使得发达国家和新兴工业化国家的传统产业有可能迅速地向中国转移。中国通过承接制造业的组装加工环节，形成了从沿海地区开始，并不断向内地延伸的众多加工区和产业集群区。产业分解是技术扩散和产业扩张的重要条件之一，在世界高新技术产业快速分解的过程中，不仅传统产业向中国转移，而且，高技术产业中的一些加工环节也迅速地向中国转移。③ 实际上，在产业高度分解、分工极端细化的条件下，被统计为"高技术产业"的产品生产工艺同传统产业产品的生产工艺之间并没有不可逾越的鸿沟。这样，中国工业很快进入了广泛的国际分工体系。

---

① 在人类历史上，从来没有一个人口超过 1 亿的国家，在处于中国这样的发展水平时，实行像中国这样的全方位彻底的对外开放政策，特别是对外商直接投资所实行的高度容忍和彻底开放的政策。

② 金碚：《大国筋骨——中国工业化 65 年历程与思考》，南方出版传媒集团广东经济出版社 2015 年版，第 91 页。

③ 高新技术产业更具有产业分解这一特征。以计算机产业为例，1981 年，IBM 把关键的个人电脑部件资源让给微软和 Intel，是信息产业发展史上一个具有长远影响的重要事件，也是计算机产业走向分解的标志。从此以后，计算机产业迅速扩散，使越来越多的国家进入了计算机产业的生产分工体系。

巨大经济体融入经济全球化，不仅改变了全球经济体系的基本结构，而且各国经济尤其是产业体系高度绞合；国际分工合作冲破地理国界和政治国界，不仅经济行为普遍跨越国界，而且经济主体的组织形态跨越国籍，跨国公司以及跨国产业链成为经济全球化的重要载体和实现形式，产生了各种犬牙交错的"超国籍"现象，甚至按产（股）权、注册地、所在地、控制权等原则都难以明确定义其国籍归属。在经济全球化 3.0 时代，经济国界正在变得越来越模糊，经济主体和经济行为的"混血""交织""共生""转基因"等现象正越来越深刻地改变着整个世界。因此，"经济规模"的国别绝对意义在改变，而其全球相对意义则越来越具重要性。

中国虽然经济规模巨大，但人均水平仍然低下。据统计，按人均产出和收入计算，中国的发展水平至今尚未达到世界平均水平，仍属于世界"平均数"之下的国家（大约为世界平均值的 2/3—3/4）。在世界 200 个左右国家（地区）的人均 GDP 排名中，中国目前仅居 80 位上下。根据安格斯·麦迪森的预测，到 2030 年，中国占世界 GDP 的比重可能增加到 23%。也就是说，从现在到 2030 年，是中国人均产出和收入水平达到和超过世界平均水平的历史性转折时期。[1] 因此，中国改变世界格局的历史还刚刚开始。

如果说第一次经济全球化是帝国列强殖民主义全球化，从陆权转向海权，以海权优势争夺陆权空间；第二次经济全球化是霸权主义全球化，从两国霸权到一国独霸，形成全球海洋霸权与分割破碎的陆权空间；那么，第三次经济全球化将是利益交织、权力多极、多国共治的全球化，工业化向更广阔的陆海空间拓展，形成更为纵深的格局。

---

[1]　金碚：《新常态下的区域经济发展战略思维》，《区域经济评论》2015 年第 3 期。

如果说，在经济全球化 1.0 和 2.0 时代，国际竞争主要表现为"原子式"具有明确（产权）国籍的企业之间的竞争，那么，在经济全球化 3.0 时代，全球竞争主要表现为由各国企业构成的复杂"产业链"之间的竞争，不仅制造业竞争呈"产业链"状，而且国际金融业也呈更为复杂的产业链状。各国经济特别是各大国经济，包括对手国家经济之间，都处于相互交织的关联网中，"你死我活"的传统竞争格局演变为"俱荣俱损"的绞合状竞争格局。"绝杀"式地"消灭对手"同时也可能使自己受损，例如，在 2008 年金融危机时，各国都要联手救市；金融行业导致了危机，却不得不用纳税人的钱去救助那些闯祸的金融机构；一些制造企业甚至请求政府挽救自己的直接竞争对手，因为相互竞争的企业有共同的供应商，对手企业如果倒闭，供应商企业难以存活，也会使自己的企业处于危境中。这成为经济全球化 3.0 时代的奇特现象，即各不同经济体（国家、地区或企业）之间利益边界截然分明的状况变为"你中有我、我中有你，你我中有他、他中有你我"的利益交织、相互依存格局。

很显然，在这样的经济全球化态势下，列强争夺领土和霸权掌控全球的历史已不可能重现，没有国家尤其是负责任大国会设想获取"占领国"利益，即使是霸权主义的美国也不再谋求"占领"目标。崛起的中国更不可能走上列强和称霸的道路。共享共治天下，将是世界可持续发展的唯一可行模式，也是符合中国理念和国家利益的经济全球化方向。因此，习近平主席代表中国宣称的"中国永远不称霸"是真诚的表达，实际上也宣告了列强时代与霸权时代的终结。

经济全球化 3.0 时代的另一个突出特点是，各国必须首先"把自己的事情办好"，而试图以对外扩张来转移国内矛盾的陈旧策略已经完全过时。与经济全球化 1.0 与 2.0 时代相比，经济全球化 3.0 时代更具有深度全球化的特征，如果说前者主要着眼于拓展地理空间和产业空间，"占地为王"和"夺市为强"；那么，后者将更加着眼于"民生体验"，即各国将在更加开放的条件下，进行全球性的文明竞争和国家竞争。各国将在商品、资金、人员、信息等更具国际自由流动性的全球化体系中，进行深度竞争与合作，人民福利体验将以全球化为背景。制度的"合法性"将以国际比较下的民生增进和经济社会发展的包容性和可持续性为依据。通俗地说就是，人民满意不满意、认可不认可，将决定经济全球化 3.0 时代国际竞争的输赢。因而国家治理"榜样的力量"将成为决定国际影响力越来越重要的因素，一个自身治理不善、人民满意度不高，甚至"后院起火"的国家是不可能成为世界的领导型国家的。

在这样的时代，作为已经被视为"世界第二大国"的中国，最根本的作为就是，以善治示全球，以创新领潮流。奈斯比特说："随着经济实力的增强，中国在国际事务中发挥越来越重要的作用，但它在国际社会的权威性和话语权还属于轻量级水平。国际社会对中国的认可取决于它们对中国国内发展的看法；而我们认为，中国对内将变得更中国化。""当今中国的发展，首要考虑的都是国内因素。然而中国的进一步开放却必须在全球关系转型的大背景下进行。"在经济全球化 3.0 时代，国际竞争的本质是"善治"，而不是武力和霸权。"善治"首先是把自己国内的事情办好，最重要的是成为充满创新活力的国度，从而体现出经济体的生命力、竞争力和创造力。所以，中国在经济全球化 3.0 时代的地位将取决于如何从曾经的"高增长引领世界经济"转变为未来的"善治与活力引领世界经济"。诺贝尔经济学奖获得者埃德蒙·费尔普斯以其长期研究成果表明，真正可持续的经济增长归根结底依赖于经济活力的释放，而"经济制度的巨大活力要求其所有组成部分都具备高度的活力"。英美等国之所以曾经能引领世界经济增长，就是因为焕发出了极大的活力；同样，它们后来之所以表现为增长乏力，至今未能走出低迷之境，也是因为经济活力下降。21 世纪最重要的经济问题就是，在经济全球化新形势下，如何再次焕发经济活力，或者说，有哪些国家可以释放活力，实现创新，引领世界经济增长？他指出，对于中国自 1978 年后实现的创纪录经济增长，"在其他国家看来，中国展现出了世界级的活力水平，而中国人却在讨论如何焕发本土创新所需要的活力，因为如果不能做到这一点，高增长将很难维持下去"。他认为中国自己的认识和意图是正确的。按他的研究发现，中国 30 多年来还只是属于"活力较弱的经济体"，只是因其"灵活性"而不是高活力实现了高速经济增长。这样的经济体"可以在一段时间内表现出比高活力的现代经济体更高的增长率，但随着这些经济体的相对地位提升，对现代经济实现了部分'追赶'，其增速将回到正常的全球平均水平，高增速会在接近追赶目标时消退"。①

大多数经济学家也都认为，中国超高速增长期的终结是一个大概率前景。2014 年底，美国著名经济学家普里切特和萨默斯在美国国家经济研究局发表的《经济增速回归全球均值的典型化事实》一文中做出明确结论："经济增速回归全球均值是经济增长领域唯一的典型化事实。遵循这一客观规律，中印经济增速均要大幅放缓。印度，尤其是正在经历史无前例超高速增长的中国，已持续增长的时间是常见典型增长的 3 倍。我们预计，中国经济超高速增长阶段将会突然中止，增速回归全球均值。"具体预测为"中印 10 年或 20 年后经济增

---

① ［美］埃德蒙·费尔普斯：《大繁荣》，余江译，中信出版社 2013 年版，第 24、32 页。

速为 3%—4%"。①

当然，这样的预测基本上是"外推"法的结论。即使看到"大概率"前景，也不能排除"小概率"的可能，这就是，中国经由全面深化改革，成为创新型国家，焕发经济活力，再次形成加速增长的态势。可见，在经济全球化 3.0 时代，中国要走的艰难道路是，从躯体庞大的"中等生"成长为充满活力的"优等生"，即从人均收入处于世界平均值以下，提升为达到世界高水平，这需要有保持较高速增长的经济动力和活力。可见，中国决心到 2020 年全面建成小康社会，尤其是"打赢脱贫攻坚战"，具有深远的世界意义。中国能否真正做到政治清明，民主法制健全，更将成为全世界关注的问题。全世界都将看着这个世界经济第二大国如何成为让人民心悦诚服的国家，中国只有成为可以使人"心服"的世界强国，才具有全球性说服力、影响力和感召力，也才可能成为真正具有强大领导力的全球大国，进而对全球治理体系产生根本性的影响。在此之前，世界仍将处于由美国老大主导的"战后秩序"格局，没有国家可以对其进行实质性的改变。正如奈斯比特所论述的，从一定意义上可以说，"世界经济大变局"的实质就是"中国改变世界格局"。而中国能否改变世界，关键不在实力能否雄踞世界，而在观念能否征服人心。

◇七　"一带一路"的包容理念

国际战略评论家邱震海先生在其《迫在眉睫：中国周边危机的内

---

① ［美］兰特·普里切特、劳伦斯·萨默斯：《经济增速回归全球均值的典型化事实》，《开放导报》2015 年第 1 期，第 7—14 页。

幕与突变》一书的前言中写道："我们正日益被世界需要，但世界需要的只是我们的钱，我们的心却无法征服世界。"① 这似乎是一件令人沮丧的事情，但它也确实表明了观念相通的关键性意义。

经济全球化3.0时代，更多国家间实现更全面深入的"互联互通"是最基本的趋势。中国提出"一带一路"构想，其核心含义也首先是要实现更通畅的"互联互通"格局（见图8—1）。"一带一路"构想涉及战后世界秩序和地缘政治格局的重大变化，几乎同世界地缘政治格局的四大板块（也有学者称之为"战略辖区"）均有密切关系：包括以美国及濒海欧洲国家为核心的海洋国家板块、以俄罗斯为核心的欧亚大陆国家板块、以复兴中的中国为核心的东亚陆海板块，以及将会崛起的以印度为核心的南亚次大陆板块等。要在如此广泛和复杂的地缘空间中实现"互联互通"，牵动全球，关键在于中国必须以自己的言行告诉世界"要干什么"，世界才能回答中国"是否欢迎"。

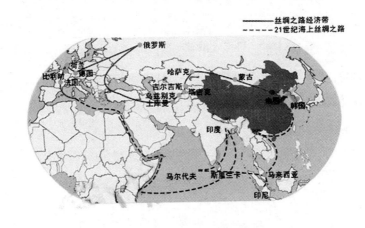

图8—1 "一带一路"示意图

---

① 邱震海：《迫在眉睫：中国周边危机的内幕与突变》，东方出版社2015年版，第2页。

纵观世界历史，以陆权理论和海权理论为导向的国际"互联互通"历史，都曾发生过世界范围的大规模战争。陆权理论强调"势力范围"观念。因为，与海洋中有"公海"不同，大陆上没有"公陆"。由于没有可以"自由通行"的通道，如果没有"势力范围"，就难以保证"互联互通"的安全。所以，占据更大的陆地领土和势力范围成为陆权时代的地缘政治特点。陆权理论甚至被纳粹德国作为扩展"生存空间"的观念支柱，为其侵略行为所利用。

海权理论的观念支持了濒海欧洲国家，特别是20世纪以来的美国成为霸权国家。进入海权时代，"发现"和拓展海外殖民地被认为是海洋强国的"合法"权利和"英雄"行为。20世纪之后，海权国家（主要是美国）则将要求和迫使大陆国家"门户开放"作为其实现"互联互通"的世界战略。进而，"自由贸易""自由市场"、公海"自由航行权""经济全球化"等成为当代世界普遍接受的基本观念，依此形成全世界的"互联互通"格局和世界治理秩序。而唯一的超级大国美国自认为拥有维护这一世界秩序的特权。实际上，不仅是美国的盟国，还有其他一些国家也认同或者不得不接受美国的这一特权。有些国家还利用美国的这一特权，"邀请"美国到欧洲"平衡"俄罗斯的势力，到亚太地区"平衡"中国的崛起。

在战后冷战时期，与海权理论相抗衡，苏联以其国际主义的意识形态观念，在世界各国鼓励和支持共产主义运动，力图形成以苏联为中心，由苏东国家及亚洲盟国所组成，并向其他地区渗透的势力范围，构造与西方资本主义国家相对立的"平行"地缘政治战略空间。从一定意义上可以说，这也是一种基于意识形态的"互联互通"观念，由于同另一个超级大国相冲突，曾引致了很大的国际紧张。

可见，以往的"互联互通"主张都具有强国战略的意义，有实力的国家才会依据一定的战略观念，主张"互联互通"，其中往往具有"帝国"野心。而面对这样的"互联互通"，弱国则倾向于封闭和保守，除非可以确保安全，否则宁可不要门户开放，不要自由贸易，不要全球化，实际上就是不欢迎"互联互通"。总之，"互联互通"与各国的安全意识具有密不可分的关联。因此，仅仅基于经济上"互利互惠"，生意再大，"油水"再多，也不足以形成"互联互通"的观念实力。

由于中国的地缘政治地位是处于"以复兴中的中国为核心的东亚陆海板块"，其特点是兼具海洋和大陆两方面的性质，所以，"一带一路"战略既不是单纯的海权观念逻辑，也不是单纯的陆权观念逻辑。今天，很难再像当年中国实行改革开放时可以承接现成的"自由贸易"和"经济全球化"观念那样，也承接并要求所有相关国家接受现成的世界通行观念，来顺利推进"一带一路"构想。但是，问题的严重性恰恰在于，如果没有实施"一带一路"战略的理念基础，不能实现各国间的"观念互通"，各国处于"不放心"状态，实践中的"互联互通"将会障碍重重。

中国不是世界第一强国，中国目前的软硬实力均不足以在全世界推行一套普遍认同的价值观念，且中国历来主张"和而不同"，尊重不同国家和民族的价值文化和自主选择，所以，"一带一路"的"观念互通"并不是"观念统一"。相关各国也并无可以统一的观念。例如，中国接受了"自由贸易""全球化"观念，其他相关国家未必同意；中国主张"全方位对外开放"，其他国家对"开放"未必有同样的理解。即使其他国家的政府认同了某种观念，社会各界也未必服从，而且，政府本身也可能因执政党轮替而改变倾向。所以，观念互通的实际含义只能是"观念相容"、和而不同，而且要各方"说得明，听得懂"，以最大限度的包容性来实现有差异的观念间的沟通，寻求各国不同价值观念中的最大"公约数"。当前，有可能使参与"一带一路"相关国家（地区）认同的观念是：伙伴互惠，主客便利，抉择相容。

所谓"伙伴互惠"是：参与"一带一路"的国家（地区）间是合作伙伴关系，伙伴之间的合作基于互利多赢的原则。当然，更高层次的伙伴关系可能形成"利益共同体"甚至"命运共同体"，但未必强求，并非结盟；能成伙伴，结伴同行即好。更重要的是，伙伴互惠绝非排他，不与地缘政治的"势力范围"重组挂钩，即"一带一路"战略在观念上不挑战地缘政治格局中的"势力范围"现实，不具扩张势力范围的战略野心，也不是扩张"势力范围"的战略工具。因此无论属于哪个"势力范围"的国家都可以通过参与"一带一路"而获益，并不妨害相关大国的地缘战略利益。最近，创立亚洲基础设施投资银行的过程就突出反映了各国超越"盟国"及"势力范围"惯常思维，顺应自主搭伴入伙的"伙伴互惠"新趋势，"盟主"美国也无可奈何。而且可以预期，美国不仅不可能长期坚持原先那种极力阻止亚投行的态度，而且会转向同其合作，也成为"伙伴"。

所谓"主客便利"是："一带一路"的经济活动涉及各种国际关系，其性质绝非"殖民"关系，也非结盟关系，而是主客关系，东道国为主人，外国企业或公民为客人。主人应尽地主之谊，客人应随主人之便，各国均有待客之道和入乡随俗之规。因此，"来者是客"和"客随主便"可以成为互联互通便利性的共识基础，没有人可以拒绝这样的观念。

所谓"抉择相容"是：相互尊重各国的经济秩序（制度、法律和政策）和发展战略。不同的经济秩序和发展战略是各国的选择，而不是必然出现的结果，更不能由外部所强加。各国总是会选择更有利于自己或更适合现实国情的经济秩序和发展战略，而且，各国进行战略抉择和政策安排的价值优先顺序也不尽相同，我们希望其他国家参与中国的"一带一路"战略，同时也就要尊重其他国家的发展战略。总之，中国实施"一带一路"战略，应持与其他国家战略抉择相容的观念，不否认各方自利，同时，各方均抱"成人之美""随人之愿"的态度，这样，"一带一路"战略可达互联互通的最佳效果，而不导致相关国家间的战略冲突和地缘政治关系紧张。

　　传统均势论的一个重要缺陷是其静态性。在不断变化的世界上，固有的均势格局总是被新的力量所动摇，因此，需要"再平衡"。而再平衡的方向是回到或固守过去的均势，还是寻求新的均势，往往成为国际冲突尤其是大国间冲突的根源。因此，可持续的均势必须是包容发展的动态均势，也就是必须在当前占主导地位的基于自由市场经济秩序逻辑的"经济全球化"理念中，注入"均势发展"的新含义。作为最大的发展中国家，中国有条件将经济全球化理念升华为"全球化均势发展"和"全球化包容发展"的理念，作为"一带一路"战略的互通观念。这既不跟主流的经济全球化理念相冲突，不破坏战后国际秩序，不主张"另起炉灶"，不挑战美国世界第一的地位，但又可以克服自由主义全球化的缺陷：导致全球发展的不均衡和不平等，长期未能解决"南北差距"和"中心—外围"不公平等问题。"全球化均势发展"强调要使全球化惠及更广阔的区域和更多的国家，尤其是发展滞后国家。

　　总之，升华"全球化"观念，注入发展意识和包容性意识，可以使"全球化均势发展"或"全球化包容发展"理念成为"一带一路"

相关国家以至更多国家都能接受的互通观念。这就有可能最大限度地接近人类利益共同体的理想，并使人类利益共同体理想具有现实可行性。这一理念不仅可以为经济学理论（尤其是发展经济学）和地缘政治理论所支持，占据理论高地；而且，也占据了人类发展的道德高地，体现了经济全球化3.0时代的新观念。

中国国际经济交流中心理事长、国务院原副总理曾培炎指出："当前，世界经济正处于格局、秩序、规则的大变动、大调整阶段。同样，身处其中的中国作为新兴大国、开放大国和负责任大国也正经历着深刻变化。我认为，仅仅用'转型'来概括今日中国的变革已远远不够。可以说，当前中国经济新常态具有发展的全局性特征，不仅表现为增长速度的变化，还包括经济增长动力转换、经济结构优化、资源配置方式调整、政府行政行为变化、国民福利共享等丰富的内涵和特征。""当前，中国已从区域性大国迈向全球性大国，'一带一路'倡议、人民币加入特别提款权（SDR），积极参与国际贸易多边规则重建，推动全球价值链重构等重大战略举措，意味着中国已更深度融入世界经济体系之中。""未来，中国需要在规则制定、政策沟通以及全球治理等方面最大限度地获取国际宏观经济政策协调和合作收益。"[1]

工业革命与市场经济相结合，推动人类发展进入现代化阶段，必然产生越来越强劲的全球化现象。经济全球化要求各国或各地区的市场开放，并实现世界市场的一体化。这一过程在不同的地缘关系和世界秩序中展开，经历了以帝国列强争夺、瓜分和再瓜分海外殖民地和势力范围的第一次经济全球化时代和各主权国家开放市场并接受由霸

---

① 曾培炎：《经济新常态下宏观调控应有新思路》，《全球化》2016年第2期，第5—7页。

权国家维持全球贸易和全球航道"自由"秩序的第二次经济全球化时代；当前，经济全球化正在向欧亚大陆及南方国家的纵深地带发展，可望进入全球繁荣新格局和世界秩序新均势的第三次经济全球化时代。中国顺势而为地发出了"一带一路"和"建立新型大国关系"的时代强音，将为经济全球化注入新的活力、动力和竞争力。在经济全球化 3.0 时代，世界各类经济体的利益处于相互渗透、绞合和混血状态，虽然矛盾难以避免，但更具包容性和均势性的全球发展符合大多数国家利益。尤其是对于利益边界扩展至全球的世界大国，维护经济全球化发展的新均势同各自的国家利益相一致。所以，利益关系错综复杂和矛盾冲突难以避免的经济全球化 3.0 时代，深度的结构性变化使得世界主要竞争对手之间的利益相互交叉重合，"共生""寄生"关系日趋深化，在客观上向着"利益共同体"的方向演变，有可能成为具有比以往的经济全球化时代更加和平（较少依赖军事霸权）的竞争格局和融通秩序的全球经济一体化时代。

附　录

中国工业化若干重要事件

中国工业化进程是一个伟大民族艰苦奋斗的辉煌历史，期间必然要经过充满曲折的探索过程。今天，无论人们如何评价新中国建立以来的工业发展道路，其中的许多重要事件都可以成为书写世界工业化历史极为精彩的篇章和令人瞩目的亮点，成为"中国故事"的重要内容。

◇一　工业化奠基时期

接收没收官僚资本。新中国成立前，中国存在相当数量的官僚资本工商企业，主要包括官僚私人所有的资本、官僚经营管理的国家资本以及官僚支配的其他私人资本三种资本形态。中国最早的官僚资本雏形是19世纪后期清政府推行洋务运动采取官办、官督商办、官商合办等形式所开办的军事企业和民用企业。此后北洋政府也利用外债建立了一些官办企业。而近现代历史文献中所指称的官僚资本主要是指中国国民党及国民政府建立的工商企业以及政府官僚所拥有和支配的企业。这些官僚资本的相当大一部分是抗日战争结束后，国民党政府接收的日本、德国、意大利等帝国主义国家在中国的企业和财产。

中华人民共和国建立前，官僚资本约占全部工业资本的 2/3，垄断了全国的经济命脉，其中，大约占有全国工矿和交通运输业固定资产的 80%，全国钢铁产量的 90%，煤产量的 33%，发电量的 67%，并拥有全国最大的银行和十几家垄断性贸易公司。

1949 年 4 月 25 日发布的《中国人民解放军布告》中规定："凡属国民党反动政府和官僚分子所经营"的企业，"均由人民政府接管"。据此，在全国解放过程中，逐步实现了对官僚资本企业和机构的接收没收。一般是先完整接管，监督生产，再逐步进行改造，进而对企业进行调整和改组，稳妥地接收了全部官僚资本企业和机构。到 1949 年底，接收没收的官僚资本工业企业共 2858 家，拥有生产工人 75 万多人。接收没收的金融业机构主要是，中央银行、中国银行、交通银行、中国农民银行、中央信托局和邮政储金汇业局，还有遍布各地的官办银行 2400 多家。官僚资本的铁路、公路、航运、邮电等交通运输企业，也陆续收归新中国所有。1951 年 1 月，中央人民政府公布《企业中公股公产清理办法》，对隐匿在一般私营企业中的官僚资本股份也进行了广泛的清理，并予以没收。

在没收全部官僚资本的基础上人民政府建立了社会主义国营经济，掌握了全国最大的银行，几乎全部的铁路，绝大多数钢铁工业，以及其他主要重工业和一些轻工业，奠定了社会主义国营经济的主导地位，控制了国民经济命脉。实际上也是后来实行社会主义计划经济的重要基础。

自 1949 年中华人民共和国成立，经过短短 3 年的国民经济恢复时期就基本医治好了战争所造成的巨大创伤，整个中国进入了一个激情洋溢的火红建设时期。中国制定和实行了国民经济建设第一个五年计划（1953—1957），这是中国工业发展历史上第一个取得了重要成就的时期。从第一个五年计划时期开始，中国实行了优先发展重工业的进口替代战略，苏联及东欧国家援助的 156 个大型建设项目，促进了中国工业的发展，奠定了中国现代工业的基础，中国工业经济体系的雏形初现。从工业发展的指导思想上看，尽管明显倾向于尽快走向计划经济和依赖国家直接参与经济建设活动的工业体制和工业化道路，从今天的立场看也许并不十分适当，但是，一方面，中国当时处于工业化初步阶段，确实需要国家发挥启动和推进作用，为此后的工业发展奠定基础；另一方面，当时的经济计划大体上能够从实际出发，而且国民经济结构比较简单，国家计划手段易于驾驭。所以，在第一个五年计划时期中国经济建设特别是工业发展取得很大成就，并且在此过程中，基本完成了对资本主义工商业的社会主义改造。

资本主义工商业的社会主义改造。中华人民共和国建立后，中国共产党根据对中国向社会主义社会过渡的认识，发动了对农业、手工业和资本主义工商业三个行业的社会主义改造，称为"三大改造"运动。其中，工商业的改造是重点。1953 年 6 月，中共中央根据中央统战部的调查，起草了《关于利用、限制、改造资本主义工商业的意见》。9 月，毛泽东同民主党派和工商界部分代表座谈，指出国家资本主义是改造资本主义工商业的必经道路，极大地推动了这一运动的进程。到 1954 年底，全国主要的大型私营工业企业多数转变为公私合营企业。1955 年下半年，不少大中城市出现了资本主义工商业全行业公私合营的趋势。这时，农业合作化高潮的兴起，断绝了资本主义和农村的联系，中国经济向计划经济方向转轨，国家计划部门控制了国民经济的命脉（国营经济占有绝对优势）和主要供销渠道，实际上使资本主义工商业全行业公私合营，并纳入计划经济体系成为必然趋势。

1956 年 1 月 10 日，北京首先宣布实现全行业公私合营。接着，上海、天津、广州、武汉、西安、重庆、沈阳等大城市以及 50 多个中等城市相继实现全行业公私合营。在 1956 年的第一季度末，全国全行业公私合营的私营工业已达到 99%，私营商业达到 85%，基本上完成了对资本主义所有制的社会主义改造。在对资本主义工商业改造高潮中，对民族工商业者的选举权、工作和生活作了必要保障，使民族工商业者"不太勉强"地接受了社会主义改造。在总结这段历史时，学术界以至党和政府也承认"在资本主义工商业改造浪潮中，也存在着过急、过快和过粗的问题"。同一时期，中国开展和完成了对于农业和手工业的社会主义改造工作。这样，中国经济的主要部分实现了生产资料的公有制。

建立生产资料公有制基础上的计划经济体系。从社会主义改造完成，直到 1978 年实行改革开放，中国工业大体形成了这样的所有制结构：一是全民所有制企业，包括国营和地方国营两类，较先进和规模较大的工业企业基本属于这类，而国营企业通常又强于地方国营企业。二是集体所有制企业，包括一定区域内（主要是城市）的全行业劳动者集体所有，一般称为"大集体"企业，以及企业内劳动者集体所有（后来也包括较小范围内，例如城市街道的劳动者集体所有），一般称为"小集体"企业。由于"大集体"企业的管理体制越来越接近国营企业，而且政府直接任命其领导人（厂长经理），所以，也往往被称为"二国营"。三是农村人民公社和生产大队所有和经营的企业，称为"社队企业"，后来人民公社改为乡镇政府，社队企业即成为乡镇企业；生产大队改为村政府，所辖企业成为村办企业。在中国工业化进程中，全民所有制企业（国营企业）和集体所有制企业，城市工业企业和农村社队即乡镇企业都发挥了重要作用。这是中国工业化区别于其他实行计划经济的社会主义国家的一个重要特色。当时认为，生产资料公有制是中国实行社会主义计划经济的必要制度前提。因为，只有对于公有制企业，国家计划部门才可以下达指令性计划指标，即命令其按照国家计划进行生产和交换。这样才能确保整个国民经济"有计划、按比例"地运行和发展，避免资本主义市场经济的"无政府主义"和经济危机。

"大跃进"运动。1958—1961年为第二个五年计划时期。中共中央提出了被称为"三面红旗"（总路线、"大跃进"、"人民公社"）的建设方针，即"鼓足干劲，力争上游，多、快、好、省地建设社会主义"的总路线、"赶上美国，超过英国"的工业"大跃进"和在农村以至发展到城市的人民公社制度。中国工业发展进入了一个极度亢奋的时期，全民"大炼钢铁"，各类工业"土法上马"。当时的所谓"思想解放"，实质上成为不顾现实和无视客观经济规律的代名词，经济建设蜕变成为一场"思想运动"和"人民战争"。主观上追求"大跃进"，结果却导致国民经济严重失衡、失序，产生极大的经济困难。第二个五年计划不得不中断执行。这是新中国历史上第一个教训惨痛的时期。

1963—1965年为"国民经济调整时期"。从畸形的冒进而导致的经济破坏中大幅度后退。不仅许多工厂、矿山关闭，而且大量工人返乡。由于中国经济具有极大的柔韧性，加之计划经济的思想和管理方式也有其特殊的动员力量，公共利益和集体利益高于个人利益、个人服从组织的计划经济原则，具有应对非常态危机的特殊功能，所以，经过三年"困难时期"，中国经济基本实现了有秩序的后退，并大体恢复了元气。客观地说，尽管"大跃进"未能实现，而且造成了极大的损失和严重困难，但也建立了一批工业企业，培养了一批工人，这些企业中的相当一部分得以存续，工人队伍（特别是技术工人）经实践（哪怕是失败的实践）而得以培养，成为此后各地工业发展的基础力量和潜在资源。

"文化大革命"非常时期。1966—1976 年是中国经济发展误入歧途的时期，也是"文化大革命"的 10 年动乱时期。这一时期，尽管坚持"政治挂帅"，反复进行"路线斗争"，建设思想及经济政策上不断"折腾"，但工业建设仍然取得了一定的成就。

从实际的历史事实看，中国其实从来没有实现过苏联式的计划经济体制，但是，中国以建立计划经济为目标的思想却不断得以强化和固化。而且，在"大跃进"所导致的极度困难中不得不进行以"退够"为主要内容的经济调整，不仅没有弱化建立计划经济的理想，认识计划经济的不合实际，相反以为，似乎是依靠了计划经济的方式才使国民经济摆脱困境。于是，从历史挫折中反而得出了中国必须彻底抛弃资本主义，拒绝一切市场行为和市场经济因素的意识形态结论。

20 世纪 60 年代中后期，计划经济的意识形态在政治路线的强烈维护下越来越成为不允许有丝毫怀疑的信条。"彻底革命""打倒走资本主义道路的当权派"等政治口号，在经济思想上就等同于"禁绝市场""清除一切同市场经济相关的因素"，而且，将中国经济完全隔绝于世界资本主义体系之外。甚至，企业利润、计件工资和个人奖金等都被认为是资本主义市场经济因素而禁止。

那时，在工业建设上奉行"抓革命，促生产"政策，以"革命"的方式进行经济建设的动员和统制，以政治热情和手段推进经济建设，也取得了一些可观的成就，例如，建设了以大庆油田为代表的石油工业，甩掉了"中国贫油"的帽子，建成了许多重大工程项目，包括铁路、水利以及南京长江大桥等基础设施项目，甚至在统计上似乎可以显示"中国建立了相对完整的工业经济体系",而且由于长期实行"优先发展重工业"的经济政策也确实形成了一定的工业基础,但是,同世界其他国家特别是发达工业国相比,中国工业完全缺乏竞争实力,差距越来越远。尤其是,绝大多数中国人根本没有享受到工业文明的利益,中国仍然处于极度贫穷和落后的境地,人民的生活状况处于十分低下的水平。因此,渴望尽快实现工业化和现代化,成为那个时代人心所向的愿望和梦寐以求的目标。20 世纪 60 年代,虽然正确地提出了一定要实现"四个现代化"即农业现代化、工业现代化、国防现代化、科学技术现代化的目标。但是,却走在歧路上。

三线建设。在这一时期,自 1964 年起(一直延续到 20 世纪 70 年代末),由于国际形势恶化(主要是中苏关系破裂),国家做出政治决策,在中西部地区的 13 个省、自治区进行了一场以战备为指导思想的大规模国防、科技、工业和交通基本设施建设,称为"三线建设"。所谓"三线",一般是指当时经济相对发达且处于国防前线的沿边沿海地区向内地收缩划分的三道线。一线地区指位于沿边沿海的前线地区;二线地区指一线地区与京广铁路之间的安徽、江西及河北、河南、湖北、湖南四省的东半部;三线地区指长城以南、广东韶关以北、京广铁路以西、甘肃乌鞘岭以东的广大地区,主要包括四川(含重庆)、贵州、云南、陕西、甘肃、宁夏、青海等省区以及山西、河北、河南、湖南、湖北、广西、广东等省区的部分地区,其中西南的川、贵、云和西北的陕、甘、宁、青俗称为"大三线",一、二线地区的腹地俗称为"小三线"。按行政区域上的粗略划分:一线地区包括:北京、上海、天津、黑龙江、吉林、辽宁、内蒙古、山东、江苏、浙江、福建、广东、新疆、西藏。三线地区包括:四川(含重庆)、贵州、云南、陕西、甘肃、宁夏、青海 7 个省区及山西、河北、河南、湖南、湖北、广西等省区的腹地部分，共涉及 13 个省区。介于一、三线地区之间的地区，就是二线地区。

三线建设是中国经济史上一次极大规模的工业迁移过程。据史料记载，从 1964 年至 1980 年，贯穿三个五年计划，国家在属于三线地区的 13 个省和自治区的中西部投入了占同期全国基本建设总投资的 40% 多的 2052.68 亿元巨资；400 万工人、干部、知识分子、解放军官兵和成千万人次的民工，在"备战备荒为人民""好人好马上三线"的政治号召下，从经济较发达的城市来到祖国大西南、大西北的深山峡谷、大漠荒野，风餐露宿、肩扛人挑，用艰辛、血汗和生命，建起了 1100 多个大中型工矿企业、科研单位和大专院校。尽管由于三线地区社会经济落后，三线建设遭遇企业搬迁和生产经营活动的极大困难，但也为中国中西部地区工业化做出了一定的贡献。直到实行改革开放的 20 世纪 70 年代后期，国际关系的紧张形势得以缓解，中国对世界时代特征基本判断的改变，即认为时代的主要特征已从革命与战争变为和平与发展，三线建设才告结束。

工业学大庆运动。这一时期，中国工业发展的另一个重要事件是"工业学大庆"运动。1963 年底，经过三年多的奋战，位于中国东北松辽盆地的大庆油田完成探明和建设，结束了中国人靠"洋油"过日子的时代。1964 年 2 月 5 日，中共中央发出通知要求全国工业战线学习大庆油田的经验，发扬"大庆精神"，即吃苦耐劳，公而忘私。以大庆油田工人王进喜为代表的"大庆人"得到全国工业交通战线的崇敬和学习。王进喜的一句名言"宁可少活 20 年，也要拿下大油田"体现了那个时代的奋斗精神。1964 年 12 月 21 日至 1965 年 1 月 4 日，在第三届全国人民代表大会第一次全体会议上周恩来总理所作的《政府工作报告》中总结了大庆油田的典型经验，并向全国人民发出了

"工业学大庆、农业学大寨、全国学解放军"的号召。此后全国工业交通战线兴起了学习大庆经验的运动，大庆也成了中国工业战线的一面旗帜。这是中国以政治动员方式推进工业化进程的一个标志性事件，一直持续到 20 世纪 70 年代末。

在"文化大革命"期间，"工业学大庆"成为工业领域中的一个争议焦点，大庆经验和学大庆被政治化，肯定和否定大庆经验的斗争反反复复。在结束了"文化大革命"后的 1977 年 4 月 20 日至 5 月 13 日，召开了"全国工业学大庆会议"。这次会议重新肯定了大庆的成绩和经验，肯定了"工业学大庆"运动的作用和意义。同时，会议也指出了在全国学大庆运动上表现出的浮夸和冒进的倾向。1978 年，中共十一届三中全会以后，在新的形势下，工业建设战线涌现出各式各样的先进典型和先进经验，大庆不再是唯一的样板。而且，大庆油田自身也要在继承和发扬优良传统的同时，应对新情况，走上改革开放之路。

"两弹一星"。这一时期（20 世纪 60 年代至 70 年代初），中国科技工业的一个巨大贡献是发展"两弹一星"项目所取得的成功。1964 年 10 月 16 日，中国第一颗原子弹爆炸成功；1967 年 6 月 17 日，中国第一颗氢弹爆炸成功；1970 年 4 月 24 日，中国第一颗人造卫星（东方红 1 号）发射成功。这是影响极为深远的历史性事件，对于奠定中国的国际地位、影响力和话语权，具有难以估量的重大意义。

◇二　加速工业化时期

解放思想，改革开放。1976 年"文化大革命"结束，中国开始了具有伟大意义的思想解放过程。与过去不同的是，这次思想解放不再是从意识形态理想出发，而是从解决最实际的经济和社会现实问题的实事求是考虑出发。解放思想从承认"实践是检验真理的唯一标准"开始，从承认中国将长期处于"社会主义初级阶段"的认识开始。基于这一认识，必然得出结论："广大人民群众日益增长的物质文化需求与落后生产力的矛盾是社会主义初级阶段的基本矛盾。"贫穷是最大的敌人，创造财富是最迫切的要求。所以，以经济建设为中心，是唯一正确的政策选择。

1978 年是中国的"改革开放元年"，一般认为这也是中国工业化道路上的历史分水岭。那时，突破旧体制的遭遇战首先在农村开始。农村改革短短几年就取得明显成效，给工业改革以极大的启示和刺激：必须突破计划经济羁绊，成为工业改革最初的意识起点。

1981 年，中共十一届六中全会确认"我国的社会主义制度还是处于初级的阶段"，让突破计划经济体制的尝试有了"名正言顺"的理由。1982 年，党的十二大提出了要"正确贯彻计划经济为主，市场调节为辅的原则"，在计划经济体系中为市场经济撕开一道缺口。1984 年，经济体制改革的主战场从农村转向城市，工业改革（企业改革）成为中心。从这一年开始，以工业领域为突破口和主攻点，计划经济的清规戒律一个个被打破。尽管这一时期的改革措施大多具有计划和市场"双轨制"的特征，并因此而产生了许多矛盾和混乱现象，但毕竟是在计划经济的机体中顽强地生长出了市场经济的因子。

20 世纪 80 年代，中国开始走向改革开放的道路，实质上就是对前 30 多年所实行的体制的突破，过程是极为艰难的。无论是城市经济体制改革的中心环节国有企业改革，还是农村中乡镇工业企业在计划体制的夹缝中顽强地成长起来；无论是对外贸易管制的逐步缓解，还是允许和鼓励外商投资成为突破计划经济体制和探索改革道路的重大战略举措，都是在旧体制的封闭结构中打开一个又一个缺口。特别是，从那个时代就开始大胆实行的允许和鼓励一部分人、一部分地区先富起来的政策和以实行优惠政策和建立经济特区（经济开发区等）等方式，打破计划经济的封闭体系的举措，使传统计划经济的僵化封闭体系从根基上产生了动摇。

思想解放的突破口就在于：承认追求个体（个人和企业）财富的正当性，将经济发展的动力基于个体收入和财富的追求上。这必然导致对计划经济的反思。1992 年，中国共产党第十四次全国代表大会正式确定："经济体制改革的目标，是在坚持公有制和按劳分配为主体、其他经济成分和分配方式为补充的基础上，建立和完善社会主义市场经济体制。"从那时起，中国工业化才真正开始走到向市场经济转轨的道路上。

建立经济特区和经济开放地区，是中国改革开放的一项重要举措。深圳（2020 平方公里）、珠海（1687.8 平方公里）、厦门（1565平方公里）、汕头（2064 平方公里）等经济特区在吸引外资和技术、发展对外贸易、体制改革突破等方面曾经发挥了突破性作用。1988年 4 月，成立海南省和海南经济特区，成为中国最大的经济特区。除了经济特区之外，还批准了沿海开放城市，1984 年，国务院批准了全国第一批 14 个对外开放城市：大连、秦皇岛、天津、烟台、青岛、连云港、南通、上海、宁波、温州、福州、广州、湛江、北海。此后又将长江三角洲、珠江三角洲和闽南厦漳泉三角地区以及辽东半岛、胶东半岛开辟为沿海经济开放区。这些经济特区、开放城市和经济开放区，成为中国加速工业化时期的重要经济增长极。按照这样的政策思路，即以特殊政策推进改革开放，在这一时期，中央以及省（自治区）还陆续批准设立了"高新技术开发区""经济开发区""改革试验区"等（分为"国家级"和"省级"）。

一旦转向市场经济，中国经济发展的面貌就开始发生巨大的变化。市场经济具有解放生产力的极大推动力。1997 年成为结束短缺经济的标志性年份，这一年，中国就基本上消除了伴随了计划经济30多年的普遍"短缺"现象，越来越多的产品从"卖方市场"转变为"买方市场"，甚至出现了生产过剩以及市场需求约束经济增长这种典型的市场经济现象。这表明，中国的计划经济时代一去不复返，市场经济已经逐步占据主导地位。在从计划经济向市场经济变革的过程中，中国工业保持了稳定而快速的增长，而且工业企业（主要是国有企业）承担了改革所须付出的很大代价。与其他所有部门相比，工业成为改革和开放最前沿、最大胆、最彻底的领域，因而工业自身也成长为中国经济各部门中国际竞争力最强的部门。工业发展机制的变革，使工业增长成为中国经济和社会发展强大的经济引擎。1978—2008 年，工业年均增长率高达11.98%，支撑了国民经济（GDP）年均增长9.60%。同时，从各类工业品制造业，到采掘工业、能源原材料工业、装备制造业的整个工业生产链的全面成长和壮大，有力地推动了中国经济现代化的进程。中国这30多年的工业增长和结构变化差不多走过了先行工业化国家200—300 的历史。中国经济因此而经历了一个持续高速发展的"黄金时期"。

融入全球经济，实现高速增长。进入21 世纪，中国工业大踏步地走向经济全球化。2001 年可以称为中国的"经济全球化元年"。这一年，以加入世界贸易组织为标志，中国全面接受经济全球化的自由贸易及国际投资原则，并将全方位融入经济全球化体系。中国现代经济发展的基本性质是：在总体上循着世界工业化的路径持续推进。中国工业化不可能逾越世界工业化过程所须经历的各主要发展阶段，也难以另辟蹊径实行完全不同于西方发达国家的基本工业技术路线，中国经济发展总体上是世界工业化的技术模仿、扩散、延伸和在此基础上的创新。另一方面，中国工业化又是一个非常独特的现象。

以工业高速增长为主要特征，中国经济发展具有十分突出"压缩性"和"急速式"的阶段性特征，即在短短几十年时期内，实现了工业生产能力和经济规模的巨大扩张。"赶超""升级""飞跃""跨越""新阶段"等成为最流行的语言。作为一个发展中的大国，经过数十年的高速经济增长，特别是工业生产规模迅速扩大，中国建立了十分完整的产业结构，而且，实行改革开放以来，中国的工业结构正迅速接近世界主要工业生产国的工业结构，中国不能不重视发展劳动密集型产业，中国也不能不重视加快产业升级的步伐，以至在一些资本密集型产业和高新技术产业中同发达国家进行"狭路相逢"的竞争。

这一时期，国家制定了西部大开发战略、中部崛起战略和振兴东北地区战略等影响长远的经济发展战略规划，使原先比较落后的中、西部地区的经济增长速度逐步赶上和超过的较发达的东部地区经济增长速度，提升了各区域的工业发展水平，也保持了全国工业超高速增长的态势。

◇三　"新常态"时期

转向稳中求进。2008 年是世界经济发展史上一个具有划时代意义的年份，2008 年以及此后的若干年，也是中国工业化时的一个重要的历史性转折时期。2007—2009 年，由美国次贷危机所诱发的国际金融危机，结束了自 21 世纪以来的经济增长若干年"黄金时期"（通常认为是 2002—2007 年）。为应对金融危机，世界主要国家的政府（中央银行）联手实行经济刺激政策，遏制经济增长的"自由落体式"下滑，取得一定效果。其中，中国实行的刺激力度尤为强烈，通常称为"四万亿投资"。中国的经济刺激政策虽然产生了短期效果，但从 2010 年以后，工业经济增长显著减速，从接近两位数的增长率，一直下行到 2016 年的 7% 以下。而且，大多数经济学家和国际组织预测，2016—2020 年，中国经济增长速度将继续下降，因为潜在经济增长率将低于 6%。中国经济发展已经实质性地进入了一个新阶段，经济增长率"下一个台阶"具有客观必然性，是中国经济发展"新常态"的基本表现之一。自此，中国不再一味追求高增长率，而将"稳中求进"作为调控经济增长的基本政策取向。

其实，在"十一五"（2006—2010 年）和"十二五"时期（2011—2015 年），中国经济发展不协调、不平衡、不可持续的问题已经显露并受到了关注和重视，中央适时确立了要遵循"以人为本，全面、协调和可持续发展"为原则的科学发展观。[①] 但是，从经历了20 多年的粗放式高速增长，转向新的增长方式并不是容易的事，原有工业化推进方式具有巨大惯性，要转换轨道，将受到很强的阻力，必然产生很大的矛盾。面临所谓"三期叠加"现象，即增长速度换挡

---

① 中共中央总书记胡锦涛在 2003 年提出"坚持以人为本，树立全面、协调、可持续的发展观，促进经济社会和人的全面发展"，按照"统筹城乡发展、统筹区域发展、统筹经济社会发展、统筹人与自然和谐发展、统筹国内发展和对外开放"的要求推进各项事业的改革和发展的科学发展观。2007 年，中国共产党第十七次全国代表大会把科学发展观写入党章，2012 年，中国共产党第十八次全国代表大会把科学发展观列入党的指导思想。

期、结构调整阵痛期和前期刺激政策消化期的同时出现，成为必须化解多年来积累的深层次矛盾的复杂阶段。

　　而且，在经历了 2008 年国际金融危机后，世界各主要地区和国家的经济增长均复苏缓慢，表明世界经济也进入了一个将历时较长的调整期（许多经济学家认为世界经济处于长周期的下行阶段，将历时 20 年左右），再难以支撑中国经济恢复以往那样的高速增长。在国际国内的新形势下，中国工业增长不再有可能主要依赖大量出口廉价工业品的方式来拉动，必须转向消费、投资和出口三大需求相对平衡的增长方式。

　　高速铁路网建设。在应对金融危机时期，中国加大了对基础设施建设的投资，不仅发挥其拉动工业增长的作用，而且为长期经济发展夯实基础。其中，高速铁路建设达到世界先进水平，成为中国工业的一张"名片"。2008 年 8 月 1 日，中国第一条 350 公里/小时的高速铁路——京津城际铁路开通运营，自此，高速铁路建设在中国大陆迅猛发展。按照国家铁路网规划，以"四纵四横"快速客运网为主骨架的高速铁路建设全面加快推进，先后建成了京津、沪宁、京沪、京广、哈大等一批设计时速 350 公里、具有世界先进水平的高速铁路，形成了比较完善的高铁技术体系。此后，宁杭、杭甬、津秦、厦深、西宝等一批又一批高速铁路投入运营。同时，通过引进消化吸收再创新，中国企业系统掌握了时速 200—250 公里动车组制造技术，并成功搭建了时速 350 公里的动车组技术平台，研制生产了 CRH380 型新一代高速列车。2015 年，中国高速铁路超过 1.8 万公里（快速铁路网达 4 万多公里，铁路总共 12 万公里），成为世界上高速铁路投产运营里程最长（占全世界 60% 左右）、在建规模最大的国家。

　　供给侧结构性改革与新发展理念。为应对新形势，解决深层的体制问题和突出的结构性矛盾，中央的经济政策思路进行了重大调整，2015 年下半年明确提出，"稳定经济增长，要更加注重供给侧结构性改革"。并强调这"是适应和引领经济发展新常态的重大创新，是适应国际金融危机发生后综合国力竞争新形势的主动选择，是适应我国经济发展新常态的必然要求"。此后，"供给侧结构性改革"成为重要的经济政策意向，并将"三去、一降、一补"（去产能、去库存、去杠杆，降成本，补短板）作为供给侧结构性改革的近期政策重点。而在制定"十三五"规划中，中央提出要树立"创新、协调、绿色、开放、共享"的新发展理念，这成为以新的价值观和系统观来引领"十三五"以至更长远时期发展的行动纲领。

这一时期，国家制定了一系列发展规划和战略，其中最重要的是：关于实施制造强国的行动纲领《中国制造 2025》①、京津冀一体化及协同发展规划、长江经济带发展规划，以及"一带一路"（"丝绸之路经济带"和"21 世纪海上丝绸之路"）战略构想等。

---

① 《中国制造 2025》（2015 年 5 月 8 日发布）提出，坚持"创新驱动、质量为先、绿色发展、结构优化、人才为本"的基本方针，坚持"市场主导、政府引导，立足当前、着眼长远，整体推进、重点突破，自主发展、开放合作"的基本原则，通过"三步走"实现制造强国的战略目标：第一步，到 2025 年迈入制造强国行列；第二步，到 2035 年中国制造业整体达到世界制造强国阵营中等水平；第三步，到新中国成立一百年时，综合实力进入世界制造强国前列。围绕实现制造强国的战略目标，《中国制造 2025》明确了 9 项战略任务和重点，提出了 8 个方面的战略支撑和保障。

参考文献

［英］艾伦·麦克法兰：《现代世界的诞生》，管可秾译，上海人民出版社 2013 年版。

［美］安东尼·范·阿格塔米尔：《世界是新的——新兴市场崛起与争锋的世纪》，蒋永军等译，东方出版社 2007 年版。

［英］安格斯·麦迪森：《中国经济的长期表现——公元 960—2030 年》，伍晓鹰、马德斌译，上海人民出版社 2008 年版。

［美］奥古斯托·洛佩兹—克拉罗斯、迈克尔·E. 波特、克劳斯·施瓦布：《全球竞争力报告（2005—2006）》，杨世伟、锁箭、毛剑梅译，经济管理出版社 2006 年版。

［美］阿尔·戈尔：《难以忽视的真相》，环保志愿者译，湖南科学技术出版社 2007 年版。

［美］阿尔文·托夫勒、海蒂·托夫勒：《财富的革命》，吴文忠、刘微译，中信出版社 2006 年版。

［英］安东尼·吉登斯：《现代性的后果》，田禾译，译林出版社 2011 年版。

［印］阿马蒂亚·森：《以自由看待发展》，任赜、于真译，中国人民

大学出版社 2002 年版。

［印］阿马蒂亚·森：《理性与自由》，李风华译，中国人民大学出版
　　社 2006 年版。

［英］艾瑞克·霍布斯鲍姆：《断裂的年代——21 世纪的文化与社
　　会》，林华译，中信出版社 2014 年版。

［美］艾里希·弗洛姆：《健全的社会》，孙恺祥译，上海译文出版社
　　2011 年版。

［英］艾瑞克·霍布斯鲍姆：《帝国的年代：1875—1914》，贾士蘅
　　译，中信出版社 2014 年版。

［美］阿尔弗雷德·塞耶·马汉：《海权论》，一兵译，同心出版社
　　2012 年版。

［美］埃德蒙·费尔普斯：《大繁荣》，余江译，中信出版社 2013
　　年版。

保健云：《论中国改革的目标选择与经济制度变迁方向》，《经济体制
　　改革》2007 年第 3 期。

［法］保尔·芒图：《十八世纪产业革命》，杨人楩译，商务印书馆
　　1983 年版。

［美］彼得·马什：《新工业革命》，赛迪研究院专家组译，中信出版
　　社 2013 年版。

［英］保罗·甘乃迪：《挑战世纪：二十一世纪的前景与中国的未
　　来》，刘若飞译，内蒙古文化出版社 1998 年版。

［美］保罗·克鲁格曼：《发展、地理学与经济理论》，蔡荣译，北京
　　大学出版社、中国人民大学出版社 2000 年版。

［美］保罗·克鲁格曼：《地理和贸易》，张兆杰译，北京大学出版
　　社、中国人民大学出版社 2000 年版。

〔美〕保罗·克鲁格曼：《战略性贸易政策与新国际经济学》，海闻等译，北京大学出版社、中国人民大学出版社 2000 年版。

〔美〕芭芭拉·斯托林斯、威尔逊·佩雷斯：《经济增长、就业与公正：拉美国家改革开放的影响及其经验教训》，江时学等译，中国社会科学出版社 2002 年版。

〔美〕比尔·麦吉本：《幸福经济：从"更多"到"更好"》，林丽冠译，南海出版公司 2010 年版。

〔美〕彼得·戴曼迪斯、史蒂芬·科特勒：《富足：改变人类未来的 4 大力量》，贾拥民译，浙江大学出版社 2014 年版。

〔美〕本杰明·M. 弗里德曼：《经济增长的道德意义》，李天友译，中国人民大学出版社 2008 年版。

〔美〕保罗·海恩等：《经济学的思维方法》（第 11 版），马昕、陈宇译，世界图书出版社 2008 年版。

蔡昉：《二元经济作为一个发展阶段的形成过程》，《经济研究》2015 年第 7 期。

陈佳贵等：《中国工业现代化问题研究》，中国社会科学院工业经济研究所《研究报告》2004 年第 1 期。

〔美〕C. 格鲁特尔特、T. 范·贝斯特纳尔编：《社会资本在发展中的作用》，黄载曦、杜卓君、黄治康译，西南财经大学出版社 2004 年版。

蔡昉：《认识中国经济的短期和长期视角》，《经济学动态》2013 年第 5 期。

〔意〕Corrado Clini、Ignazio Muso 主编：《可持续发展与环境管理——经验与案例研究》，施普林格（SPRINGER）公司、科学工商传媒公司 2008 年版。

陈昌胜：《美国对世界未来 15 年的预测及其国家战略——评美国国家情报委员会〈2025 年全球趋势〉研究报告》，《经济研究参考》2011 年第 46 期。

［英］查尔斯·汉普登－特纳、［荷］阿尔方斯·特龙佩纳斯：《国家竞争力——创造财富的价值体系》，徐联恩译，海南出版社 1997 年版。

陈志勇、陈思霞：《制度环境、地方政府投资冲动与财政预算软约束》，《经济研究》2014 年第 3 期。

［美］戴维·罗伯兹：《英国史：1688 年至今》，鲁光桓译，中山大学出版社 1990 年版。

［美］丹尼尔·F. 史普博：《管制与市场》，余晖等译，上海三联书店、上海人民出版社 1999 年

［美］丹·塞诺、［以］索尔·辛格：《创业的国度：以色列经济奇迹的启示》，王跃红、韩君宜译，中信出版社 2010 年版。

［日］大前研一：《心理经济学》，糜玲译，中信出版社 2010 年版。

［美］菲利普·李·拉尔夫等：《世界文明史》（上、下卷），赵丰等译，商务印书馆 1998 年版。

樊亢、宋则行主编：《外国经济史（近代现代)》第 1 册，人民出版社 1980 年版。

［美］弗朗西斯科·洛佩斯·塞格雷拉：《全球化与世界体系》，白凤森等译，社会科学文献出版社 2003 年版。

［美］方绍伟：《中国热：世界的下一个超级大国》，柯雄译，新华出版社 2009 年版。

国土资源部信息中心：《2005 中国国土资源可持续发展研究报告》，地质出版社 2006 年版。

［英］G. M. 彼得·斯旺：《创新经济学》，韦倩译，格致出版社、上海人民出版社 2013 年版。

国家发改委产业经济与技术经济研究所、北京师范大学地理学与遥感科学学院：《中国 500 强企业集团发展报告（2010/2011）》，《经济参考资料》2012 年 15C—1 期。

高尚全：《只有改革才能发展中国》，《光明日报》2008 年 1 月 8 日。

［美］海斯、穆恩、韦兰：《世界史》（修订版），费孝通、冰心、吴文藻译，世界图书出版公司 2011 年版。

［美］H. 钱纳里、S. 鲁宾逊、M. 赛尔奎因：《工业化和经济增长的比较研究》，吴奇、王松宝等译，上海三联书店 1998 年版。

［美］赫尔曼·E. 戴利：《超越增长——可持续发展的经济学》，诸大建译，上海译文出版社 2001 年版。

黄正夫：《可持续发展与生态经济学》，中国环境科学出版社 2000 年版。

胡安俊、孙久文、姚鹏：《中国城镇化发展战略：从冒进到适度的地理版图》，《经济管理》2014 年第 5 期。

胡锦涛：《高举中国特色社会主义伟大旗帜，为夺取全面建设小康社会新胜利而奋斗——在中国共产党第十七次全国代表大会上的报告》（2007 年 10 月 15 日）。

［英］哈·麦金德：《历史的地理枢纽》，林尔蔚、陈江译，商务印书馆 2013 年版。

［英］哈·约翰·麦金德：《陆权论》，欧阳瑾译，石油工业出版社 2014 年版。

［美］亨利·基辛格：《世界秩序》，胡利平译，中信出版社 2015 年版。

金碚：《1978 年以来中国发展的轨迹与启示》，《中国工业经济》2007
年第 5 期。

金碚：《论社会主义经济中的私经济行为》，《江苏社会科学》1993 年
第 3 期。

金碚：《财富的觉醒——中国改革开放 30 年的道路》，《南京师大学
报》2008 年第 3 期。

金碚：《国运制造——改天换地的中国工业化》，中国社会科学出版社
2013 年版。

金碚：《中国工业化的资源路线与资源供求》，《中国工业经济》2008
年第 2 期。

金碚：《世界工业化历史中的中国改革开放 30 年》，《财贸经济》
2008 年第 11 期。

金碚：《高技术在中国产业发展中的地位和作用》，《中国工业经济》
2003 年第 12 期。

金碚等：《资源与增长》，经济管理出版社 2009 年版。

金碚：《现阶段我国推进产业结构调整的战略方向》，《求是》2013 年
第 4 期。

金碚、李鹏飞、廖建辉：《中国产业国际竞争力现状及演变趋势》，
《中国工业经济》2013 年第 5 期。

金碚等：《全球竞争格局变化与中国产业发展》，经济管理出版社
2013 年版。

金碚：《改革的机制决定其成效》，《经济研究》2013 年第 2 期。

金碚：《资源与环境约束下的中国工业发展》，《中国工业经济》2005
年第 4 期。

金碚主编：《竞争秩序与竞争政策》，社会科学文献出版社 2005 年版。

金碚等：《竞争力经济学》，广东经济出版社2003年版。

金碚：《论民生的经济学性质》，《中国工业经济》2011年第1期。

金碚：《资源约束与中国工业化道路》，《求是》2011年第8期、《红旗文摘》2011年第5期。

金碚：《中国工业的转型升级》，《中国工业经济》2011年第7期。

金碚、张其仔等：《全球竞争格局变化与中国产业发展》，经济管理出版社2014年版。

金碚：《大国筋骨——中国工业化65年历程与思考》，南方出版传媒集团、广东经济出版社2015年版。

金碚：《新常态下的区域经济发展战略思维》，《区域经济评论》2015年第3期。

〔美〕杰弗里·萨克斯：《文明的代价：回归繁荣之路》，钟振明译，浙江大学出版社2014年版。

〔美〕贾格迪什·巴格沃蒂：《捍卫全球化》，海闻、杨湘玉、于扬杰译，中国人民大学出版社2008年版。

〔美〕加里·S. 贝克尔：《人类行为的经济分析》（新2版），王业宇、陈琪译，格致出版社、上海三联书店、上海人民出版社2008年版。

〔美〕杰里米·里夫金：《第三次工业革命：新经济模式如何改变世界》，张体伟译，中信出版社2012年版。

〔美〕吉利斯、波金斯、罗默、斯诺德格拉斯：《发展经济学》（第4版），黄卫平等译，中国人民大学出版社1998年版。

〔美〕加勒特·哈丁：《社会在极限之内：生态学、经济学和人口禁忌》，张真等译，上海译文出版社2001年版。

江小涓主编：《中国开放30年：增长、结构与体制变迁》，人民出版社 2008 年版。

[法] 居伊·索尔曼：《美国制造：在文明与现实之间》，王新连译，中央编译出版社 2006 年版。

[英] 克里斯·佛里曼、弗朗西斯科·卢桑：《光阴似箭——从工业革命到信息革命》，沈宏亮译，中国人民大学出版社 2007 年版。

[英] 克里斯·弗里曼、罗克·苏特：《工业创新经济学》，华宏勋译，北京大学出版社 2004 年版。

[美] 凯文·凯利：《科技想要什么》，熊祥译，中信出版社 2011 年版。

[美] 克里斯托夫·金：《反思中国：我们做错了什么》，凤凰出版社 2011 年版。

[美] 肯尼思·约瑟夫·阿罗：《社会选择：个性与多准则》，钱晓敏、孟岳良译，首都经济贸易大学出版社 2000 年版。

黎德福、陈宗胜：《改革以来中国经济是否存在快速的效率改进?》《经济学》（季刊）2006 年 10 月。

厉以宁：《工业化和制度调整——西欧经济史研究》，商务印书馆 2010 年版。

吕冰洋、于永达：《收益递增与中国工业经济资本积累》，《经济理论与经济管理》2009 年第 3 期。

里斯本小组：《竞争的极限——经济全球化与人类的未来》，张世鹏译，中央编译出版社 2000 年版。

[美] 拉尔夫·戈莫里、威廉·鲍莫尔：《全球贸易和国家利益冲突》，文爽、乔羽译，中信出版社 2003 年版。

刘世锦：《增长速度下台阶与发展方式转变》，《经济学动态》2011 年第 5 期。

〔美〕罗纳德·英格尔哈特：《发达工业社会的文化转型》，张秀琴译，社会科学文献出版社 2013 年版。

〔美〕罗纳德·英格尔哈特：《现代化与后现代化——43 个国家的文化、经济与政治变迁》，严挺译，社会科学文献出版社 2013 年版。

李钢、刘吉超：《中国省际包容性财富指数的估算：1990—2010》，《中国工业经济》2014 年第 1 期。

李宗南、文峰：《中国大趋势 2：创新改变中国》，中华工商联合出版社 2011 年版。

厉以宁：《非均衡的中国经济》，中国大百科全书出版社 2009 年版。

〔美〕罗杰·理若·米勒、丹尼尔·K. 本杰明、道格拉斯·C. 诺斯：《公共问题经济学》（第 12 版），楼尊译，上海财经大学出版社 2002 年版。

〔美〕罗伯特·卡根：《美国缔造的世界》，刘诺楠译，社会科学文献出版社 2013 年版。

李晓西、张亮亮：《应对世界新变化的中国能源战略》，《经济研究参考》2013 年第 2 期。

〔美〕马克斯·韦伯：《新教伦理与资本主义精神》，彭强、黄晓京译，陕西师范大学出版社 2002 年版。

〔美〕迈克尔·波特：《国家竞争优势》，李明轩、邱如美译，华夏出版社 2002 年版。

〔英〕马丁·沃尔夫：《全球化为什么可行》，余江译，中信出版社 2008 年版。

〔新加坡〕马凯硕：《亚洲半球：势不可挡的全球权力东移》，刘春波、丁兆国译，当代中国出版社 2010 年版。

〔英〕马克·威廉姆斯：《国际经济组织与第三世界》，张汉林译，经济科学出版社 2001 年版。

马传栋：《资源生态经济学》，山东人民出版社 1995 年版。

《马克思恩格斯选集》第一卷，人民出版社 1972 年版。

[美] 马丁·维纳：《英国文化与工业精神的衰落：1850—1980》，王
章辉、吴必康译，北京大学出版社 2013 年版。

裴长洪：《对未来经济发展取向的增长理念的若干分析》，《经济学动
态》2013 年第 2 期。

[美] 乔治·斯蒂纳、约翰·斯蒂纳：《企业、政府与社会》，张志
强、王春香译，华夏出版社 2002 年版。

[德] 乔治·恩德勒：《面向行动的经济伦理学》，高国希等译，上海
社会科学出版社 2002 年版。

[挪威] 乔根·兰德斯：《2052：未来四十年的中国与世界》，秦雪
征、谭静、叶硕译，译林出版社 2013 年版。

[美] R. R. 帕尔默、乔·科尔顿、劳埃德·克莱默：《现代世界史》
（第 10 版），何兆武、孙福生、董正华、陈少衡等译，世界图书出
版社 2013 年版。

沈宝祥：《中国特色社会主义在改革开放中形成》，《中国改革》2007
年第 10 期。

[美] 史蒂芬·罗奇：《未来的亚洲》，束宇、马萌译，中信出版社
2009 年版。

[埃及] 萨米尔·阿明：《世界一体化的挑战》，任友谅等译，社会科
学文献出版社 2003 年版。

上海市发展改革研究院课题组：《新产业革命的成因、特征、影响及
对策》，《上海综合经济》2013 年第 2 期。

尚杰著：《资源经济学——资源的合理开发与利用》，哈尔滨出版社

1997 年版。

［美］斯蒂格利茨：《经济学》（上、下），梁小民、姚开建等译，中国人民大学出版社 1997 年版。

［美］塞缪尔·亨廷顿：《文化的重要作用：价值观如何影响人类进步》，程克雄译，新华出版社 2001 年版。

［法］托马斯·皮凯蒂：《21 世纪资本论》，巴曙松译，中信出版社 2014 年版。

王永钦等：《中国的大国发展道路——论分权式改革的得失》，《经济研究》2007 年第 1 期。

［美］威廉·麦克尼尔：《世界史：从史前到 21 世纪全球文明的互动》，施诚、赵婧译，中信出版社 2013 年版。

吴于廑、齐世荣：《世界史·现代史编》（下卷），高等教育出版社 1994 年版。

［美］威廉·鲍莫尔：《资本主义的增长奇迹——自由市场创新机器》，彭敬译，中信出版社 2004 年版。

巫云仙：《美国政府发展新兴产业的历史审视》，《政治经济学评论》2011 年第 2 期。

王世豪：《如何理解前所未有的机遇和挑战》，《科学发展》2013 年第 2 期。

王俊豪：《政府管制经济学导论——基本理论及其在政府管制实践中的应用》，商务印书馆 2001 年版。

［德］乌尔里希·贝克：《风险社会》，何博闻译，译林出版社 2004 年版。

王洛林、魏后凯主编：《中国西部大开发政策》，经济管理出版社 2003 年版。

魏后凯：《走中国特色新型城镇化道路》，社会科学出版社2014年版。

王绍光：《中国仍然是低福利国家吗？——比较视角下的中国社会保护"新跃进"》，《比较研究》2013年第11期。

［美］沃尔特·艾萨德：《区域与空间经济》，杨开忠等译，北京大学出版社2011年版。

新望：《中国改革步入新境界——从十七大报告看新时期改革的特点和任务》，《中国改革》2007年第12期。

［美］杨叔进：《中国：改革·发展与稳定》，中国发展出版社2000年版。

［美］约翰·科迪、海伦·休斯、戴维·沃尔：《发展中国家的工业发展政策》，张虹等译，经济科学出版社1990年版。

［英］伊丽莎白·切尔：《企业家精神：全球化、创新与发展》，李欲晓、赵琛徽译，中信出版社2004年版。

余瑞祥：《中国西部自然资源竞争力评估研究》，中国地质大学出版社2006年版。

严茂超：《生态经济学新论：理论、方法与应用》，中国科学出版社2001年版。

［美］约瑟夫·E.斯蒂格利茨、［印］阿马蒂亚·森、［法］让-保罗·菲图西：《对我们生活的误测：为什么GDP增长不等于社会进步》，阮江平、王海昉译，新华出版社2014年版。

［美］伊恩·莫里斯：《文明的度量：社会发展如何决定国家命运》，李阳译，中信出版社2014年版。

［美］约瑟夫·E.斯蒂格利茨：《社会主义向何处去——经济体制转型的理论与证据》，周立群、韩亮、余文波译，吉林人民出版社1998年版。

［美］约翰·罗尔斯：《正义论》，何怀宏、何包钢、廖申白译，中国
　　社会科学出版社 2003 年版。

［以色列］尤瓦尔·赫拉利：《人类简史——从动物到上帝》，林俊宏
　　译，中信出版社 2014 年版。

［美］约翰·奈斯比特、［奥］多丽丝·奈斯比特：《大变革：南环经
　　济带将如何重塑我们的世界》，张岩、梁济丰、迟志娟译，吉林出
　　版集团、中华工商联合会出版社 2015 年版。

张宇：《中国经济改革的本质特征与基本经验》，《理论视野》2007 年
　　第 3 期。

张维为：《国际视野下的中国道路》，《光明日报》2015 年 4 月 2 日 11
　　版。

郑新立、周喜安：《中国：21 世纪的工业化》，经济科学出版社 2003
　　年版。

中国 21 世纪议程管理中心可持续发展战略研究组：《发展的格局——
　　中国资源、环境与经济社会的时空演变》，社会科学文献出版社
　　2011 年版。

中国社会科学院工业经济研究所工业运行课题组：《2011 年中国工业
　　经济运行形势展望》，《中国工业经济》2011 年第 3 期。

［英］朱迪·丽丝：《自然资源：分配、经济学与政策》，蔡运龙等
　　译，商务印书馆 2005 年版。

中国科学院可持续发展战略研究组：《2006 中国可持续发展战略报
　　告》，科学出版社 2006 年版。

中国现代化战略研究课题组、中国科学院现代化研究中心：《中国现
　　代化报告（2005）——经济现代化研究》，北京大学出版社 2005
　　年版。

中国现代化战略研究课题组、中国科学院现代化研究中心：《中国现代化报告（2007）——生态现代化研究》，北京大学出版社 2007 年版。

中华人民共和国国务院新闻办公室：《中国的能源状况与政策》，2007 年 12 月。

中华人民共和国国务院新闻办公室：《中国的环境保护（1996—2005）》，2006 年 6 月。

中国社会科学院经济学部编：《生态环境与经济发展》，经济管理出版社 2008 年版。

张维为：《中国震撼：一个"文明型国家"的崛起》，世纪出版集团、上海人民出版社 2011 年版。

郑秉文：《"中等收入陷阱"与中国的三次历史性跨越——国际经验教训的角度》，《战略与管理》2011 年（内部版）第 5/6 期。

朱民：《世界经济结构的深刻变化和新兴经济的新挑战》，《国际金融研究》2011 年第 10 期。

中国现代化战略研究课题组、中国科学院现代化研究中心：《中国现代化报告（2004）——地区现代化之路》，北京大学出版社 2004 年版。

张卓元：《中国改革开放的六条基本经验》，《中国改革报》2007 年 1 月 8 日。

《中共中央关于构建社会主义和谐社会若干重大问题的决定》（2006 年 10 月 11 日中国共产党第十六届中央委员会第六次全体会议通过）。

《中共中央关于完善社会主义市场经济体制若干问题的决定》（2003 年 10 月 14 日中国共产党第十六届中央委员会第三次全体会议通过）。

中国社会科学院工业经济研究所：《中国工业发展报告——中国工业

改革开放 30 年》，经济管理出版社 2008 年版。

［美］兹比格纽·布热津斯基：《大棋局：美国的首要地位及其地缘战略》，中国国际问题研究所译，上海世纪出版集团、上海人民出版社 2007 年版。

Atkeson, Andrew and Patrick J. Kehoe, "Modeling the Transition to a New Economy. Lessons from Two Technological Revolutions", *American Economic Review*, Vol. 97, No. 1, 2007.

Bernal, J. D., *Science and Industry in the Nineteenth Century*, Bloomington: Indiana University Press, 1970 .

Broadberry, Stephen, and Kevin H. O'Rourke, *The Cambridge Economic History of Modern Europe*, Vol. 2, 2010.

Hobsbawm, E. J., *Industry and Empire. From 1750 to the Present Day*, (rev. and updated with Chris Wrigley 2nd ed.) New York: New Press, 1999.

Hull, James O., "From Rostow to Chandler to You: How Revolutionary was the Second Industrial Revolution?" *Journal of European Economic History*, Spring 1996, Vol. 25 Issue 1.

Jin Bei, *The International Competitiveness of Chinese Industry*, BeiJing: Foreign Languages Press, 2007.

Jin Bei, Li Gang ed. , *China's Development Pattern——Exploration of Chinese Economists*, BeiJing: Economic Science Press, 2011.

Landes, David, *The Unbound Prometheus: Technical Change and Industrial Development in Western Europe from 1750 to the Present*, (2nd ed.). New York: Cambridge University Press, 2003.

索　引